双書現代哲学 7

最小合理性

クリストファー・チャーニアク
柴田正良 監訳　中村直行、村中達矢、岡庭宏之 訳

MINIMAL RATIONALITY
Christopher Cherniak

keiso shobo

MINIMAL RATIONALITY
by Christopher Cherniak

This translation published by arrangement with The MIT Press
through The English Agency (Japan) Ltd.

序

本書のプロジェクトの背後にある基本的な考えがひらめいたのは、およそ二〇年前のことだった。そのとき私は初めてC・S・パースの真理の定義と向き合っていたのだが、それは、〈理想的極限にまで進められた探究〉によって真理を定義するものであった。私は、ある哲学的に興味深い意味で「大き」すぎるために人間に――あるいは存在しうるどんな生き物にも――なし遂げられないような真理や推論課題が存在するのかどうかを考えていた。こうして、行為者は有限な存在であるというテーゼに関する私の探究と、〈極端に理想化された認識行為者のモデル〉という白鯨を捕まえる私の追跡が始まった。私は、合理性の標準的な理想化が、哲学だけでなく、もっと広範に、「認知科学」として知られるようになった分野の隅々にまでもたらした結果を追いかけ始めた。そして私は、「最小の行為者 minimal agent」という、心理学的にも計算論的にもより現実的な行為者のモデルを構築しようと試みた。

それゆえ、この小さな本は、長くていくぶん込み入った経歴をもっている。最も直接にパースに関連した議論の多くは、本書の第六章になったが、これは最初、私が一九七三年にオックスフォード大学に卒業論文「プラグマティズムと実在論」として提出したものである。本書の第一章から第四章までの内容は、計算量理論に関する議論を除いて、私が一九七七年にカリフォルニア大学バークレー校に提出した博士論文「信念と論理的能力」としてまとめたものである。そのとき私は、それをすぐに著書として出版するのではなく、最初にまずそれぞれが独立した一連の論文を公表し、それらによって、〈あまり理想化されていない合理性理論〉を展開するというプログラムの各部分を提示する、という方策を採った。

このようなわけで、第一章の題材の多くは、本書とは別の「最小合理性」という論文の形で雑誌 *Mind* 90（1981）に掲載された。以下、第二章は「実行可能な推論」として雑誌 *Philosophy of Science* 48（1981）に、第三章は「合理性と人間の記憶の構造」として雑誌 *Synthese* 57（1983）に、第四章は「計算量と論理の普遍的受容」として雑誌 *Journal of Philosophy* 81（1984）に、第六章は「知識の限界」として雑誌 *Philosophical Studies* 49（1986）に、掲載されたものである。第五章は、これまで発表されていない題材から成っている。本書では、主要な論点の相互関係を理解してもらうために、全体の議論を最初に与えた。またその際、以前に発表した論文を改訂したり、補強したり、いくばくかの再整理を施したりした。

第二、三、四章の初期のバージョンのいくつかは、タフツ大学ファカルティー・リサーチ・グラント・プログラム、アメリカ哲学会、全米人文科学基金のそれぞれからの援助をうけて書かれた。私は、それらに対して、資金面だけでなく、精神面の支援にも同様に感謝している。メリーランド大学ジェネラル・リサーチ・ボードの出版助成金を受けたことも幸運であった。

多くの先生や同僚が、長期に及んだこのプロジェクトをいろいろな面でずっと援助してくれた。私はとくにG・E・M・アンスコム、レノーア・ブルーム、チャールズ・チハラ、ハーバート・クラーク、ウィリアム・クレイグ、ダニエル・デネット、ウィリアム・グトウスキー、キャサリーン・ヘメンウェイ、デニス・ヒル、リチャード・カープ、デイヴィド・ペアーズ、エレノア・ロッシュ、ジャレット・ロゼンバーグ、マイケル・スロート、スティーブン・スティッチ、バリー・ストラウド、マーク・タットル、スコット・ウェインスタインに多くを負っている。他の人達も、多分もっと間接的ではあるが重要さにおいては劣らない仕方でこのプロジェクトに影響を与えてくれた。私は、旧友であるピータ・エッゲンバーガー、ウィリアム・G・クイン、トーマス・シャッファーにとりわけ感謝したい。

メリーランド大学にて

一九八五年一〇月

最小合理性　目次

目次

II 認識論的な含み

凡例

・本書はChristopher Cherniak, *Minimal Rationality*（The MIT Press, 1986）の全訳である。

・原注は（ ）、訳注は〔 〕で示し、章ごとに通し番号をふった。

・［ ］は引用文への原著者の挿入語句を、〔 〕は訳者による挿入語句を示している。〈 〉は訳者が独自に用いた記号である。

・引用文は、邦訳のある場合でも、原則として新たに訳しなおした。

I　最小の行為者

第一章　最小合理性

最も基本的な心理学の法則は、行為者の信念、欲求、行為を制約するのは合理性だという形をとる。合理性なくして行為者なし。生き物が行為者であるためには、どの程度、合理的でなくてはならないだろうか？　すなわち、信念と欲求と知覚からなる認知システムを持っているとみなされるためには、どれくらい合理的でなくてはならないだろうか？　最近まで、哲学はきわめて理想化された合理性の概念を無批判に受け入れてきた。しかし、認知、計算、情報にはコストがかかる。それらは、霊的な気体のようなものの中に存在するのではない。われわれは結局、人間にすぎないのだ。

ここで、二番目に基礎的な心理学の原理として特徴づけられるものを検討する必要がある。それは、行為者は有限な対象だという原理である。本章で私は、時間や記憶のような認知資源について一定の制約を受けた最小の合理性を持つ行為者、つまり最小行為者（minimal agent）に関して、その理論の第一近似を素描しようと思う。とくに、こうしたより現実的な説明に従うならば、行為者は完全な演繹力にまでは届かないものしか持ちえない。行動に対する日常心理学的な説明の中でわれわれは行為者に合理性を要求しているが、実はわれわれは、理想的な合理性から区別されるものとしての最小の合理性だけを要求しているのだ、と私は主張するつもりである。私はさらに進んで、このような最小合理性の条件は十全な認知理論には不可欠だと提案する。問題はまさに、認知科学とその現実的な解釈の可能性そのものに関わる。

1　「心的なものの自律性」

『ボヘミヤの醜聞』では、一枚の重要な写真をシャーロック・ホームズの相手が部屋の中に隠し、ホームズは、それがどこにあるのかを探しだそうとするという設定になっている。ホームズはワトソンに発煙弾を部屋の中へ投げさせて、「火事だ！」と叫ばせる。その時、ホームズの相手はその隣の部屋にいて、ホームズはその間じゅう彼を観察している。すると、思惑どおりに相手はその部屋に走りこみ、隠し場所からその写真を取りだす。必ずしもすべての人が、相手の行動を操るこのように巧みな案を発明するわけではないとしても、しかし、一旦この状況が描かれてしまえば、このような相手の行為を予測することはいとも容易いことだと思われる。一見したところ、われわれがその行為を予測するのは、常識的な行動主義者や神経生理学者としてではなく、その相手が信念と欲求の大きな集合を持っており、しかもその相手がそれらの信念と欲求のゆえに適切に行動するだろうと仮定することによってである。その際、信念と欲求のその大きな集合の中には、火から写真を守りたいという欲求や、煙のある所には火があるという信念や、火は写真を燃やしてしまうという信念などが含まれている。

日常の状況において人々の行動を予測するためにわれわれがこの手続きをごく普通に用いる、ということは異論の余地のない事実だと思われる。ホームズの物語ほど面白いものではないが、横断歩道へと足を踏み出すとき私はしばしば、「運転者はこう行動するだろう」という予想に（必ずしも、まったく冷静に、というわけではないが）自分の人生を賭けている。そして、その予想は、彼の知覚と信念と欲求に関するいくつかの仮定に基づいているように思われる。他人とその行為は、われわれにとって非常に重要である。われわれの常識的な認知理論の枠組みの多くは、自然淘汰によって洗練された、おそらく生得的なものである。

信念を予測する理論がありうるという考え方は、もちろん新しいものではない（例えば、ヘンペルの一九六五年の概説Hempel 1965, sec. 10を参照せよ）。しかし、心の哲学における長年の支配的な伝統では、認知システムを帰属させることに基づいて行動をそのように予測する可能性は、原理的にさえありえないとされてきた。物理的領域と精神的領域の間のデカルトの区別（例えば、Descartes 1955cを参照せよ）によれば、前者は決定論的な法則に従属しているのに対して後者は自由なのだが、この区別からはこうした不可能性が帰結する。このタイプの見方は、認知心理学の可能性と本性に関する現在の議論のなかでも重要な位置を占め続けている。例えばドナルド・デイヴィドソンは、物理的な領域にしか「厳密な」または「まともな」決定論的法則は存在しえず、かつまた心理学の理論は「正確な」予測をもたらしえないと主張することによって、準‐自律主義者の立場を擁護している

(Davidson 1980a, b, c)。この考えの影響は、D・C・デネットの論文「志向的システム」(Dennett 1978a) の中にも認められる、と私は思う。その論文の冒頭でデネットは、「信念と欲求をそのシステムに帰属させることによって、行動が（少なくとも時々は）説明され、予測されるようなシステム」の概念を検討することを提案する (p. 3)。しかし、なおここには一つの緊張が残っている。というのも、その論文の終わりの方で、デネットはこう主張するからだ。「もし信念者、つまり信念を持つ者の「実際の経験的な」行動を予測し説明したいならば、信念について……話すことをやめ、設計の立場か物理的な立場へと降りていかなくてはならない」(p. 22)。

心的なものの自律性が法則の精度という程度問題にまで引き下げられても、常識心理学が実際に成功しているという純然たる事実と、心的なものの自律性に関する哲学的主張との間には対立がある。この章では、この対立の一つの源流を検討する。行動予測をめざす認知理論は不可能だということを論証しようとする議論が引きも切らずに現れてきているが、私はその一つ一つに対して反証を試みるつもりはない。私はただ、認知理論が行動予測を可能とする内容をもつために必要となる一つの決定的な前提条件が、こうした論証の多くにおいては誤って拒否されてきた、と主張したいだけである。ここでの私の主要な仮説は、哲学に浸透しそこで暗黙のうちに仮定されてきた合理性という概念は、あまりに理想化されているので、まともな議論の対象となるような意味では現実の人間に適用できない、というものである。そのような極端な理想化の一つの重要な帰結は、これによってネットのような道具主義的な説明が有力になり、心的存在についての実在論的な説明がますます排除されるようになる、ということである。もし認知システムに関する唯一可能な合理性の条件が、人間に適用できないほど理想化されているならば、そのようなシステムを人間に帰属させることはいかなるものであれ実際には正しくないし、それを帰属された存在は、せいぜい役に立つお話でしかないだろう。

　私は最小合理性——すなわち、適切な行為を選択するために、行為者は完全とはいえないような能力を持っているにすぎない——という概念がもつ意味を探究するつもりである。私は主に、信念集合に関する合理性条件と、信念者の演繹力に関する合理性条件とを取り上げていく。これらの合理性条件は、行為者であるための必要条件にすぎないだろう。これらの合理件条件が十分条件でないという一つの主な理由は、それらが、信念によって引き起こされる行為へと向かう前方視向（forward-looking）の条件にすぎない、ということである。以下で取り上げられる条件は、信念にまで至る情報の起源には関わらない。つまり、なぜ、またいかにして信念は世界を表象するのか、という問いは扱わないことにする。さて、最小合理性が何であるかという問いへは、一連の近似でだんだん近づくという方法でアプローチする。

2　信念理論の二つのタイプ

　合理性条件は、満足のいく予測理論にとって弱すぎる場合も、強すぎる場合もある。われわれは、理想的な合理性を仮定する信念理論を考える前に、反対のタイプの理論を検討してみよう。それは、何の合理性も行為者Aに要求しない理論である。この種のものの中でもっとも初歩的な理論は、信念の同意理論である。

　Aは、自分が肯定するであろう言明のすべてを信じ、かつそれらの言明だけを信じる。

「命題について」におけるラッセルの信念理論は、信念のこの公共的な同意基準の内面化されたものを含んでいた。(1) ラッセルにしたがえば、ある人がある特定の時点である命題を信じるというのは、その命題が、それに対する「同意の感情」と共に、その人の心理的な個人史の中のその特定の時に心に浮かぶということである。(この基本的な考えは、デイヴィドソン (Davidson 1984b) の「言語なくして思考なし」という立場の根拠となっているかのように思えるかもしれない。しかし、デイヴィドソンは実際は、この節で後に議論されるようなタイプの、意思決定理論から着想を得た理想化へと達するのである。)

　このような理論は、魅力的な単純さを持ち、また多分、信念者（信念を持つ者）とは自分の信念が何であるかについての最終的な権威なのだという感情を満足させてくれるだろう。しかしながら、完全な理論として見た場合の同意理論の決定的な欠点は、それが信念集合に対していかなる合理性の制約も課さないし、また信念・欲求集合と行為者の行為との関係に対しても制約の痕跡くらいのものしか課さない、というところにある。それは、合理性に関して「何も」要求しない。同意理論にしたがえば、いかに明白で有益な推論であれ信念集合に基づいて行われる必要はないし、信念集合はおよそどんな不整合でも含むことができる。同意や不同意を示す言語的行動という狭い領域を除けば、信念・欲求集合は、適切な行為を選択する案内役の務めをまったく要求されていない。これは、信念を帰属させるための証拠基盤が致命的なほど貧困になるということだ。このようにして、同意理論は心的なものの自律性を含意するが、同時に、信念・欲求の帰属に基づく行動予測が日常的にうまくいっている、ということを説明のつかない神秘としてしまう。

　したがって合理性に制限のない認知理論は、行動予測を可能とする内容を持たない。つまり、そのような理論を使っても、われわれは信念者の行動に関して何の予想も実際には立てられない。また、人格（person）を構成する一部としての合理性に関して、認識論的と対置される意味での、形而上学的な論点も存在する。すなわち、心の諸要素、とくに認知システムの諸要素は、互いにうまくかみあわさらなくてはならない、つまり整合的でなければならない。ムクドリの鳴き声やニューヨークタイムスの切れ端を集めても、それは秩序なき混乱であり、したがって（せいぜい）文の集合でしかなく、信念の集合ではない。繰り返そう、合理性なくして行為者なし。（いかなる絶対的な合理性の制約も存在しないと主張することによって本書の最小合理性の立場を出し抜きたいとか、やっつけたいというような自然な衝動のことを考えるなら、この点は心に留めておくに値するだろう。）

　同意理論のルーズさとは対照的に、信念に関する最も広く行き渡った説明では、行為者に理想的な合理性を要求する条件が課せられてきた。経済学理論、意志決定理論、ゲーム理論に見られる原理、つまり、行為者は彼の期待効用を最大にする行為を一般に選択する（または選択しやすい）という原理は、このタイプであると普通には認識されている。この原理は、ある範囲の問題に対しては有意義に適用されるにもかかわらず、比較的最近になって、意志決定理論、経済学理論、心理学においては、完全な情報や行為者の理想的合理性を仮定するモデルに関するある深刻な困難が浮上し始めてきた。[2]

しかし、心理学の哲学や心の哲学や知識論においては、この点はまったくと言っていいほど注目されてこなかった。これについての哲学的な説明は、たいていは暗黙のうちに理想的一般的合理性条件を用いる。その条件はおおよそ以下のように定式化できる。

　もしＡが特定の信念・欲求集合を持っているならば、Ａは一見して適切な行為のすべてを、かつそれらだけを企てるだろう。

ここでの手ごろな簡略化として、ある行為が一見して適切であるための必要十分条件は、行為者Ａの信念によれば、その行為がＡの欲求を満たす傾向にあるということだ、とわれわれは言うことができる。（より弱い理想的な合理性条件は、「Ａは、一見して最も適切な行為のなんらかの空でない集合を企てる」である。）

　このような理想化された「信念理論」は、われわれが実際に日常で用いる理論の便利な簡略化として意味がある。しかし、いくつかの重要な点で、それは、受け入れられないほどに厳格である。というのも実際には、この合理性条件は、一般に実現不可能だからである。もちろん、厳格に適用されれば、この条件は、人が信念や欲求を持つという可能性だけでなく、行為を選択する際にときどき忘れたり不注意になったりするという可能性さえも排除するだろう。しかし、誰も完全ではなく、失敗は人間につきものだといったことは、今さら言うまでもない。したがって、ホームズにそんな理論しかないのだとしたら、どうやっても最適なものとはなりえない相手の行動を、信念・欲求集合の帰属に基づいて予測することはできなかっただろう。この場合、ホームズは、相手の反応が、そもそも合理的な完全性にそむくとは予期できなかっただろうし、ましてやある特定の仕方でそむくなどとは予期できなかっただろう。ホームズは、相手が認知システムを持っていない者だと見なさねばならなかったことだろう。しかし、最適なものとはならない合理性の存在は、理想的な合理性のモデルに対する単なるささいな例外以上のものに思われる。われわれの日常でのゲーム理論的な対決における、おなじみの「充血した目」戦略の有用性を考えてみよう。その戦略とは相手を欺く戦略なのだが、その中身は、自分自身の立場を一番有利にするような仕方で行為のコストを計算することがもはやこちらにはできないと相手に信じ込ませ、その結果、相手がさまざまな戦略的な操作を企てることすらしなくなる、という戦法である。

しかし、私がこれから議論するように、理想的合理性条件は、行為者に、不注意ではないことだけでなく、独特の仕方で理想化された演繹力を持っていることまでも要求する。理想的な一般的合理性条件の最も重大な欠陥は、それが人間存在の基本的な特徴の否定だということから生じてくる。その特徴とは、〈認知能力と使用可能な時間に関して定められた限界を持つ〉という有限性の苦境に人間は立たされているということだ。チューリング・マシンとは異なり、日常においてはもちろん、科学的探究の場合でさえ、現実の人間は無限の記憶や無限の計算時間といった可能性を持たない。これが、理想化が見落とした「認知上の摩擦」である。どんな人間も有限性の苦境にあるので、理想的合理性条件に依拠した認知理論を用いることは、まったく応用がきかないにも等しい理論をもつことになるように思われる。さらに、有限性の苦境によって負わされる基本的な限界は、人間特有の知的能力を持った生き物だけに限られるわけではない。その限界は、例えば、宇宙が熱力学的死を迎えるまで全銀河系の資源を利用できるような生き物にとってもまさしく同じように避けがたい、という点で普遍的である。かくして、「われわれの興味の的となるほとんどの点において人間の合理性は理想的な一般的合理性条件に近いのだから、それは無害だ」、といったどんな仮定も念入りに検討されなければならない。

3　第三の理論——最小合理性

理想化の価値は、常にその一連の目標と相対的に決まる。理想的な一般的合理性条件は、例えば、フォン・ノイマンとモルゲンシュテルンが『ゲームの理論と経済行動』(Von Neumann and Morgenstern 1944) の中でゲーム理論のモデルのために説明したような、いくつかの条件の下で役に立つ。非の打ち所なく正確であったり完全であったりする理論よりも (例えば、定式化という目的のために) 扱いやすい理論を、単純化が結果的にもたらすというのは、理論を理想化するための健全な動機である。理論というものは、さまざまに異なった程度で理想化されうる。単純化と扱いやすさは、より広い適用領域とトレード・オフの関係に入りうる。このような意味で、多様な理想化が相互に共存する範囲というものがあるだろう。最小合理性理論は、スキュラとカリュブディスという二つの怪物に挟まれたこの隘路を注意深く進もうと試み、それによってより複雑な理論を諦める代わりにかなりの適用可能性を得る。この合理性理論は、推論の概念においては著しく理想化されたままである。以下の説明は、原理的には、言語的に表された信念に関連している。私は一般に、行為者の信念を文の集合として扱い、これらの信念からの推論を、その集合への文の追加として扱う。私はまた、熟慮された意識的な推論と無意識的な推論を区別しない。これから述べる他のすべての最小合理性条件は、以下の最小一般合理性条件から引き出される。

　もしAが特定の信念・欲求集合を持っているならば、Aは、一見して適切な行為の必ずしもすべてではないが、そのいくつかを企てるだろう。

　信念帰属者としてのわれわれは、この最小条件を実際に用いているし、さらに言えば、用いるべきだという議論は、以下の三つの場合をすべて探索することによって与えられる。人々の行動は信念・欲求の帰属に基づいて予測できる、ということをわれわれは見てきた。そして、理想的な合理性条件もゼロの合理性条件も共にこの予測をほとんど不可能にする、ということも見てきた。というのもわれわれは、いまや次の(1)から(3)を知っているからである。(1)有限性の苦境にあるどんな生き物も、理想的な合理性条件を満たさない。そして、(2)もし行為者に対して、一見して適切な行為を少なくとも企てる傾向にあるということが要求されないならば、信念・欲求集合の帰属は、まったく行動予測をもたらしえないであろうし、観察された行動によって決して反証されることもないだろう。そんな帰属に基づいても、何の行動も予想できないであろうし、どんな行為も等しい確率で生ずることになってしまう。(すでに述べたように、pを信じることは、とりわけ、pに対して(時々は)適切にふるまう傾向をもつことである、という事実も存在する。）実際、信念を制約する何らかの合理性条件が必要だという認識をもちながらも、理想的合理性と最小合理性を区別しそこなうと、「全か無か」の二者択一になり、理想的な合理性条件の方がもっともらしくなってしまう。したがって、(3)唯一残された可能性は、「合理性に関しても中庸を守ること」である。最小合理性条件は、われわれが使用しているに違いないものであり、使用すべきものである。

以上に加えて、予測認知理論に関しては、行為者の信念・欲求集合に課せられるさらに強い一般的合理性条件がある。つまり行為者は、一定の信念・欲求集合が与えられたならば、一見して適切な行為のいくつかを企てなければならないだけではなく、一見して適切でない行為のほとんどを試みてもならない（したがって類似の要求が、以下の最小推論条件と理想的推論条件にも伴う）。「消極的合理性」というこの追加的な要求を伴わない最小一般合理性条件にしたがえば、当てずっぽう屋、つまり自分の行動を単にコイン投げによって決めるような存在については、十分な観察時間が与えられれば、どんな任意の信念・欲求集合ですら、それを持っていると見なすことが可能になってしまう。また、最小一般合理性条件は、反事実的な含意を持つという点で、純粋に外延的な要求よりも強い条件である。

最小一般合理性条件は、行為者は最小の演繹能力を持たねばならないということを含意する。（私は第五章において、最小一般合理性条件を満たすことは非演繹的能力も要求するのかどうかという問題を、もっと詳細に論じるつもりである。）演繹能力に関する最小推論条件は、以下の通りである。

もしAが特定の信念・欲求集合を持っているならば、Aはその信念集合に基づいて、一見して適切な健全な推論の必ずしもすべてではないが、そのいくつかを行うだろう。

これらの推論は言語的に表現された信念を含んでいる必要はない。われわれの目的からすれば、行為者が自分の信念と欲求に適った行為を企てることは、その信念と欲求が「しかるべき仕方で」行為を引き起こす限り、その行為は望ましいと彼が結論したということに他ならない。すなわち、幼い子供のようなまったく非言語的な生き物でさえ、このような推論を実行できる。

最小推論条件は、適切な行為を選択する際に一見して有益な健全な推論のいくつかを行うよう行為者に要求する。もし行為者が最小推論条件をまったく満たさないならば、彼は一見して適切な推論を自分の信念に基づいて行うことが少しもできないであろうから、それらの信念を与えられているにも関わらず、彼は一般に、適切な行為を認識したり企てたりすることができないだろう。例えば、その人の信念集合と見なされるものが「もし雨が降るならば、ダムは決壊するだろう」という信念と「雨が降っている」という信念とを含んでいるとしよう。ダムは決壊するだろうという結論が明らかに有益であろうとも、その人はこの結論を導くことはない。例えばその人が、自分はダムの下にいること、もしダムが決壊すれば自分は溺死すること、自分は自殺する気がないことなどを同様に信じている場合ですらそうである。それゆえその人は、（例えば、気まぐれによるのとは違って）彼の信念に基づき、避難などのような、この情報に依存した適切な行為を企てることができないであろう。最小一般合理性条件によれば、行為者とされるかもしれないこの人物は論理的洞察力を欠き、それゆえ合理的行為もなしえないのだから、彼が信念を持っていることはありえないことになる。

われわれは、次に、最小推論条件によって要求される論理能力を、他の二つの要求の観点から記述することができる。行為者はどの推論をなそうとするのか、ということに対する最小の発見法的要求とは、以下の通りである。

> Aは、自分がなすのが一見して適切な健全な推論のいくつかを、その信念集合から企てるだろう。

つまり、A自身の信念によれば、結果として行われる推論は、Aの欲求を満たしそうな他の行為を選択する点でAの助けとなるだろう。（客観的な適切さは、ここにふさわしい要求ではない。というのは、行為者の信念がいつも正しいとみなすことは、明らかに受け入れ難いほどに極端な理想化であろうから。）行為者はあたかも、「私の信念と欲求によれば、qが私の信念｛r, s, …｝からの結果かどうかをいま知ることは、有益であろう」という形式の情報の、ありそうなコストと価値をすでに判断したかのように行為しなければならず、しかも、これらの判断のいくつかは正しくなければならない。したがって、発見法音痴の愚か者、例えば、pから空虚な連言p&p, (p&p)&p, ((p&p)&p)&pなどをただ演繹しようとするだけの者は、信念を持ちえない。いかなる問いも、演繹的な問いであろうがなかろうが、コストがかかる。それなのに発見法音痴の愚か者は、このような価値のない推論に自分の限りある認知資源を浪費し、それゆえに一見して適切な推論を停滞させてしまう。このように資源に限りある（例えば、時間的制約の下にある）生き物にとって、発見法音痴の愚かさはそれだけで完全な論理的な無能さを意味する。

最小の演繹的要求とは、以下の通りである。

Aは、自分が企てた一見して適切で健全な推論のいくつかを、成功させなければならない。

発見法的要求と演繹的要求という別々の要求を述べたが、ある推論が行われる時に二つの真に区別される過程がいつも起こっている、という意味ではない。発見法的要求と演繹的要求は、相互依存的である。というのは、演繹的能力（と同様に、ある非演繹的推論能力）は、適切な演繹的課題を選択するために要求されるし、発見法的能力は、すでに着手した複雑な演繹的課題を遂行するために（例えば、役立つ補助定理を特定するために）要求されるかもしれないからである。一見して有益な演繹的問いを選択する実際の発見法的手順は、いつも無意識的である。そして、収益逓減の分岐点といったものが存在し、それを越えると、考慮すべき演繹的問いの選択を完全にするために行為者の時間を使うこと――例えば、その時になされてのみ有益な行為はどれかを特定することなどがこれに当てはまる――よりも、他にもっとよい時間の使い道があるようになる。

推論も行為の一つだとみなすなら、最小の発見法的要求は、行為に関する最小一般合理性条件の特殊なケースである。しかしながら、一見して有益な推論は、意識的な推論であれ無意識的な推論であれ、実際に行われる推論のみによって選択されうるのではない。さもなければ、無限退行に陥ってしまうだろう。(4) この問題の回避に向けた第一ステップとして、多くのケースにおいて実際には行為者は当の推論をしようとは決定していない、と言うことができる。むしろ、どんな類いの推論過程をも含まないような、固定され、独立した、無意識の選択または誘導のメカニズムによって、推論という行為は、欲求と信念の大部分に一致するようになっているのに違いない。これらのメカニズムは、例えば学習された「認知スタイル」のように獲得されるのかもしれないし、自然選択が行為者を効率のよい組織体として「設計」し、そのおかげで彼は特定の推論を企てられるようになっているのかもしれない。(第五章第7節で、この点に戻ることにしよう。)

4　理想的演繹能力

最小推論条件は、行為者性の必要条件に過ぎない。最小推論条件(「消極的合理性」条件を付加したそれ)は、行為者となるための論理的な資格能力にとって十分条件であろうか?　この強化された最小推論条件を満たすことが、行為者に要求される論理能力のすべてを所有することになるのかどうかを決定するために、まずわれわれは、行為者に理想的演繹能力を要求する条件に反論を加えることができる。「理想的なもの」と言っても一群の異なったタイプのものがあるので、最初に、どんな理想的演繹能力が想定されているのかを検討しよう。

最も単純で、最も極端な理想化は、行為者の信念集合が演繹的に閉じているということである。実際にAは、自分の信念のすべての結論を、かつ、ただそれだけを信じる(または推論する、または推論することができる)。

これは、古典的な認識論理、とくにヒンティカの『認識と信念』(Hintikka 1962) で採用された理想化された合理性である。しかし、この条件を満たそうとするならば、行為者は無限の課題に向き合うことになる。人は、一つの信念の結論のすべてを推論することも、信じることも不可能である。なぜなら、それらの結論がどのように一つと数えられようとも、結論の数があまりにも多いからである。この結論の集合は、行為者の言語で表現可能なすべての妥当な文の無限集合を含んでいる。さらに、これらの結論の大半は、一生涯かかっても読み切ることができないほどに複雑で、ましてや理解することなどできないようなものであるため、そのたった一つでさえ信じることができない。もちろん、演繹的閉包条件を含むいかなる認知理論も、人間に対してどころか、有限性の苦境にある他のどんな生き物に対しても適用できない。ヒンティカ自身は、自分の公理化はある条件つきでなら現実世界にも適用されうると説明している。その条件とは、「われわれの世界が、〈可能世界の中で最も知識あるもの〉の一つに近似している限りにおいてのみ」ということであり、……「そのような可能世界においては、だれもが、自分の知っていることの結論が自分を導いてくれる限り、その結論に従う」(p. 36)。それに対し、われわれはいまや、「現実世界はそのような可能世界にあまり似ていないのだが」とつけ加えることができる。

実際に、演繹的閉包条件は、それに関連した理想的一般的合理性条件や効用最大化原理といった条件を満たすのに必要とされる演繹能力さえ上回るような、より強力な演繹能力を要求する。というのは、演繹的閉包条件は、自分にとって一見して有益かどうかに関わりなく、自分の信念からあらゆる結論を推論するように行為者に要求するからである。生き物が理想的一般的合理性条件を満たすために必要とされる論理能力は、次の理想的推論条件によって表現される。

もしAが特定の信念・欲求集合を持っているならば、Aはその信念集合から、一見して適切で健全な推論のすべてを、かつ、それらだけを行うだろう。

われわれの目的にとって、理想的推論条件は、以下のそれぞれの要求の連言と同値であり、それらの理想的発見法的要求と理想的演繹的要求は、すでに述べた最小の発見法的要求と最小演繹的要求に対応している。

(i) Aは、自分がなすのが一見して適切な信念集合からの健全な推論のすべてを、かつそれらだけを選択するだろう。

(ii) Aは、それらの推論のすべてを、かつ、それらだけをうまく遂行するだろう。

もしある生き物がこれらの条件の一方でも満たさないならば、一見して適切であるにもかかわらず、その生き物が適切だと認識できないような行為が存在するだろう。というのも、その生き物には、そうした行為を特定するために必要な論理能力が欠けているからである。例えば、その生き物は、ある特定の文が自分の信念から推論される結果であるかどうかを自分で決定するということに自分の生存がかかっている、と（正しくも）考えるかもしれないが、同時にその時、その生き物は、この演繹的課題を実際にはまったく実行できないということがあるだろう。（以下のことは注目に値する。もし万が一にもその生き物が本当に無限の演繹的資源を持っているならば、その資源を枯渇させることなくいくらでも使うことができるので、理想的発見法的要求を満たす必要はない。この観点からすると、どうして理想化が発見法的能力をまったく無視してしまうのかを容易に見てとることができる。）行為者に理想的演繹能力を要求するような条件を受け入れているのは一人ヒンティカだけではない、ということをわれわれは見るだろう。心的なものの自律性テーゼの擁護者は、一般にこのような理想化を採用する傾向がある。

これらの理想化の受容は、予測的な認知理論を極端に制約する。理想的推論条件は、演繹的閉包条件より緩やかであるが、それでもあまりに厳しすぎる、ということを理解するのは重要である。最初に問題となるのは、理想的一般的合理性条件に対して先に言及されたことに似ている。つまり、人が自分の信念集合から、一見して適切な論理的結論のすべてどころか、一見して最も役立つ結論の小さな集合を、しかも実際に推論しうるほどに小さな集合でさえ推論しそこなうからといって、彼がその特定の信念集合を持っていることまでは否定できない、ということはわれわれが現に日頃から行っている信念帰属の特徴である。人間は、しばしばどれがこの種の推論かを判定しそこなう。ありふれた例だが、「もしｑの真偽を自問しさえすれば、私はその答えを見つけ出し、……を行ったはずだ」、とよく人は言う。しかし、もちろん人々はこのような演繹的課題を特定したときでさえ、それを実行できないことがよくある。（一階述語論理から）例を挙げると、ゴールドバッハの予想が、すでに受容されていた数論の公理系の結果であるかどうかを、多くの人々がその生涯をかけて知りたがった。しかし、この課題はいまだに成し遂げられていない。しかし、それにもかかわらず、これらの人々がその公理系を受容しているということをわれわれは否定しない。

このように、現実の状況にいる人々に信念を帰属させる時、われわれは、理想的発見法的要求や理想的演繹的要求を実際には使用していない。われわれは、「完全である」と「十分によい」とを区別している。さらに、われわれがこれらの理想的要求を使用しないという事実は、「すべて」を意味する一文字の単語が英語には存在しないといったような、われわれの文化の特殊性に由来する偶然事では決してない。つまり最小条件か理想的条件かという選択は、恣意的なものではないのだ。もし理想的合理性ではなく、最小合理性だけが要求されるならば、信念を帰属させることは行動の予測にとって無価値なものではない。しかし、理想的条件を採用するならば、帰属された認知システムに基づいて人間の行為を効率的に予測する機会は、ほとんど奪われてしまうであろう。というのも、その場合われわれは、人間に実際に適用可能な認知理論を持つことができないからである。純粋に神経生理学的もしくは行動主義的な根拠に基づきながら、何らかの意義を持つような範囲で人間の行動を予測することは、「原理的には」不可能ではないとしても、事実上は実行できない。われわれは、ラプラス的壮大さの窮地[2]に直面するだろう。認知理論だけが、必要とされるレヴェルの抽象度を持つことができる。それゆえ理想的条件の受容は、ほとんどの状況において予測という企ての拒否を意味するが、それは、人間の有限性に腹を立ててすねているようなものだ。

もしある生き物が理想的条件を空虚にではなく、実質的に満たすならば、演繹的科学のほとんどの課題はその生き物にとって取るに足らないものになってしまうだろう。そして、そのことはそれだけで、理想的条件がどうあっても受容しがたいということを最も明瞭に示している。さらに理想化は、将来の科学的発見が以前の発見に依存するというような具合に知識が時間をかけて獲得されるということ、つまり科学的探究の蓄積を否定してしまう。理想化は、われわれが共有してきた探究には歴史があるという事実そのものを拒否する。したがって理想的条件を満たさないからといって、それをたんに、ずさんさの結果だとマイナスに評価してはならない。逆に、経済理論においては、効用最大化の原理と、理想気体法則による無次元的な完全弾性球体の仮定とがよく比較されるが、それは適切でないように思われる。自分の期待効用を最大にするような多くの行為を行為者は偶然を有意に上回る確率で選択する、ということすらも言えないのだ（例えば、ゴールドバッハの予想のような困難な演繹的課題を含む行為を選択する、といった場合がそうである）。

また、行為者の大きな集団、例えば科学共同体にならば演繹的全能さを期待できる、と言えるだけのまともな理由は、たとえ探究がパース的な極限[3]まで際限なく押し進められたとしても見出せない。最も驚くべきことは、第四章でそれを議論するつもりだが、この理想的演繹能力のより想像しやすい形のものを持っている行為者やその共同体は、（他のことに加えてとりわけ）述語論理に関する決定手続きを持っていなければならないということである。しかしもちろん、チャーチの定理はそれが不可能だということを示している。多くの状況において、理想的合理性条件と現実の人間との関係は、理想気体法則と現実の気体との関係ではなく、フロギストン説[4]と実際の気体との関係になぞらえるべきだと思われる。実際の人間の行動が理想化から離れているということは、人間がその理論化を行っている場合には、彼にはよく分からない。というのは彼もまた、適切な行為のすべてを特定することなどできないからである。以下で説明するように、そうした純粋な理想化を用いていると言われるような人々は、そうは言われていても実際たいていは、実行可能な推論の理論を採用しているのだ。

　理想的推論条件が強すぎるという第二の意味は、それによって人間が信念を持つということが不可能になるということである。それゆえ、理想的推論条件の適用はそれだけで、広範囲にわたる人間行動の予測を不可能にしてしまう。演繹的科学を取るに足りないものにしてしまうような理想化を信奉する人たちが最後は認知科学の不可能性を表明するに至るとしても、あまり驚くべきことではない。

　理想的推論条件が強すぎるという第三の意味は、有限性の苦境にあって生存を望む生き物にとっては、それを満たそうとすることすら不合理であるということだ。一般に、生き物がその限られた資源を使うやり方には、自分の行為のすべてが適切だということを保証しようとすることよりも（目前の生存に関わるような）ずっと望ましい使い方があるだろう。私は第一章第8節でこの点に戻るつもりである

5　最小整合性

　一般最小合理性条件を満たすのに必要とされる演繹能力は、役立つ推論を実行する能力だけでなく、信念集合の中の不整合を排除する能力も含んでいなければならない。信念集合は、以下の最小整合性条件に従う。

もしAが特定の信念・欲求集合を持っているならば、その信念集合に何らかの不整合が生じた場合、Aは時にはその不整合のいくつかを排除するだろう。

この条件は、$\{p, \neg p\}$ のようなあからさまな不整合と、$\{p, p \rightarrow q, \neg q\}$ のような隠れた不整合の両方に適用される。

前に見た最小合理性条件がすべてそうだったように、最小整合性条件も、以下の三つの可能性をすべて検討することによって特定できる。まず、行為者は彼の信念集合の中のすべての不整合を許すということはできないが、そこで生じているかもしれないすべての不整合の排除を要求されるべきでもない。したがって彼は、最小整合性を保持しなければならない。一方、行為者の認知システムが何らの整合性の制約にも従わないのならば、無数の不整合を含みうるだろうし、行為者にそのようなシステムを帰属させても、彼の行動を予測するのには役立たないだろう。われわれは、このような行為者が一般最小合理性条件に合致した仕方で特定の信念にとって適切な行為を企てる、ということを決して期待できないであろう。というのは、この行為者はいかなる場合でもその特定の信念と不整合な他の信念をもち、むしろそれに基づいて行為する、ということが可能だからである。あからさまな矛盾だけを制約し、隠れた不整合を制約しないような認知システムも、同じ理由から経験的な内容を欠くことになるだろう。

他方で、最小整合性条件は、以下の理想的整合性条件とは明らかに区別されなくてはならない。

もしAが特定の信念・欲求集合を持っているならば、その信念集合にいかなる不整合が生じたとしても、Aはそれを排除するだろう。

この整合性条件もまた、理想的な推論条件の場合と同じ三つの理由によって、受け入れることはできない。第一に、日常心理学では実際にはそのような条件は採用していない、ということは明らかである。ある人の信念集合と見なされるものの中にたった一つの不整合が現れたからといって、その人が信念を持っているということは拒否されない。第二に、理想的整合性条件の採用は、信念帰属者に勧めるべきものではないだろう。というのもそれは、人間なみの論理能力しか持たない生き物に対しては、行動を認知システムによって予測しようという試みをそもそも拒絶するのに等しいからである。この理想的条件によれば、信念獲得のために極端に保守的な戦略を採用するわけではないような信念者〔つまり、さまざまに異なる根拠から信念を獲得するような信念者〕は、またしても、演繹的科学の広範な課題を取るに足らないものとみなすような生き物だけになってしまう。第三に、この理想的条件は、人間的な能力と生き延びようとする普通の欲求をもつ行為者に対して、不合理であれと要求する。というのは、認識論的に見れば、完全な整合性を維持するよりも彼にとって望ましい活動が存在するのはよくあることだからだ。

この理想的条件がもっともらしさを得ているのもまた、他の諸条件の場合と似た理由からであるように思われる。すなわち、信念を制約する何らかの整合性が必要だと認識しながらも、理想的整合性と最小整合性を区別できない、というのがその理由だ。例えば、一方では、「哲学としての心理学」の中でデイヴィドソンは、「もしわれわれが態度や信念を人に帰属させることができ、それが意味をなすとするならば、あるいはまた、人の動きを行動として記述し、それが有用であるならば、われわれは、行動と信念と欲求のパターンの中に、かなりの合理性と整合性を見出さざるをえない」と述べている（Davisdon 1980b, p. 237, 邦訳三一一～三一二頁）。しかし、もう一方で、デイヴィドソンの議論の残りの部分は、信念と欲求の所有が「かなり」の整合性ではなく完全な整合性を要求する、と彼が考えていることを強く示唆している。例えば、同じ頁でデイヴィドソンはまた「ある人がある時点で（あるいは心変わりせずにずっと）bよりaを好み、cよりbを好み、なおかつaよりcを好む、ということをわれわれに確信させるような状況が一体どんなものなのかを、明確に述べることができるとは私には思われない。これが困難である理由は、首尾一貫した態度という背景なしには、選好を人に帰属させるということの意味をよく理解することができないということである」と言っている。デイヴィドソンは、推移律は決して犯されないという、選好に関する特定の「理想的整合性条件」を前提している。

話者の発話の解釈に関するクワインの慈善の原理（例えば、正しい翻訳は論理法則を保存する）は、歴史的には、理想的整合性条件をデイヴィドソンが受け入れたときの一つの根拠であったように思われる。実際、慈善の原理は合理性条件である。例えば、クワインの翻訳の方法論自体が、理想的整合性条件を前提している。『ことばと対象』の中で（例えば、Quine 1960, p. 57–61, 邦訳九〇～九七頁）、クワインはあたかも、現地人が受け入れている文の正しい翻訳は、最小整合性ではなく、理想的整合性を保存しなければならないかのように書いている（本書第四章第10節以降を参照せよ）。そして、同様の整合性の仮定は、「経験主義の二つのドグマ」（Quine 1961a, sec. 6を見よ、またQuine 1960, chap. 1も見よ）における、人間の知識の構造に関するクワインの全体論的な説明の中に暗黙に前提されているように思われる。デイヴィドソンの推移律条件は、今なお幅広く、経済学理論、ゲーム理論、意志決定理論の中で仮定されているのだが、それは完全な誤りであると思われる。なぜならば、人々が話したり、行為したりする仕方に関する最上の説明は、しばしば、彼らの選好は整合的でないというものになるからである。実際、人々が用いる「素早いがいいかげんな quick but dirty」発見法に関するごく最近の経験心理学的な研究は、少なくとも見かけ上は整合性の放棄となるような広範な現象に着目してきた[5]。信念集合の中の不整合はまったく不可解というわけではない、ということは強調されるべきである。互いに不整合となる信念間の論理的関係がきわめて見通しにくいためにそれと認識できない、ということがあるかもしれない。もう一つの重要な不整合の源泉は、第三章で説明するように、人間の記憶の構造にある。しかしながら、ここでは私は主に最小推論条件を論じることにしよう。

6　あいまいさ

われわれは理想的推論条件をすでに拒否したので、それを、最小演繹能力が越えることのできない暫定的な「上限」とみなすことができる。最小推論条件を明確に定めようとしても、諸条件の組合せの点であいまいさが残る。つまりその構造が、あらゆる認知概念をクラスター型の概念、つまり、いくつかの性質の束の形をとる概念にしてしまうのだ。最小推論条件は、それ単独では、認知状態をもつ生き物に対して「単純な定義的性質」を与えるのではなく、いくつかの性質の束――すなわち、その生き物が行うのに一見して適切な複数の推論――を特定するにすぎない。明白な推論という「核」を恐らく例外として（しかし第二章を見よ）、これらの性質のどの一つが欠けても、それどころか欠ける性質が複数であってもなお、その生き物は認知システムを持っているとみなされうる。しかし、もしすべての性質を欠いていれば、その生き物は認知システムを持ってはいない。合理性の「量」は、ゼロにまで減少することはできない。最小条件は、グレー・ゾーンの中間地帯では確率的に用いられるように思われる。

最小合理的であることは、〈ほんの少し妊娠している〉といったような、言わば不正な概念ではないのかと思われるかもしれない。これほどあいまいで文脈依存的な合理性条件に、どんな内容が含まれうるのだろうか？　生き物が行為者たりうるほどに合理的かどうかということに関して、どんな事実がありうるのだろうか？　しかし、物理的対象の境界線にしても同様に不明確なのだ（顕微鏡で見ると、物理的対象の表面は周りの空気などと相互浸透している）。それでもやはりわれわれは、毎日、何度も何度も自分たちの命を、そのような境界線がどこに存在するかに賭けている。例えば、通りを横切る時に。同じことが、どこから行為者性が始まりどこで終わるのかということにも当てはまる。グレー・ゾーンの存在は、黒と白の区別がつかないことを意味しているわけではない。

最小合理性条件の形式そのものに対する不満が、概念というものに関する単純化しすぎたモデルをわれわれが受け入れていることから起こるかもしれない。あらゆる概念は「独身者」や「素数」のように単一の単純な基準によって定義されるものだ、と考える傾向がわれわれにはある。同様に、古典力学や規範的意志決定理論の公理化のような模範的な科学理論にはあいまいさがないと一般にみなされている。単純化された信念の概念、例えば、演繹的閉包条件が使用されている認識論理学における信念の概念は、その形式的な扱いやすさゆえに望ましいものとされている。それに加えて、法則が（物理法則の場合に想定されているようには）厳密でも計量的でもないという事実は、それが予測を可能とする内容を持っていないということと混同されているかもしれない。中間的なケースに対してあいまいな語が適用されるかどうかの不明確さは、予測のもつ価値を減じるが、それをゼロにしてしまうことは決してない。

現実世界に適用できる概念は、「純粋な」科学的理想化とは異なり、それぞれの制約の下にあるとはいえ様々な用途を持っている。この点において、あいまいさは時には有利である。信念者だけでなく信念帰属者も有限性の苦境にあるので、完全に厳密な主張を正当化するために必要とされるような証拠を得ることができなかったり、また、得ようとすべきでなかったりすることがたびたびある。このような場合には、正確さは高くつくし、また必要でもない。しかし、問題の厳密な主張に対応して、最小合理性というあいまいな概念を使用し、しかも、もっと少ない証拠によって正当化可能であり、なおかつ、その証拠を得ることは合理的だろう、というような主張が存在するかもしれない。よくあることだが、ある種の話題、例えばあるアンティークな椅子の壊れやすさなどに関する主張は、正確な主張を正当化するのに必要とされるような証拠を集めることができないほど短時間の間になされる場合にのみ意味があるだろう。しかも、例えば誰かにその椅子に座ってはいけないと警告する際の根拠としては、そうした正確な主張は必要とされていないかもしれない。

7　補助理論

いずれにせよ、単に最小推論条件を満たすことは、生き物に認知システムを帰属させることに対する根拠としては、理想的推論条件を満たすことほど強いわけではないと思われるかもしれない。例えば、デイヴィドソンは「われわれが信念の、そして最終的には信念と行為との整合的なパターンを見いだすことに失敗すれば……どんな思考であれ、それを帰属させることはそれだけ理解しがたくなってしまう」(Davidson 1984b, pp. 11–12, 邦訳一七三頁) と言う。同じ見解が、理想的合理性から離脱しようとするデネットの議論の中に見られる。「ある者に対して志向的解釈をしている際にその者の一見した不合理性があらわになるにつれて、そもそも信念を帰属させる根拠がなくなってしまう」(Dennett 1978b, p. 285, 同じくp. 282 も参照せよ)。しかし、最小合理性の最低線を越えている場合には、このことは正しいとは思われない。例えば、適切だと思われても実際には実行不可能な推論――そう、人間がやるとすると、宇宙が熱力学的死を迎えるまでに使えるよりも多くの時間を必要とするような推論――に関しては、それをやりそこねたからといって、当人が認知システムを持っていることに反する証拠だとは少しも見なされない。もっとも、それは、自分の信念から導かれるもっと簡単な推論を彼が十分に行っている、という条件つきである。実のところ、まったく実行不可能な推論を行うように要求することはできないのだから、この場合、「すべき」は「できる」を含意しているように思われる。そして、どうして自分にとって一見して適切な推論のすべてを成し遂げるわけにはいかないのか、ということは単純に説明がつく。つまり、人は有限な認知資源しか持っていないのだ。したがって、行為が理想的合理性に達しないという事実があるとしても、それがために行為がわれわれに理解しにくくなる、というようなことはまったくない。

　これはもっと一般的な論点へと導く。「[ある信念の結論であって、しかもそれ自身が当人によって信じられている結論の]ある集合を極大と極小の間の大きさに設定し、まさにその集合こそが（[ある特定の主体]Sの、あるいは地球人たちの、あるいは一〇歳の少女たちの）その信念に対応する集合そのものだと言うとき、……われわれにはどんな論拠がありうるだろうか?」（Dennett 1978a, p. 21）とデネットが問う時、彼は最小合理性条件のような何かを考えていたのかもしれない。実際のところ、最小推論条件に関するこの決定は、特定の主体の演繹能力と記憶構造に関する理論を含め、その主体についての認知心理学理論を帰属者がどう理解するかにかかっている。このように、最小合理性条件は文脈に左右される。簡単に、これら二つの理論を検討してみよう。

　推論者の実行能力に対する演繹的課題の負担の大きさの評価と組み合わせて最小推論条件が用いられるなら、その条件の中身、とくに最小演繹要求の内容はかなり細かくなるだろう。最小演繹能力というクラスター概念〈性質の束からなる概念〉は、典型性の構造を持っている。すなわち、日常的状況において帰属者は、ある経験的理論、つまり人間という行為者にとっての推論的課題の困難さに関する概略的な理解をもっている。この理論は、問題の行為者は推論を成し遂げるはずだと帰属者が判断する際の根拠となる情報、つまり、より簡単な課題はより実行されやすいといった情報を提供する。例えば、「p→q」から「¬q→¬p」を推論する方が、[6]「(∃x)(∀y)(Fx→Gy)」から「(∀x)Fx→(∀x)Gx」を推論するより、[7]ずっと簡単であることがふつう期待できる。このように、「最小合理性とは何か」というわれわれの主要な問いへの部分的回答が、この実行可能な推論の理論によって提供されるが、この理論は、いくつかの推論が実行されなければならないということ以上のことを明らかにする。最小の行為者とみなされるどんな生き物でも実行できなければならないような特定の推論、例えば、モードゥス・ポネンス[8]のような最も「明白な obvious」推論が存在するかどうかを、私は今のところ未決のままにしておく。私は、われわれの前理論的な認知心理学のこの「モジュール」を第二章において検討する。

　最小合理性条件が人間という行為者に適用される場合、以上に加えて、人間の記憶構造に関する理論が、行為者に要求される合理性のレヴェルを定める。人間の信念システムにおいては、あらゆることが考慮できることはめったにない。人の行動を予測する際に、どの信念がいつ思い起こされるかに関して、何らかのヒントがあるなら大いに役に立つ。とくに、有益な推論は、推論の前提である信念と規則が、ある特定の時点で行為者によって同時に「活性化されて」いるかどうか、あるいは考慮されているかどうかに従って評価される。もし人が「それらしい状況」で、「その水を飲むなら私は気分が悪くなるだろう」と「私はその水を飲んでいる」という自分の信念について考えているにもかかわらず、自分は気分が悪くなるという結論を導く有益で容易な推論を行うことができないならば、それは、どうひいき目に見ても常軌を逸した特殊なケースである。しかし、行為者が前提となる信念相互をまだ「一緒に考えて」いないならば、そうした推論は、たとえそれがモードゥス・ポネンスのような最も容易な推論の一つであろうとも、はるかに難しい推論だと見なされよう。前のケースのような推論の失敗は、後のケースのような推論の失敗より劣悪である。実際、二つの異なる最小推論条件が存在する。活性化されている信念の部分集合は、活性化されていない信念集合よりも厳しい条件を課せられている。私は第三章で論ずるつもりだが、推論の負担の大きさの評価は、人間の記憶構造の基本モデルによって説明することができる。「人間の」というのは、このモデルに従わないような行為者を想像することが容易だからである。

実行可能な推論の理論と人間の記憶構造の理論は、最小合理性条件が埋め込まれている認知心理学という広範な背景理論の際立った実例である。これらの二つの理論は、人間のような典型的な行為者にとっての最小合理性の規定を敷衍し、そのことによって、最小合理性を満たすか否かの「合格ライン」を恣意的にではなく設定するのに役立つ。前節で議論された最小推論条件の組合せ的なあいまいさは、その設定に伴って減っていくことであろう。

私は、合理性条件を用いる上でふつう当然のこととされているいくつもの背景理論を逐一列挙しようとは思わない。補助的な情報のもう一つの重要なカテゴリーは、特定の個人のモデルというカテゴリーである。人間という帰属者は、実は、それぞれの身近な人に関して、その人に特有の人格的特徴や、技能や、いくつかの欠陥などを詳述した巨大な長編小説を書くという、進行中の企てを続行しているように思われる。通常の科学に関する哲学的見地からすれば、人間の細部についてのこうした説明は、ビリヤード玉のような物理的対象に固有の歴史や軌道を記録するのと大差がないように思われる。いずれの場合においても、細かな特徴に関する情報は予測力を著しく向上させる。もちろん、解剖学者が指摘するのを好むような理由、つまり人間の脳は宇宙の中で現在知られているもののうち最も複雑なものだ、ということも含めた多くの理由から、人間の行為がビリヤード玉と同じように予測されうるという危険は切迫したものとはなっていない。

　認知システムの全体論的特徴は、それらが一種の最小「臨界質量」に達しなければならないという事実の中に見られる。例えば、どんな行為者であれ、2＋2＝4というたった一つの信念しか持たないということはまったく不可能である。またこの臨界質量は（もちろん、合理性条件それ自体に加えて）、いくつかの構造的制約にも従わなければならない。例えば、われわれは、欲求集合か信念集合かのどちらか一方しか持たないような行為者を理解することはできない。最小合理性条件の内容に対する先の補助理論の貢献は、さらなる全体論的な論点も明らかにする。それは、このような合理性条件を単独で用いても、認知システムの帰属に基づく行為予測に関しては限定的な結果しか得られないということだ。もちろん、補助理論の必要性は日常的な認知心理学に特有なものではない。物理理論も、同様に広範な背景仮説を必要とする。例えば古典力学は、いま述べたような意味で測定理論に依存する。

8　最小規範条件

　いまやわれわれは、最小合理性とは何であるかを特定する最後の一歩を踏み出すことができる。最小推論条件によって要求される推論の集合は、もしある行為者が最小規範的に合理的であるならばその行為者がなすべきであるような推論の真部分集合にすぎない、ということが示される。最小規範的合理性は、論理的な強制力に関わる二つの区別されるべきテーゼを考慮することによって理解されるが、それぞれのテーゼは「いくつかの場合に限れば、もしpがqを含意し、Aがpを信じるなら、Aはqを（推論し、かつ）信じるに違いない／信じなければならない」という形式を持っている。(1)記述的テーゼは、次の最小推論条件である。行為者は、自分の信念から見れば自分の欲求を満足させると思われるような健全な推論のいくつかを、自分の信念から行うに違いない。行為者は、最小合理的であるためには、言いかえればそもそも行為者であるためには、これらの推論を行うことが要求される。pがqを含意し、しかも当人がpを信じ、しかもpからqを推論することが一見して適切な場合、記述的テーゼは、少なくとも時々はその人は実際にその推論を実行するに違いないと予測する。もし彼が一般にその推論を実行しないならば、彼は最小行為者でもないし、それゆえ、結局はpを信じているともみなされないだろう。(2)われわれの目的からすれば、規範的テーゼは以下のようになる。当人は、自分の信念から見れば自分の欲求を満足させると思われるような実行可能な健全な推論のすべてを（かつそれらだけを）、自分の信念から行わなければならない。この行為者は、もし最小規範的に合理的であるならば、これらの推論のそれぞれの実行を要求される。pがqを含意し、しかも当人がpを信じ、しかもpからqを推論することが実行可能で、なおかつ一見して適切な場合、規範的テーゼは、実際に彼が何を行うかについては何も言わない。それはただ、最小規範的に合理的であるためには彼はこの推論を行わなければならない、と言うだけである。

いまやわれわれは、最小規範合理性という概念を以下のように説明することができる。われわれは時おり、「もしｐがｑを含意し、しかも当人がｐを信じるならば、その人はｑを信じるべきだ」という主張を耳にする。例えば、『知識と信念』の中でヒンティカは、そのような場合にある人がｐを信じていて（あるいは知っていて）、なおかつｑを信じないならば、彼は非理性的であり批判を免れないという意味で、「弁護の余地がない」かもしくは「不合理」であろう、と主張している（Hintikka 1962, pp. 29–31, 邦訳四五〜四八頁）。しかしながら、有限性の苦境に関するわれわれの議論からすれば、現実世界のどんな行為者であっても、ｐという信念からのすべての健全な推論を行うことが不可能なことは明らかだ。行為者に合理的に要求されうるのは、実行可能な推論を、しかもある限度内で行うことだけである。

さらに、ある時に行為者にとって決定的に有益であるのは、彼が実際に行うことが可能であるような健全な推論の小さな部分集合だけである。ある推論は健全かもしれないが、その推論を行うことは理に適っていないかもしれない。なぜなら、そうした場合には、その推論を行うことはその時点で予見できるような価値を持っておらず、逆にその推論のおかげで、限られた認知資源をその時点で明らかに価値のある他のことのために使うことができなくなるからだ(6)。人は永遠に生きることはない。人が実行可能で健全な推論を多く行うことは、その人の時間の無駄使いであり、場合によっては愚かなことである。人は、そんなつまらない推論だけを行いながら、自分の人生のすべてを、たぶん短い一生を無駄に使うこともできるだろう。例えば、生存を望む生き物が、自分の信念の一つから空虚な結論を演繹したおかげで、その時の自分の生存に決定的に重要な情報を明らかにもたらすような他の推論を行うことができなくなったとするなら、それは合理的ではないだろう。われわれが見てきたように、どんな推論を企てるべきかを決定することにさえ、推論の無限退行がありうる。健全で実行可能な推論の大部分を行わないことは、不合理ではなく、合理的なのだ。(7)

それゆえ、「もしpがqを含意し、かつ当人がpを信じるならば、その人はqを推論すべきだ」ということが、合理性のために要求されるという意味で正しいのは、ほんのいくつかのケースに限ってのことである。ヒンティカの合理性についての考えは、ある意味で狭く、また余りにも理想化されている。それは、ある種の認識的な不整合のゆえに行為者が批判されるとしても、実際の制約を考慮するなら彼は合理的かもしれない、ということである。最小規範的に合理的であるためにその行為者はpからqを推論すべきなのかどうか、ということを決定する場合、われわれは、(1)推論の健全さだけでなく、(2)推論の実行可能性と(3)その行為者の信念・欲求集合に照らした推論の一見した有用さも考慮しなければならない。

最小規範的に合理的であるためにはpを信じる者がqを推論すべきであるようなケースにおいてさえ、pを信じる者が実際にqを推論するだろうという含みはない。最小規範合理性の要点は、合理性に関するヒンティカのもっと強い考え方（彼が知識に適用している考え方）と同じである。「もしも［ある人が］pということを知っており、しかもこの知識の帰結を十分遠くまで追求するならば、彼はqということも知るようになるだろう。誰もが実際にそうするか否かについては、何も言われていない」（Hintikka 1962, p. 34, 邦訳五一頁）。最小規範テーゼとその記述的テーゼ――つまりpを信じる者が実際に何を推論するかを予測する最小合理性条件――との関係は、何であろうか。ある特定のケースで最小合理性のために要求される推論のあいまいな集合は、そのときに最小規範合理性のために要求される推論の集合の真部分集合であるにすぎない。

それゆえ一方で、理想的合理性条件を拒否しても、「有機体はいつも正しい」と主張する何でもありの心理主義を採用せねばならないわけではない、ということは注目されるべきである。最小行為者の実際の行動があるべき行動にまでなっていないこと、つまり最小規範合理性を欠いていることは、いぜんとして可能である。他方、われわれは、自分の信念から行う推論のうち最も明白で明らかに有益と思われるものすらも時にはしそこなう、というだけの理由で、信念・欲求集合を持つに十分な合理性をその人に拒絶するわけではない。例えば、私は以前にp→qを確立していて、それを他の証明などに使ってきたとしてみよう。そしていまや私はちょうどpを証明し、その後もそれを使い続ける、等としてみよう。そして、ある他の望ましい証明を完成するにはその前にqが正しいということを私は知らなくてはならないが、私はそのことをまだ認識していないとしてみよう。それにもかかわらず、私はpを信じているとみなされうる。最小規範合理性は、理想的合理性と最小記述的合理性の中間に位置する。

このように、最小合理性が最小規範合理性よりもさらに弱いということは、われわれが現実に信念帰属を行う上での一つの事実である。そのうえ、私がすでに最小合理性条件は理想的合理性より弱くあるべきだと主張したように、満足のいく記述的認知理論は、「完全な」最小規範合理性までは要求しないような合理性条件を採用すべきだ、と主張することができる。人間や他の知的な生き物は少なくとも、ある程度は非能率的で、忘れやすく、不注意であることを免れない（発見法的な意志決定における退行という脅威も、想い起こそう）。したがって、奇跡でもない限り、彼らは不都合な決定をしてしまうだろう。最小規範条件を記述的条件として用いることは、理想的条件を用いるほどには極端ではないが、これらの生き物が認知システムを持つことを再び排除してしまう。これは望ましくない。なぜならば、そうなってしまうと、認知理論は通常では予測のための唯一の実行可能な手段であるにもかかわらず、観察者が認知理論に基づいて行動を予測する機会がほとんど奪われてしまうからである。このように、現実は理想的なものではないし、理想的なものであるはずがない。最小（記述的）合理性は、完全な最小規範合理性であってはならない。驚くには値しないが、最小記述的合理性条件が規範的合理性条件から区別されない場合に（これは、デイヴィドソンとデネットの説明においてとくに顕著だと思えるが）、理想的合理性条件が、したがって予測認知理論の不可能性がごく当たり前のことのように思われてくるのだ。

自然化された認識論に必要とされるのは、認識的な行為者の心理学と生活状況、例えば、彼の限界や現在の信念や目標などを考慮に入れた最小規範合理性条件の概念である。私は、後の章、とくに第六章で、クワインの自然化プログラムの行き着く先を探る。しかしながら、この基本的な見方のいくぶんかは、アルヴィン・ゴールドマンの著作の中に現れているように思われる。ゴールドマンは、認識学（epistemics）の企てという形で認識論の転換を提案したのだった（例えば、Goldman 1978 を参照せよ）。認識学は、「われわれの知的な活動を統制したり、先導したりしようとするだろうし」、そのような「知的な問題……に関する助言は、行為者の能力を考慮に入れるべきだ」ということを認めるだろう（pp. 509–510）。そのようなプログラムは、実質的に無制限の認知資源をもつ理想的な行為者に関心を集中させてきた伝統的な認識論を拒絶する。第I部で最小行為者の理論の概要を述べたあ

8　最小規範条件

Aの信念集合からのすべての推論

⋮

すべての健全な推論（演繹的閉包条件）

⋮

すべての一見して望ましい推論（理想的推論条件）

⋮

すべての（Aにとっての）実行可能な推論（最小規範的推論条件）

⋮

最小の行為者性 （最小記述的推論条件） に要求される	活性化された信念集合からの ⋮ 活性化されていない信念集合からの	＊推論

⋮

推論なし（信念に関する同意理論）

図1―1　最小演繹的能力の部分的列挙

と、私は、第Ⅱ部でその認識論的な含みに向かうことにする。

一連の合理性条件を検討して初めて、「人はどの程度まで愚かでありうるか」ということ、つまり行為者に要求される演繹能力の最小条件に関する第一近似を得ることができる。図1―1は、さまざまな合理性概念の全体図を示している。私は要求された合理性に関する「下限」ではなく「上限」に焦点を合わせてきた。というのは、上限は一般に無視されてきたからである。この進行中のプロジェクトは、最小合理性のなお一層の特徴づけをやり残している。例えば、私は次の二つの章で取り組むつもりであるが、信念帰属に用いられる補助理論の探究がなお必要である。われわれがいま手にしている最小合理性という概念のスケッチは、それだけでも、ホームズの冒頭の小説においてのように人間が行動予測者としてかなりの成功を収めている、ということを説明するためのステップとなっているのだ。われわれはこの点で、日常心理学的な実践がいかに堅固なのかを見ることができる。

さらに、われわれが常識心理学に関して発見してきたものは、それがどんなに「原始的」なものであろうと、もっと強力な「科学的」心理学にも適用されるべきである。どんな認知理論であれ、有意味な経験的内容を持ち、有限な生き物に「原理的に」という程度以上によく当てはまり、有限な帰属者によって用いられうるという基本的制約を満足させるには、行為者は理想的ではないがいくらかの論理能力なら持っている、という中庸の原理を含んでいなければならないように思われる。最小合理性条件を「定義的」なものと見なしてもたぶん役に立たないが、それは、人間の短期記憶容量に関する主張のような、人間の心理学についての単なる経験的一般化からは区別されなければならない。われわれが見てきたように、最小合理性条件は、それに反すると思われる「データ」がただ見つかったというだけで拒否されることなどないような、中心的な位置を認知理論の中に占めている。認知心理学の可能性と本質に関して重要なことは、満足のいく認知理論にとって最小合理性条件はこのような意味で不可欠だ、ということである。

第二章　実行可能な推論

行動予測を行う認知理論は、どんな論理能力を行為者に帰属させなければならないだろうか？　われわれが見てきたように、行為者は自分の信念からかなり複雑な推論を行うことができるという前提は、ふだんの状況の中で心理的状態を前理論的に帰属させる場合にきわめて重要である。その前提は、法的および道徳的責任の概念、歴史的説明や経済学理論、話し手・聞き手の意図による〈意味〉の哲学的説明などにおいて、暗黙的であるとはいえ、似たような中心的役割を果たしている。しかしながら、私はここで、すべての行為者に適用できるということをアプリオリに示しうるのは、典型的な人間の演繹能力ということで人が考える特徴の内のほんのわずかな部分にすぎない、ということを論ずるつもりである。最小合理的行為者に要求される論理的な遂行能力は、むしろクラスター構造を持っているように思われる。つまり、最小行為者がいかなる推論を行うこともできないということはありえないが、どの特定の推論についても、ある最小行為者がそれをできないということはありうる。

最小合理性条件だけを用いても、帰属された信念・欲求集合に基づくごく限られた行為予測しかなしえない。例えば、最小推論条件は、行為者がある有用な推論を行うのにどれだけの時間がかかるのかを特定できない。問題の行為者は推論に膨大な時間がかかるかもしれない、というありそうもない仮定を帰属者がしたならば、合理性条件は、実際問題として無内容なものとなってしまうだろう。例えば、その場合、合理性条件は、その行為者が適切な行為をしようと決心するだろうという期待の根拠としては役に立たないであろう。さらに、行為者の現在の信念と欲求および最小推論条件から行為を予測する際に、帰属者は、「彼の信念を根拠にしたどの演繹的推論が最も行われそうか?」という問いに答えなければならない。この問いは二つの部分から成っている。一つ目は「どんな推論が（必ずしも意識的でなくともよいが）最も企てられそうか」であり、二つ目は、「それらの推論のうちのどれが（同様に、必ずしも意識的でなくともよいが）最も成し遂げられそうか?」である。本章は後者の問い、すなわちいったん企てられた後の推論の実行可能性に関わっており、それは、あれこれの演繹的課題は適切だということを決定する先行の発見法的課題とは区別されるべきである。

1　実行可能性理論の役割

さまざまな推論の困難さについての広範な理論、つまり与えられた条件下ではどの推論が成し遂げられそうかという情報を与えるような理論がなければ、認知システムに信念と欲求をどう帰属させてもその予測上の価値はひどく制限されたものとなる、という点を哲学はほとんど見逃してきたように思われる。われわれ人類という種においては、この理論のある部分は恐らく生得的な傾向性として実現されており、多くの部分は、ふつう背景仮説として無意識的に用いられている。(実際、その理論のある部分は、コンピュータと人間のユーザーとの会話の中で生じるあからさまなすれ違いを避けるような自然言語処理システムを設計する、という問題において最近、議論の種となった。例えば、Joshi 1982を見よ)。第二階の述語論理と非演繹的推論に関する類似の理論は、われわれの常識的な認知理論の重要な要素でもあるように思われる。例えば、われわれは、「あのバスケットにりんごが二個入っていて、このバスケットにはりんごが三個入っている」から「五個のりんごがある」を(誰に助けられなくても)素早く、確実に推論するだろうとふつう人に期待できるが、「七八三個のバスケットのそれぞれに、りんごが二九八個ずつ入っている」から「二三万三三三四個のりんごがある」を人がそれほど簡単に推論するとは期待できない。

本章の中で、私は古典的な第一階の述語論理の推論だけを問題にするつもりである(行動に関する日常の説明や予測をなす際に帰属される非演繹的能力については、第五章で取り上げよう)。私は、行為者にとっての演繹的推論の困難さの理論を、実行可能な推論の理論と呼ぶことにする。ここで簡単な推論とは、いったん企てられたら確実に成し遂げられるであろう推論のことである。本章の最後の節まで、私は、行為者の信念を文の集合とみなし、それらの信念からなされる推論をその集合に追加される文とみなす。(1)

伝統的には、例えば、デカルトの『精神指導の規則』(Descartes 1955a)におけるように、「自明なself-evident」または「明晰かつ判明なclear and distinct」理性の真理は、直接かつ確実に「直観によって」知られるものであり、それゆえ、直観的に明白ではない真理から区別されてきた。この区別は、困難さの相互比較による推論の順序づけという考えによって、一般化することができる。実行可能性理論は、このような順序づけを含むだろう。一例として、他の条件が同じならば、「$\neg q \rightarrow \neg p$」から「$p \rightarrow q$」を推論することは、「$(\forall x)Fx \rightarrow (\forall x)Gx$」から「$(\exists x)(\forall y)(Fx \rightarrow Gy)$」を推論することよりも概してやさしい（そしてそれゆえに、より行われそうな推論である）。そして後者の課題は、例えば、集合論における選択公理の独立性を決定するのに匹敵するくらい難しい推論と比べれば、ずっとやさしい[2]。集合論の例よりずっと難しい推論の一つは、宇宙が熱力学的死を迎える前に使えるのより多くの空間と時間を必要とするような推論だろう。もちろん、同じ論理形式の文を含む推論どうしでも、その難しさが異なることがある（例えば、二つのモードゥス・ポネンスの難しさは、二つの条件法の後件の複雑さが異なるならば、異なる場合がある[1]）。実行可能性の順序は、大まかには、推論の同値クラスの整列順序として描くことができる。特にいくつかの推論は、例えば「$p \,\&\, q$」から「p」を推論するように（他の条件が同じなら）最もやさしいものだが、しかし他方、最も難しい推論というのは存在しない[2]。

2　普遍性

ある特定の時にあるふつうの人に実際に適用される実行可能性順序を考察することとしよう。本章の主たる問いは、この実行可能性理論の普遍性に関わっている。この問いの一つの定式化は、この理論によって記述されたどんな論理能力が、行為者であるだけでなく、とくに演繹能力に関して最小合理性を満足するような生き物のすべてに共通に備わっていなければならないか、ということである。第一章で議論したように、最小合理性条件は、有限な資源しか持たない生き物に実質的に適用可能でしかも行為予測を可能とする内容を持っているような、いかなる認知理論にとっても必要であるように思われる。合理性条件がこのように中心的位置を占めるということは、経験的心理学の真ではあるが低レベルの一般化とは区別されなければならない。

ここでの問いは、実行可能性理論のどの特徴が合理性条件のような身分、つまり普遍性に類似した身分を持っているのか、そしてどの特徴が、人間の心理学の一般化の身分しか持っていないのか、あるいはもっと限られた適用可能件しか持っていないのか、ということである。推論の難しさは、推論それ自体だけではなく、推論の実行条件にも依存している。実行可能性の順序は、かなり個人差がある（形式論理学の訓練の程度や、問題解決に対する「構え」などに依存する）。それどころか人間は、一人の個人としてみた場合でも、例えば新しい演繹的戦略を学ぶにつれて、刻一刻と実行可能性の順序が変わることがある。どんな推論であろうと、すべての推論者にとってその難しさが常に同じということはないし、すべてのふつうの人間にとってさえ同じではない。したがって、推論の難しさが、演繹を行う者における推論の心理学と切り離された、推論内在的な構文論的特徴に比例することはありえない(3)。

推論の心理学という分野においては、人間の実行可能性の順序付けに関するいくつかの重要な経験的問いがある。例えば、形式論理学の訓練をまったく受けていないすべての「素朴な」人間にとって、ある種の論理的演算や推論は、他のものよりも簡単なのだろうか？　もしそうならば、どれがこの意味で自然もしくは直観的なのだろうか？　論理学の入門書の著者たちは、演繹システムの推論規則と公理を選ぶ際に、それらが「便利」で「単純」でかつ等々といったものになるように配慮した、とよく主張する。形式的演繹のためにはどんな推論規則が実際には最も簡単に習得できて、かつ最も効率的か、ということは経験的な問いの対象である。このような問いの身分が不確実だということ——すなわち実行可能性理論のどの部分が、アプリオリで超越論的な議論ではなく経験的探究によって決定されるべきか、ということすら不確実だということ——は、論理学についての経験的心理学を阻害する重大な欠陥であるように思われる。

本章の主要な主張は、このような経験的な探究を行う余地は、これまで一般的に認められてきたよりもはるかに広大だということである。これからわれわれが見るように、哲学には、推論に関する常識心理学の偶然的な事実をアプリオリに普遍的に適用可能な真理として扱う傾向があるように思われる。しかしながら、実際には、人間に典型的な実行可能性順序のほとんどは、あらゆる行為者にアプリオリに適用できるようなものではないように思われる。したがって、われわれは、人間に適用される実行可能性順序のほとんどの特徴を、経験的探究によって決定しなければならないだろう。

3　その他の実行可能性順序

論理能力、例えば、合理的な生き物の論理能力についての主張が経験的心理学の一部であるかどうかに関して不確実性がある、ということの一つの原因は、実行可能性理論のいくつかの特徴がそれらの身分に関して一様でないという事実にある。とくに、実行可能性理論の候補のうちの二つは、たんなる経験的一般化のレベルを超えたものとして明らかに排除される。その理論候補のうちの一つは普遍的実行可能性理論（universal feasibility theory）であり、この理論によれば、どんな推論も最大限に実行可能である。つまり、常に成し遂げられる。この理論は理想的合理性条件に等しく、行為者の論理能力に関するこうした極端な理想化を採用すると、一定の資源しか持たないどんな生き物も本当は信念を持っていないと見なされてしまう。もう一つの極端な選択肢は、実行不可能性理論（null feasibility theory）であり、いかなる推論も最大限に実行不可能、つまり決して成し遂げられないという主張である。この不可能性理論は、この理論に適合するいかなる生き物もまったく論理的に無能力だと端的に宣告する。それゆえ、信念の同意理論を反駁する第一章での議論によって、このようなどんな生き物も認知システムを持っていないことになるだろう。

　このように、普遍的実行可能件理論や実行不可能性理論、および両者に類似した理論に対する拒否は、信念それ自身に関する最小合理性条件と同様に普遍的に適用可能である。これらの普遍的理論や不可能性理論の拒絶を正当化するためには、経験的探究は不要である。行為者は演繹を理想的に行う者だという純粋な普遍的理論の主張は、どんな信念帰属に関しても非常に多くの誤った予測を生み出すので、そのことによって、人間が（それどころか、どんな有限な生き物であろうと）認知システムを持っているということを事実上不可能にしてしまう。不可能性理論は、どんな生き物であろうと、行動予測の上で帰属可能な認知システムをそれが持つことを直接に排除する。実行可能性順序は、「細部」に関してはある程度の個人差が存在しうるし、また実際しばしば存在する。しかし、われわれは今や、他の実行可能性順序の可能性を検討しなければならない。検討しなければならない順序とは、例えば、論理学を知らないふつうの人間にとっての順序とは異なっており、しかも両者の隔たりは、通常の穏健な実行可能性順序相互の隔たりよりは大きいが、普遍的順序と不可能性順序という極端に異なる順序相互の隔たりほどは大きくないような順序である。これらの中間的な実行可能性順序のどれかに一致するような行為者は存在しうるだろうか？　これらは哲学的にもっとも重要なケースである。これらの他の理論にしたがうなら、たとえばモードゥス・ポネンスのように人間にとって最も簡単な推論は、非常に難しいレベルにある、つまり簡単ではない、と評価される。

さて、ある特定のふつうの人を例にとり、彼にとって最も簡単な推論から始めて、実際に彼には実行不可能な推論のうち最も簡単なもので終わるような推論の集合を考えてみよう。この人の実行可能性順序に替わりうる一つの中間的な順序は、彼の実際の実行可能性順序と比べてこの最初の部分が逆転しているような順序であろう。その場合、最も簡単な推論がこの最初の部分での最も難しい推論になり、最も難しい推論がこの逆転した新しい順序での最も簡単な推論になる、といったことが起こるだろう。この別の順序を採用する実行可能性理論にしたがうならば、「p→q」と「p」から「q」を推論することは不可能になるだろう。それに対して、選択公理の独立性を決定するレベルにある（と先ほどの行為者に思われる）ような難しい推論を実行することは簡単な課題であり、確実に、しかも長々とした探究をせずとも成し遂げられるはずである。おそらく、後者の課題で失敗するのは希ということになるだろうが、それに対して、前者の課題で失敗するのはよくあることになるだろう。

かくして、典型的な人間は、少なくとも「p→q」と「p」から「q」を推論するような「難しい」推論を、おどろくほど、また説明がつかないほどにうまくやりとげることになるだろう。しかし、彼らは、選択公理の例のような「簡単な」推論にいつも失敗するはずである。このように、この実行可能性理論は、明らかに、これらの人々の推論行動に関して多くのまちがった予測を生み出す。特異な失敗と成功はふつうのことになるだろう。したがって、最小推論条件と結びつけると、これらの人々のうちの一人に明示的な信念を帰属させようとするどの正しい試みに対しても、強力な経験的反証が存在することになる。（非言語的信念に関する制限については、第二章第7節を参照せよ。）仮にある典型的な人間の信念が、「もし雨が降るなら、あのダムは決壊するだろう」という信念と「いま雨が降っている」という信念を含んでいるとしよう。そのとき、この実行可能性理論は、ダムは決壊するだろうとその人が推論し、この新たな信念に基づいて行為する（例えば、高台を探す）、というのはありそうにないことだと言うだろう。しかし、実際にはこの推論とそれに基づく行為は、きわめてありそうなことである。さらに、この実行可能性理論に従うならば、われわれは、実際にはほとんど行われそうもない推論に基づいて個々の行為を予測してしまうだろう。関連した信念に基づく必要な推論が行われないのだから、その行為は行われないだろう。したがって再び、ここで、正しい信念帰属は反証されるであろう。それゆえ、実行可能性順序の最初の大きな部分が逆転しているこの種の実行可能性理論を、例えば、火星人の信念帰属者が受け入れている限り、火星人のその実行可能性理論によれば、「ふつうの」人間は認知システムを持っているとはみなされないことになるだろう。しかし、完全な認知理論における実行可能性理論の重要な役割が理解されるなら、そのことは驚くには値しない。

なぜならば、仮定上、この実行可能性理論は偽であり、ここで考えられている主体には適用できないからである。

次なる問題は、このような実行可能性順序に合致する論理能力を持った行為者が存在しうるのか、という可能性に関わるものである。とくに、この実行可能性順序に合致するにもかかわらず最小合理性条件を満たすような生き物は、存在しうるのであろうか。典型的な人間にとっての実行可能性理論と比較して言えば、その生き物は、非常に簡単な推論（たとえば、モードゥス・ポネンス）を一般にはどれも実行できないであろうが、選択公理のようなきわめて難しい推論の多くをすばやく、しかも確実に実行できるであろう。しかも、難しさの中間的なケースに関しても、順序の似たような逆転が生じているであろう。

4 「不自然な」演繹体系

われわれが形式論理学についての素人であるならば、われわれの演繹能力は、この逆転した実行可能性順序に合致しない。疑いもなくそのことは、われわれが約六「ブロック」分の短期記憶容量を持っていることや、そもそも個別の短期記憶を持っていることと少なくとも同じくらいに基礎的な人間の心理に関する事実である。しかしながら、われわれは今や、逆転した実行可能性順序のようなものを持った生き物は、人間の心理に関する単なる経験的な問題以上の事柄として排除される、というより強力な結論へと導く議論を検討しなければならない。第一の議論はこう主張する。われわれが持っているよりも大きな短期記憶をある生き物がどうして持ちうるのかを説明することよりも、ある生き物が典型的に複雑な推論（(∃x)(∀y)(Fx→Gy) から (∀x)Fx→(∀x)Gx へのような推論）の実行に成功するのに、なぜモードゥス・ポネンスのような簡単な推論に一貫して失敗するのかを説明することの方が、もっとずっと難しい。

逆転した実行可能性順序を持った生き物に関して不思議な点は、もしこの生き物がモードゥス・ポネンスのような簡単な推論をどれも実行できないなら、いかにしてもっとずっと複雑な推論を実行することができるのか、という点である。このような議論は、その生き物の論理能力を説明するためには以下のようなデカルト流の「公理的方法原理」を使うべきだ、と仮定しているのかもしれない。

推論を行う者（すなわち、推論を行う合理的な行為者）は、一般に、より簡単な演繹的課題を次々に実行することによって、複雑な演繹的課題を実行しなければならない。

ここでは複雑な課題とは、典型的な人間の実行可能性順序における難しい推論（上記の量化理論の例のような推論）と解釈され、簡単な下位課題とは、その順序におけるやさしい推論（モードゥス・ポネンスのような推論）と解釈されるであろう。それゆえこの原理は、演繹的課題に対する行為者の問題解決の処理法が、形式的な演繹体系の使用法にいくらかは似ていることを要求する。形式的な演繹体系では、簡単な定理は、基本的な推論規則や、場合によっては公理を利用することによって証明されるが、それらは健全なものとして受け入れられている。そして、このようにあらかじめ証明された定理を利用したり、適切な補助定理を付け加えて証明することによって、今度は他の定理が証明される。

逆転した実行可能性順序を持った生き物は、この要求を満たしていないように思われる。というのも、そのような生き物は「公理」や簡単な「定理」を推論することがまったくありそうにないので、複雑な「定理」を推論するためにそれらを利用することもないにもかかわらず、これらの複雑な「定理」を推論できるどころか、典型的な人間よりもずっと簡単にそれができるからである。公理的方法の原理は、問題解決一般だけでなく、とくに人間の演繹推論——つまり、いままで形式的体系を見たことのない人間でさえ実行するような演繹推論——についての日常心理学の一部であるように思われる。われわれは、ふつうの人間による複雑な推論の実行を、より簡単なステップの積み重ねによって進むものだと説明する。

このタイプの議論に対する第一の反論はこうである。「ふつうの」実行可能性順序に比べると少なくともごちゃごちゃの順序になってしまうが、それでも、この公理的方法に合致するような「非人間的な」心理的処理を行う生き物を想像することはたやすい。例えば、行為決定時に自分の信念から推論を行うに際して、公理と推論規則から成るある演繹体系だけをもっぱら利用するような仮想的な生き物を考えてみよう。とくに、その生き物は以前に証明された定理を「思い出し」それを利用することはない、としてみよう。つまり、その生き物は他の記憶を使うことができるにもかかわらず、この特定の記憶は封じられている（その生き物にとって、このような抽象的思考は困難だ）としてみよう。その生き物の演繹体系は、われわれから見れば、反直観的で複雑な推論規則と公理から構成されているだろう。たとえば、それらの公理の一つは、「$((\exists x)Fx \to p) \leftrightarrow (\forall x)(Fx \to p)$」[4]という形のものかもしれない。

したがって明らかに、これらの規則と公理のそれぞれに対応する推論は、われわれにとっては難しいだろうが、この生き物にとっては自明だろう。そして、もしこの演繹体系が適切に設計されているならば、われわれにとって簡単な推論は、この演繹体系を使う限り、可能ではあるが困難となるだろう。その推論は、多くのステップや特殊な戦略などを含むことになるだろう。しかし実際は、本当は簡単な推論が難しくなるということは、それを避けようという著者たちの努力にもかかわらず、論理学の入門書で目にする形式的演繹体系によくあることだ。つまり、形式論理学の教育をまったく受けていない人間にとって事実もっとも簡単なはずの推論が、ふつうには直観的に理解しがたいような推論よりも、はるかに難しいものになったりするのである。（例えば、メイツ（Mates 1972）の体系においては、「$p \& q$」から「$q \& p$」への推論は、「$p \to (q \to r)$」から「$q \to (p \to r)$」への推論よりもはるかに難しい。）このように、この演繹体系を使用する生き物の論理能力は、逆転した実行可能性順序に近づくだろう。しかしそれでも、その生き物は、（われわれにとって）「簡単な」課題を（われわれにとって）「難しい」課題の積み重ねによって実行するだろう。したがって、逆転した実行可能性順序を持つ生き物の存在可能性に反論を企てる公理的議論は、見込みがあるようには思えない。

この公理的なタイプの議論に対するもっと強力な第二の反論として、われわれはまず、先のとは別の生き物を検討しなければならない。それは、自分にとって望ましい行為を選択する際に関連してくるすべての推論を、演繹体系（の極端な一つ）を用いて実行するような生き物である。この生き物は、論理学の定理のリスト（または、そのような定理の代入例）しか利用しないだろう。ただし、そのリストは、有限個の項目とはいえ、途方もないレベルの論理的複雑さにまで及ぶ定理のすべてを含んでいる。さらにそれらの項目は、効率的に検索できるように、辞書のように配列されているかもしれない。この定まったリストがあれば、その生き物は、知的な人間の行為者にできるどんな推論も実行できるだろう。したがって、この能力は、現在のものであれ将来のものであれ、自分に関連するすべての演繹課題を解決するのに十分であろう。例えば、ある前提の集合（空集合の場合もある）からpが論理的に出てくるかどうかと問われたら、その生き物は、問題の前提が前件であり後件がpであるような条件文を作り、定理のリストを検索するだろう。そして、その条件文がリストに載っていたならば、その生き物は、pをその前提から推論するだろうし、逆に、もしその条件文が（順序に関して）リスト（の適切な位置）に載っていなかったならば、pをその前提から推論しないだろう。このようにこの生き物は、巨大な公理の集合とたった一つの（「定理」）推論規則から成る「不自然な」演繹体系を使用している。

この演繹体系は完全ではありえないが、実用的には十分である。というのは、その演繹体系を使用する生き物は、信念を持つための最小推論条件を満足させるのに必要な論理能力を持ちうるからである。この種の生き物の中には、ふつうの知的な人間にできるどんな推論も実行できるようなものもいるだろう。実際に、一定の有限な資源しか持たないどの生き物に対しても、それと同じ演繹能力を持った、このどれかの「不自然な」タイプの生き物が対応するだろう。しかしながら、この生き物の「全か無か」式の実行可能性順序が、人間のふつうの実行可能性順序と似ても似つかないことは明らかである。さらにその生き物は、先の公理的方法の原理にも合致しない。この生き物は、より簡単な定理を先に証明してから複雑な定理を証明するという手続きに決して従わないだろうし、それどころか、どんな定理を証明する際にも、まず他の定理を先に証明するなどというようなことは決してしないだろう。（定理リストを使うためにもあらかじめ推論が行われなければならない、という仮定もまた、われわれ自身のふつうの推論に関する〈アキレスと亀〉に似た退行（Stroud 1979を見よ）に陥ることに注意されたい。）

さて、もしこの生き物の定理辞書から、論理的複雑性に関して一定レベル以下のすべての定理が削除されたとしよう。例えば、定理に対応する図式の中の論理語の数が一定の数よりも小さいような定理は、すべて削除されたとしよう。するとその場合、その生き物の論理能力は、（「全か無か」の性質を保ったまま）ふつうの人間の実行可能性順序を逆転したものに近くなるだろう。したがって、一つ前の段落で述べた生き物やこの修正版のように、公理的方法の原理に反して、われわれとはまったく異なる実行可能性順序に合致するような生き物は、実際に可能である。

次の問いは、このような生き物は最小行為者としての資格を持ちうるか、とくに合理性条件を満たしうるか、ということである。これらの生き物が一定の演繹課題を実行する手続きは、非能率的で発見法的観点からすればまわりくどいと思えるかもしれない。というのも、かれらはその演繹課題を遂行するにあたって、以前に獲得したどんな結果も決して使うことができないからである。それどころか、その生き物の演繹的手続きは計算論的に見て非常にコストの高いものとなるだろう（第四章を見よ）。しかし、もちろんわれわれのここでの関心は、そのような生き物の理解可能性だけだ。たぶん、これらの生き物は、典型的な地球の環境とはかなり異なった環境でのみ生存しうるのだろう。しかし、その地球の環境はこれまでも変化してきたし、これからも変化し続けるのである。

これらの生き物の行動は必ずしも奇妙なわけでもない、ということに注意すべきである。人間との違いは、たんに程度の差だけである。われわれは証明の手順を使うが、時として、かれらと同様に、自分や他人によって確立された定理のリストを使うこともある。そして、人間は推論を実行する際に、以前に確立した結果が明らかに有用であるときでさえ、その結果の利用をまったく忘れてしまうことがたびたびある。つまり、人間は非能率的な努力を繰り返しているのだ。結局、自然な演繹体系の合理的根拠は、日常生活におけるふつうの人間にとっては抽象的な推論は難しいし、論理法則への言及もなされない、というところにあると思われる。新しい論理学を学ぶことだけを妨げる「記憶障害」は、とても奇妙だと考えられるかもしれない。しかし、どんな新しい情報も短期記憶から長期記憶へ移動させることができないように見える脳損傷の患者（例えば Wickelgren 1968 を見よ）は、それでもなお行為者としての資格をなんとか満たしているように思われる。

上記のような生き物は、信念を持っているとみなされる程に十分多くの推論を遂行するように思われる。そのような生き物は、演繹的手順が生まれつき非能率的なのだが、原理的には十分な認知能力を持つことができるだろうし、とくに例の定理辞書を高速に検索することができるので、非効率的であること自体によって認知システムを持てなくなることはないだろう。また、定理を十分効率的に検索する生き物は、発見法的能力に対するいかなる要求をも満足するだろうと思われる。つまり、その生き物は、一見して有用な十分多くの推論に着手するだろう。厳密に考えれば、この種の生き物は一つの領域では発見法音痴の愚かな存在だろうと思われる。というのも、（いかなる基準から見ても）最も明白に有用だと言えるような推論であろうと、その一見した有用さが他の演繹課題を達成するところにある場合には、着手されないだろうからである。しかし、この生き物に特有の演繹的処理が十分に高速ならば、われわれが普通に行うようにその生き物が演繹するようになったとしても、その生き物の演繹の効率は実際にはまったく上がらないかもしれない。

最小推論条件は、認知システムを持つために論理能力に課せられる単なる必要条件にすぎない。しかし、推論条件を満足させることは、信念を持つために要求されるすべての論理能力をもつことだとわれわれがみなす限りにおいて――言い換えると、信念を持つための論理能力の十分条件だとみなす限りにおいて――、推論条件の満足は、信念を持つための（信念集合の整合性に関する最小条件も含めた）他の合理性条件の満足をも意味しているはずである。（私は第五章で、合理性それ自体は、探究課題の選択を除いて、いかなる非演繹的推論能力も要求しないことを論じるつもりである。）すると、上記の議論は少なくとも、認知システムを持つために論理能力の点で十分な生き物は公理的方法に合致している必要はない、ということを示していることになる。

定理辞書を持った例の生き物が合理性条件を満たしうる、ということに対する一つの返答は恐らく、これによって示されているのは最小合理性条件が弱すぎるということなのだ、というものだろう。つまり、完全な、もしくは十分に整備された認知理論はそんな特異な生き物を排除するだろう、というわけだ。完全性に関するこの問題を扱う私の戦略は、根本的に異なる実行可能性順序を持った生き物についてのいくつかの問いを考察することである。この方法は、こうした生き物が認知システムを持ちうる、ということを決定的に確立することはできない。それができるのは完全な認知理論だけだろう。しかしこの戦略は、こうした行為者の可能性に対する反論の根底にある哲学的に重要なある種のテーゼが間違っている、ということを少なくとも示すだろう。

逆転した実行可能性順序を持った生き物についての先の議論から、まずは暫定的に、哲学的な教訓を引き出してみよう。論点の一つは、われわれ自身の心理と根本的に異なっていると思われる心理、つまり例の生き物の心理と、論理的に不可能もしくは解明不能な心理とを区別しなければならない、ということだ。われわれはたぶん、何らかの「ふつうの」推論上の心理をまず投影するという傾向性を生得的にもっている。しかし、われわれは別の心理を考えることもできる。適切な定理辞書を用いて演繹的処理を行う生き物は、説明不可能な神秘などによることなく、逆転した実行可能性順序に合致した公然たる能力を示す。この点で、合理性に関する限り、行為者というものは「正しい種類の」論理学者ではなく、ほどほどの論理学者でありさえすればよいと思われる。つまり、人間の心理についての経験的一般化から離れて、特定の正しい種類の論理学者などは存在しないのだ。最小行為者という概念のクラスター構造は、最小合理性条件によって要求される論理能力に関しては明らかである。すなわち、行為者であるのに自分の信念からの推論が一つもできないということはありえないが、しかしどの特定の推論についてもその行為者が行えないということはありうる。

5　構成的推論

次の問題は、われわれ自身のとは根本的に異なる演繹能力を持った生き物に関してのものであるが、それを以下の議論によって導入することとしよう。それは、もしある生き物が「$\neg(p \mathbin{\&} \neg p)$」のような明白な論理法則を否定したり、判断を保留したりするならば、その生き物はその論理法則の中に現れる論理定項を理解していない、という議論である。[5] 論理定項を（定義の上で）理解することは、「独身者」という概念の理解が「結婚していない」という概念の理解を前提とするような仕方で、問題の論理法則を受け入れることを要求する。この議論が引き起こすひとつの問いは、「$\neg(p \mathbin{\&} \neg p)$」のような、いわゆる明白な論理法則の特別な身分を何が説明するのか、ということである。もちろん、ふつうの人間は、明白な論理法則をよく受け入れるし、例えば「$(\exists y)(\forall x)(Fy \lor (Fx \to p))$」などのような複雑な論理法則の多くを否定したり、保留したりする。また、推論においてわれわれの論理能力と鏡像関係にあるような論理能力を用いる者が存在しうるように思われる、ということもわれわれは見てきた。彼らは、われわれが受け入れない定理の多くを受け入れ、かつわれわれが受け入れる定理の多くを否定したり、保留したりする。彼らが前者の定理を受け入れていることは、われわれが他の定理を受け入れていることとは異なり、なぜ問題の論理語の理解を構成しないのだろうか。しかしながら、この場合この議論は、推論において根本的に異なる論理能力を用いているとされる者にとって論理定項を翻訳したり同定したりすることがどれほど困難か、ということを引き合いに出すことによって説得力のあるものとなりうる。この議論の結論は依然として以下の通りとなるだろう。すなわち、「簡単な」推論を実行しうるということは、一定の論理定項の理解を構成するものであり、それゆえ、その論理定項を含むすべての文を信じるための必要条件である。

この議論のひとつの例を考えてみよう。それは、論理結合子「または」の理解にとって、「p」から「p∨q」を推論すること（「「または」の導入」）と、「p∨q」と「¬p」から「q」を推論すること（「選言的三段論法」）が次のような意味で要求される、という主張である。すなわち、最も単純な場合、推論を行う者がこれらの推論の前提に同意しながらもその結論には一般に同意しないならば、〈その者が「∨」もしくは「または」によって意味していることは、われわれが「または」によって意味していることであって、例えば「かつ」によって意味していることではない〉、ということを決定するだけの根拠はないだろう。この生き物に他のどんな推論能力があったとしても、彼における「または」と「かつ」を区別するには不十分であろう。例えば、(1)ある生き物の推論行動に関して、「*」は「または」に翻訳されるべきだという仮説があるとしてみよう。ただし、その生き物は一般には上記の「∨」の場合と異なり、「p」から「p*q」を推論しないし、「p*q」と「¬p」から「q」も推論しないものとしよう（表2―1を見よ）。さらに、その証拠は、(2)その生き物が「p*q」に同意する時には、いつも「q*p」に同意するが、必ずしもrには同意しない、というものだとしてみよう。すなわち、この仮説に従うならば、この生き物は、「p∨q」から「q∨p」への健全な推論は行うが、「p∨q」から「r」への不健全な推論は行わない、という論理能力を依然として持っているのである。とはいえ、この推論行動は、「*」が「かつ」ではなく「または」に翻訳されるべきだということに対して何の根拠も提供しないだろう。なぜならば、「p & q」から「q & p」への推論も健全であり、また、「p & q」から「r」への推論も不健全だからである。つまりこの生き物の推論行動は、「*」は「かつ」に翻訳されるべきだという仮説も同じように支持してしまうのだ。

この議論への反論としては、「p」から「p∨q」へのような「簡単で」健全な推論ができないからといって、他の「より難しい」推論ができないわけではない、ということを認めるべきだというものが考えられる。つまりこの反論によれば、〈「または」に関して「構成的」だと言われるあの二つの推論ができない者について、彼は「または」によって、われわれが「かつ」によってではなく「または」によって意味していることを意味している、と決定するための根拠はありえない〉ということをこの議論が示したわけではない、というのは明らかだ。あの二つの推論ができない生き物は、彼にとっての「または」と「かつ」をわれわれが区別できるような他の推論能力を十分に持っているかもしれない。この点に、論点先取はない。例えば、われわれが先に「逆転した実行可能性順序を持った」と述べた仕方で行動するような者が存在したとすれば、われわれは、その者にとっての論理定項の翻訳の確立へと進んでいくことができるだろう。

表 2—1　「＊」の解釈の証拠

	「＊」を含む推論 この生き物が行うのは…	 この生き物が行わないのは…
1	⋮	$\dfrac{p}{p*q}$ $\dfrac{-p \quad p*q}{q}$ ⋮
2	$\dfrac{p*q}{q*p}$ ⋮	$\dfrac{p*q}{r}$ ⋮
3	$\dfrac{-(-p*q)}{p*q}$ ⋮	$\dfrac{p*q}{p}$ ⋮

「＊」を結合子として用いているように見えるこの生き物に関して、彼はわれわれが「」によって意味

するものを「¬」によって意味している、というように彼における否定の翻訳をわれわれが確立したとしよう。そしてさらに、⑶その生き物が「¬(¬p*q)」に同意する時にはいつも「p*q」に同意する（そして「¬p*q」に同意する時にはいつも「(¬p*s)*(¬r*q)」などにも同意する）としてみよう。するとその生き物が論理能力を持っているとわれわれが仮定する限り、これは、「*」が「&」ではなく「∨」に翻訳されるべきだという根拠になる。なぜならば、「¬(¬p∨q)」から「p∨q」を推論することは健全であるが、他方、「¬(¬p & q)」から「p & q」を推論することは健全でないからである（もう一つの推論に関しても同様）。

　われわれが考えている単純化された翻訳状況においては、推論を行う者が特定の論理定項を理解して使っているかどうかを決定するための根拠は、二つのタイプの推論能力が与える。第一に、彼が行う推論のうちには、その論理定項を含んだ健全な推論であって、しかも、別の論理定項に置き換えられると健全でなくなるような（そして彼が一般に行わないであろう）推論が存在する。第二に、彼が一般に行わない推論のうちには、その論理定項を含んだ不健全な推論であって、しかも、別の論理定項に置き換えられると健全となるような（そして彼がそれなら行うであろう）推論が存在する。これら二つのタイプの証拠に基づき、われわれは先の場合と同様にその生き物は否定を使っているということを確立することができるだろう。またこのようにして、われわれはその生き物が普遍量化子を使っているということを決定することもできるだろう。その生き物がたとえ他の論理定項を何も使わないとしても、本来なら他の定項が用いられるはずのいかなる文も表現することができるだろう。

　推論においていわゆる構成的推論を行わない者の可能性に対するこの反論は失敗しているのだが、

そのことは、ここにも、すなわち論理定項の同定にもクラスター構造がふたたび関与している、ということを示唆している。論理定項の意味は、少なくともある程度は、それらが登場する受容された論理法則と推論の全領域によって全体論的に決定される。この主張は、意味に関するクワイン以後の全体論的説明の特殊なケースに他ならない（例えば、「概念役割」意味論）。クワイン（Quine 1970）は、論理定項の同一性は、それが登場する受容された論理法則（より一般的に、推論と言おう）によって決定される、と言っている。(6) そして、クワインの次の指摘は正しい。すなわち、もしある人にとって「選言を支配するものと今まで思われてきたすべての論理法則が、代わりに連言を支配するようになり、またその逆も生じているとしても」、その人にとっての「または」が単にわれわれの連言になり、またその逆が生じるだけである（Quine 1970, p. 81, 邦訳一二四〜一二五頁）。しかしクワインは、〈問題の論理定項が現れるすべての論理法則を拒否すること〉と、〈それらのうちのいくつかを拒否すること〉を区別していない。

すでに見てきたように、推論を行う者が問題の論理定項を支配する推論のすべてをまったく行えないということはありえないが、（もし他の推論を十分に行えるのならば）その論理定項の同一性もそれに関するわれわれの翻訳も変えることなく、その論理定項を支配する推論のうちのどの特定のものについてもそれを行えないということはありうる。異様な実行可能性順序を持った先の生き物がいかにこじつけのように思われようとも、また、こうしたケースが実際の状況で起こることがいかにまれであるとしても、論理定項の同一性のために必要なことは何か、ということを示す点でこれらは重要である。もし「クラスター構造」という見方をとらないならば、われわれは、他のどの論理的真理とも違って「明白で」健全な推論と「明白な」論理的真理だけがもつ特別な身分に関して、その満足すべき客観的な根拠を発見するという問題に直面することになる。

6　「……ということを信じること」

われわれのものとは根本的に異なる論理能力を持った行為者に関するこれまでの説明は、あまりにも統語論的、あるいは形式的だと思われるかもしれない。私は原則として、「Aは「……」という文を信じる」という表現を問題にしてきた。つまり実行可能性理論についての私の説明は、いわゆる命題に対してではなく、文に対する信念を扱ってきた。私の説明が言語表現にこだわりすぎているという批判は、今や「Aは……ということを信じる」という表現もやはり検討すべきだ、ということを示唆している。というのも、われわれと根本的に異なる論理能力を持った生き物が可能だと思われるのは、文を扱う生き物だけをわれわれが論じていて、命題表現の方を考慮していないからだ、と論じられるかもしれないからである。

もちろんこの構文は、指示的に不透明である。つまり、「……ということ」という節の中に現れる指示表現を、それと同じものを指示する別の表現で置き換えた場合、その信念文全体の真理値は必ずしも保存されないのである。しかし、この構文は「内包的に不透明」なのだろうか？　次の場合のように、同義表現を相互に置き換えても真理値は保存される、と言われることもある。例えば、ジョンは独身男性だということを誰かが信じているならば、その人は、ジョンは結婚していない男性だということを信じているはずだ。論理的に同値で形の上で「密接な」二つの文は、一般には同義（あるいは言い換え、あるいは同じ命題を表現する文）だと見なされる。「p & q」と「q & p」や、「p」と「¬¬p」などがその例である。それゆえ、信念文脈における同義語の相互置換に関する内包的透明性の主張によれば、例えば、もしある人が「a＝bかつc＝d」ということを信じているならば、その人は「c＝dかつa＝b」ということも信じていることになる。

　さて、逆転した実行可能性順序を持つ生き物を例にとるなら、その可能性に対する反論はこうである。もしそうした生き物が「a＝bかつc＝d」ということを信じているのが真ならば、内包的透明性のテーゼによって、それは「c＝dかつa＝b」ということも信じていなくてはならない。そうすると、「……ということを信じる」という構文によって、その生き物は、われわれからかけ離れた実行可能性順序を持ちえないことになる。この場合、この推論はわれわれにとって明白なのだが、その生き物にとっては困難だ（つまりいつも実行されるわけではない）と想定されている。しかし、本章の実行可能性理論の説明によれば、その生き物は（もしそれなりの英語の話し手ならば）、「a＝bかつc＝d」という文を信じる一方で、「c＝dかつa＝b」という文を（推論せず、しかも）信じないということがありうる。したがって、この反論は以下のことを示唆しているだけなのだ。すなわち、その生き物にとっては、c＝dかつa＝bということを信じることと、「c＝dかつa＝b」という文を信じることとの間にはズレがあるが、そのズレは、ふつうの同音翻訳をやめることによって解決されるべきである。仮にある生き物がわれわれとは非常に異なる論理能力を持っており、われわれにとって密接な関係にある二つの等値文が、それにとっては隔たっているものだとしてみよう。するとこの場合、要求されているのは、その生き物の能力がわれわれの能力と一致するようにそれの用いる文を翻訳しなければならない、ということである。さもないと、さっきのズレが生じてしまうだろう。このような状況においては、「「……」という文を信じる」という構文は、注意深く用いられなければならない。

　ここに関連する内包的透明性テーゼに対して問題が生ずるのは、相互に置換可能な表現が同義だと想定されなければならないのは誰にとってなのか、とわれわれが問うときである。それは、行為者にとってではない。先の「独身男性」の例では、行為者は英語を話さないかもしれないし、それゆえ「独身男性 bachelor」と「結婚していない男性 unmarried male」が同義だということを知らないかもしれない。したがって、相互に置換可能な表現が同義でなければならないのは、信念帰属者にとってである。もしわれわれが生き物の心理を考慮に入れないならば、論理的に同値な文は、われわれにとってそれらが密接な関係にあろうと隔たった関係にあろうと、すべて同じ身分を持つことになる。内包的透明性テーゼに対する以下の反例は、このテーゼによると信念帰属者にとって同義である表現は相互に置換してもかまわないとされるが、しかし信念帰属者にとって同義であるものや、ことに密接な関係にある同値表現が、行為者にとっては翻訳においてでさえ同義でないかもしれない、という事実に基づいている。

　先にわれわれは、ある生き物が一つの演繹体系を用いてその推論のすべてを実行する、というケースを考えた。そのケースにおいて、その演繹的体系は、健全でありかつ完全なのだが、（論理学の訓練を受けていないふつうの人間としての）われわれからすると、ひどく直観に反するような公理（例えば「$((\forall x)Fx \rightarrow (\forall x)Gx) \leftrightarrow (\exists x)(\forall y)(Fx \rightarrow Gy)$」）だけを含むのであった。行為者にとって「p & q」と

「q & p」の同値性を決定することが、ふつうの人間にとって「(∀x)Fx→(∀x)Gx」と「(∃x)(∀y)(Fx→Gy)」との同値性を確かめるのと同じくらい困難となる（およびその逆となる）ような、こうしたタイプの演繹体系は実際に存在する。それどころかこのことは、論理学の教科書に出てくるような、ふつうの人間にとって「直観的」であることを意図された演繹体系に対してもかなり当てはまるのだ。われわれにとって密接な関係にある二つの同値文、したがってそれゆえに同義でもあるそれらの文は、この生き物にとっては疎遠な関係にある同値文であり、それゆえに同義ではないだろう。とはいえ、それでもその生き物はそれらの文を理解することができるだろう。それは、先の二つの量化文をわれわれが理解できるのと同じである。

では、内包的透明性テーゼを、われわれとは異なる論理的能力を持ったこの生き物に適用してみよう。そこでまず、証明のある段階において、その生き物はa=bかつc=dということを信じている、としよう。さらに、われわれは先に特徴づけられたような「ふつうの」論理能力を持った信念帰属者であるとしよう。つまりわれわれにとっては、「p & q」という形のどんな文も「q & p」と密接に関係した同値文であり、それと同義である。そこでここでは、「ということを信じる」に先行する節は内包的に透明だという想定なので、その生き物はc=dかつa=bということを信じていることになる。しかしこのケースにおいて、信念帰属者としてのわれわれが（一般的なレベルの能力ではなく）われわれに特有の論理能力を行為者にいつも投影してよいわけではない、ということは明白である。というのは、前述した「異様な」論理能力のゆえに、その生き物は、c=dかつa=bということを信じ**ない**かもしれないし、それどころかc=dかつa=bであるかどうかに関して懐疑的かもしれないからである。

では、その生き物が、〈a＝bかつc＝dということを信じていること〉と〈c＝dかつa＝bということを信じていること〉との間にどんな違いがありうるのだろうか？　というのも、もしその生き物がa＝bかつc＝dという信念にふさわしく行為するならば、そう行為したということによって、その生き物はc＝dかつa＝bと見なされる信念にもふさわしく行為していることになるからである。先の問いに対する答えは、（「強い意味」での）本当の信念は因果的効力を持たねばならない、という事実に基づいている。つまり、もし行為者が特定の信念を持っているならば、彼は、その信念にふさわしい仕方で行為しなければならないだけでなく、その信念のゆえにそのような仕方で行為しなければならないのだ。とくに、その信念は、行為者がその行為を企てるための理由の一部、つまりその行為へと至る実践的推論の前提のひとつになっていなければならない。（デイヴィドソン（Davidson 1980a, b）は、この論点を取り上げている。第四章第4節と第5節も参照せよ。）したがってわれわれは、行為者が、あたかも特定の信念を持っているかのように単にふるまっていることと、本当にその信念を持っていることとを識別しなければならない。われわれと論理能力がかけ離れた生き物は、a＝bかつc＝dという信念にふさわしく行為するのと同様に、c＝dかつa＝bと見なされる信念にもふさわしくふるまうであろう。しかし、a＝bかつc＝dという信念だけが、これらの行為を行う彼の理由だろう。言い換えるならば、その生き物は、望ましい行為を選択するための根拠として、a＝bかつc＝dという信念だけを用いるだろう。

この生き物の奇妙な論理能力を仮定する限り、以上のような状況は、以下の場合と同様に排除できない。つまり、あるふつうの人が、ある集合に属する整数に関して、〈「もしxが素数ならばすべてのyは奇数である」を満たすようなあるxが存在する〉というような信念にふさわしく行為しているように見えるとしよう。そしてその人は、これと同値の、〈その集合に属するすべての整数が素数ならば、それらはすべて奇数である〉という信念にもふさわしく行為しているように見えるとしよう。しかし後者の信念だけが、これらの行為に対するその人の理由なのである。[7] 何が行為の理由となるのかという問題がいかに複雑であれ、この場合、その人が第二の信念しか持っていない、ということは明らかである（論理的に妥当な文を含む類似のケースがある）。先の「a＝bかつc＝d」という場合も同様である。つまり今の場合に対応して、先の場合では、あの生き物はa＝bかつc＝dということだけを信じているのだ。もしこれら二つの場合の類似性を拒否するならば、どうして先の場合は特別な身分を持つのか、という問いにわれわれは答えなければならない。

以上のように、内包的透明性テーゼはまちがっているように思われる。というのは、信念帰属者にとって同義な表現、とくに相互に密接に関係した二つの同値文が、信念内容を表す節の中で置き換えられると、必ずしも真理が保存されないからである。このような相互置換が真理を保存するのは、次のような経験的仮定が置かれた場合だけなのである。

正しい翻訳においては、信念帰属者にとって同義な表現は、行為者にとって同義な表現に対応する。（この逆は、要求されない。）この仮定は心理学上の一般化としてよく受け入れられているが、上記の例は、この仮定が成立しないことがありうるということを具体的に示している。もしわれわれが、この仮定を密接に関係しあう同義表現にだけ限定するならば、その仮定は、翻訳者にとって明らかな推論は行為者にとっても明らかだという仮定、つまり、翻訳者の実行可能性順序の中の「低い」順位は普遍的だ、という仮定の特殊な場合になる。この後者の仮定は、クワインが論理法則の翻訳を（「正しい翻訳は論理法則を保存する」、より適切に言えば、正しい翻訳は明白な論理法則を保存する、と）説明した際に要求したものだが、この仮定を実際的な目的のための近似と解釈する場合でさえ、例えば初心者に論理学を教える時のような場合を考えれば、それは自己中心的で受け入れ難いものである。論理能力がわれわれとかけ離れた生き物の可能性に対する元々の反論をそれでも成り立たせようとしたら、そのような生き物は存在しえないという仮定に訴える論点先取を犯すしかない。「「……」という文を信じる」という構文の限界を認めたとしても、同義性に関する上記の仮定が成り立たない場合には、「……ということを信じる」という構文は、適用に際して注意深く制限されなければならない。

　同義語に関する上記の仮定が偶然的な身分しか持たないことを強調しておこう。つまり、行為者にとって「p′」と「q′」が同義ではないとしても、その事実だけでは、翻訳者にとって同義である「p」と「q」にそれらが翻訳されてしまう、という可能性を排除できないのである。したがって、「正しい翻訳は常にすべての同義性を保存する」という格率は受け入れられない。このことは、以前に述べたような、意味に関する穏健な全体論的説明の一つの帰結である。その説明によれば、「p′」と「q′」という表現の意味は、たった一つの（「分析的な」）「p′↔q′」という同値関係（または、それに対応する推論）によってのみ決定されるのではなく、それらの表現を含む、妥当と見なされた文と推論の全体によって決定される。ある翻訳において「p′」と「q′」が、「p↔q」以外に妥当と見なされている十分多くの他の法則や推論に含まれているならば、「p′」と「q′」の正しい翻訳はそれぞれ「p」と「q」だ、とわれわれが確定できるような場合もある。

先に見たように、ある条件下にあるふつうの「素人の」人間にとってはどんな同値性が明白な、あるいは簡単なものであるか、ということについての正しい経験的な一般化がいくつか存在する。しかし、これらの一般化は、短期記憶の容量についての主張と同じ身分しかもっていない。つまりわれわれにせいぜい言えることは、ふつうの人間にとってある推論はたまたま他の推論よりも直観的であったり、自然であったりする、ということだ。したがってわれわれは、いかなる合理的な行為者もこのように思考しているにちがいない、と結論づけることはできない。どれが明白な同値性なのかということについての一般化は、認知心理学における偶然的な問題である。例えば、われわれと論理能力がかけ離れた生き物や、形式論理学の訓練を積んだ人間は、そうした一般化に違反しながらも、論理的に有能な行為者であるだろう。したがって、クワイン（Quine 1960）に反して、行為者の主張に関する意味の理論と、行為者の信念とは何かについての理論は、一緒になったとしてもそれらだけでは十分ではない。行為者の認知心理、つまり行為者はいかにして情報を表現し処理しているのかに関する第三の理論がなければ、われわれは行為者に信念と意味を帰属させることができないのだ。

7　非言語的信念

最後に残った問いは、ある生き物が行う非言語的信念からの推論の中に、われわれのものとは根本的に異なる実行可能性順序が存在しうるのだろうか、というものである。例えば、犬の信念においては、連言の交換律は成り立たないのだろうか。一般に、ある生き物の非言語的信念に関する実行可能性順序は、その信念を帰属させる者の言語的信念に関する実行可能性順序がかなり投影されたものになっていると思われる。(8) なぜならこの状況においては、何が正しい実行可能性順序なのかということと、何が行為者に帰属させるべき信念の正しい定式化なのかということに関して、それらに固有の事実なるものが存在しないからである。つまり、その二つはある程度、相互依存的なのだ。したがってここでの実行可能性順序の選択は、不必要に複雑でない順序はどれか、ということを選択する問題となる。しかし、これは主観的な問題であり、何が帰属者にとって見なれたものであるかということによって決定される。したがって、われわれと根本的に異なる実行可能性順序をもつ言語的な信念帰属者と、われわれとでは、非言語的な生き物に（あるいは、われわれ自身の非言語的信念に）どの順序を帰属させるのが合理的選択か、ということの答えは一般に異なっているだろう。

例えば、言語的信念に関して次のような実行可能性順序を持つ火星人の信念帰属者を考えよう。彼にとって「p & q」から「q & p」を推論することは、われわれにとって「p & q」から「¬(p & ¬p)→(p & q)」を推論することと同じくらいに困難であり、直観に反する。さてさらに彼は、犬のファイドーは〈いま夕食時であり、かつ、猫が玄関にいる〉と信じている、ということを知っており、なおかつそれを受け入れているとしよう。すると、われわれの実行可能性順序は非言語的信念からの推論にも普遍的に適用される、という主張はこのケースでは偽となるだろう。というのはこの火星人は、ファイドーは〈猫が玄関にいて、かつ、いま夕食時である〉と信じている、ということを結論しないだろうからである。そして、もしこの火星人がこのように結論するとしたら、それは、われわれが元の同じ主張から、ファイドーは〈もしもいま夕食時であり、かつ、いま夕食時でないということが成り立たないならば、いま夕食時であり、かつ、猫が玄関にいる〉と信じていると結論するのと同じくらい不自然で、理由のないものであるだろう。したがって、われわれ自身の実行可能性順序が、非言語的信念を含む推論にも適用される「正しい」順序なのだとわれわれに思われる、ということは、われわれの心理に関する基本的ではあるが、偶然的な事実にすぎない。

ここでのわれわれの結論は、クワインとデイヴィドソンによって強調された信念・欲求・意味の全体論的な相互依存関係は、実際はもう一つの領域にも拡張される、ということである。信念・欲求・意味は、少なくとももう一つのタイプの暗黙の理論、つまり行為者の認知心理に関する理論、言いかえると、行為者はどのように思考するのかについての理論と独立には決定されえない。われわれはこれまで、とくに行為者の演繹的推論能力の理論、すなわち実行可能な推論の理論を論じてきた。実行可能性理論は、行動予測をめざす認知理論の不可欠の要素である。というのは、合理的行為者の演繹能力に対するアプリオリな制約は極めて少ないように思われる、ということをわれわれは見てきたからである。行為者は、十分な程度の論理学者でありさえすればよい。人間心理に関する一般化を超えて、超越論的に「正しい」種類の論理学者というものが存在するようには思われない。

第三章　合理性と人間の記憶の構造

哲学的心理学や知識論では、行為者の記憶について、どんな種類のモデルが前提とされているのだろうか。より十全な、とりわけ、それほど理想化されていないモデルとはどのようなものだろうか。この問題に答えるために私は最初に、哲学上の従来のモデルとは異なる、より「心理学的に現実的な」モデルを採用しなければ、われわれは実際の人間の重要な行動さえ説明することができない、ということを論じたい。次に私は、そのような現実的なモデルなしには行為者の行為の合理性を十全に理解することはできないということを論じる。われわれの実際の思考法がもつ実践的な特徴は哲学固有の問題に関連している、という見解は現在ではよく知られたものだ。その一例は、クワインの認識論の自然化プログラム（Quine, 1969a）や、比較的最近のゴールドマンによる「認識学」という哲学分野の提唱（Goldman, 1978）である。そして、この種の提案に対する当然の反応の一つは明らかだと私は思う。つまり、人間は間違いなく忘れっぽい、不注意だ、などなどの欠点があるが、しかし、いかなる意味でこれらの欠点は教育学、工学、ないしは他の応用分野ではなく哲学にとって重要でありうるのか？　本章のより大きな目標は、人間の記憶構造をある程度詳しく検討し、理想的な合理性ではなく最小限の合理性の理論を用いれば、哲学の基礎的な問題と直接にかみ合う結論がどのような意味で得られるようになるか、ということを説明することである。

1　理想化された記憶

行為者の記憶に関する理想化の中でも、哲学において事実上どこでも受け入れられてきたタイプの例を二つ検討しよう。第一の例は、人間の信念システムの構造についてのクワインの影響力あるモデルだ。知識論の自然化に関するクワイン自身のプログラムの中にさえこの理想化が見出されることは、この理想化が広く行きわたっていることを強く物語っている。クワインは「経験主義の二つのドグマ」の最後の節で次のように言っている。「科学全体は、その境界条件が経験である力の場のようなものである。周辺部での経験との衝突は、場の内部での再調整を引き起こす」。とくに「ある言明の再評価は、言明間の論理的相互連関のゆえに、他の言明の再評価を必然的に伴う。……」(Quine 1961a, p. 42, 邦訳六三頁。pp. 43–44 も参照)。

これに対する自然で「記述的な」解釈によれば、ある信念を再評価することは、信念システム全体の整合性を維持するために他の信念を再評価することを必然的に伴う、とクワインは主張し、さらに、信念システムの所有者は実際にそのような適切な再評価を行っていると彼は予測している。クワインの自然主義を考慮するなら、彼の説明は記述的に正しいように意図されたものだ、とわれわれは期待するだろう。クワインが『ことばと対象』の第一章で信念システムにおける「文相互の関係づけ」についてその後行った議論によって、この解釈は裏づけられる。クワインは信念システムの一部分について こう言っているのだ。「理論全体――上の例で言えば、化学の一章に、論理学その他から関連する箇所を付け加えたもの――は、お互いに対しても、また条件反応のメカニズムを通して非言語的な刺激に対しても、多様な仕方で結びつけられた文が織りなす織物である」(Quine 1960, p. 11, 邦訳一八頁)。ここでもまたクワインは、実際に信念に起こるであろう変化、つまり力の場におけるあの再調整のような変化の予測を描くことで、行為者の信念相互の連結を記述しているように思われる。そうでないとすれば、「条件反応」への言及は意味をなさないだろう。(1)

だが、現実の人間の信念システムは、クワインが記述しているような仕方で不可避的かつ反射的に適切な再調整を行っているわけではない。クワインの理想化から脱したものとしてわれわれがここで取り上げるのは、ある種の忘れやすさである。実際、相互連結された信念の網の中でときおり「結びつきを作り」そこなうということ、ないしは自分の信念システムを大局的に見ることができないということは、人間に特有のあり方だ。例えば、フレミングがペニシリンを発見する少なくとも一〇年前には多くの微生物学者たちは、カビはバクテリア培養物の中に透明な区画を生じさせるということに気づいていたし、そのような何もない区画はバクテリアが成長していないことの目印だということも知っていた。しかし彼らは、カビが抗菌性の物質を放出しているという可能性を考慮しなかったのだ(例えば Hilding 1975 参照)。今から見るように、この種のありふれた事例をたんに人間の不注意による不幸な例ではなく、哲学的に重要なものとするのは、われわれがそれを説明する際のその仕方である。第一次の「不合理的再構成」として、われわれはこう言うことができる。カビは何もない区画を生じさせるという信念は、望ましくない混合物についての情報として、実験に関する実践知というカテゴリーの中に「ファイルされていた」ように思われる。そして、何もない区画はバクテリアの成長の抑制を示唆しているという信念は、微生物学上の理論の別のファイルにあったように思われる。このように、信念の網はただ絡まっているわけではない。いくつもの文から成る信念の織物は、比較的独立した複数の下位システムが「キルトのように縫い合わされて」出来たつぎはぎ細工なのだ。これらの下位システム、つまり部分集合が相互に結合されることは滅多にない。クワインのモデルは、人間の記憶の基本的なあり方を考慮していないのだ。

行為者の記憶構造に関して哲学が行う理想化の第二の例として、「序文のパラドックス」(de Sousa 1976, p. 233 と Lehrer 1974, p. 203 参照) を簡単に考察しよう。もしある人が「自分の信念のうち少なくともいくらかは間違っている」(以下F) と言えば、彼が正しいということは大いにありそうだと思われる。ときおりこれが不都合だと感じられるのは、誰かの信念集合にFを加えると、必ずその信念集合が不整合になるからである。そうではあるが、人々は実生活でFタイプの命題をかなりひんぱんに主張している。例えば、『ロンドン・タイムズ世界地図帳』の編集者たちは、今はまだ見つかっていない誤りの訂正のために「人当たりのよい現実主義者の物腰で」裏ページを挿入している、とクワイン自身がその書評の中で、とくに批判もせずに述べている (Quine 1981, p. 202)。人が誤りの言明Fをつけ加える前の信念集合の大きさが、Fをつけ加えてできる主張の合理性を決定する、ということは見過ごされているようだが、ここでは重要である。もし彼が「{p}の中のある文は偽であり、かつpである」と言えば、これは明らかに不合理であり、「私は矛盾している。私はpかつpではないと信じている」と言うのと同様であるように思われる。もし彼が「{p, q}の中のある文は偽であり、かつp、かつqである」と言えば、これも同様に受け入れられない。しかし、もしその集合が非常に大きければ、とくにその人の信念集合全体を含むほどであればなおさらに、その信念集合と共にFを受け入れることはずっと合理的なことになる。

なぜ関連する信念集合の大きさが、誤りの主張Fの受容可能性に対する決め手となるのだろうか。もし、自分の信念のうちいくらかは矛盾しているということは単に可能なだけでなく非常にありそうなこと――まず間違いのないこと――だ、とその人がすでに思っているのであれば、彼は、自分の信念集合にFを加えることによってはとんど何も失わない。さて、大きな信念集合が不整合なのはきわめてありそうだ、ということを説明するのは、人間の認知に関するどんなモデルだろうか。なによりも、クワインの理想化された網についての議論の中で姿を現し始めたモデルこそが、このことを説明するだろう。つまり、人間の信念集合全体はあまりに巨大なので、彼はその内容を余すところなく数え上げることすらできないのだ。さらに、その集合は独立したいくつもの部分集合へと組織化されている。その結果、それらの異なる「ファイル」にある要素間の矛盾は、ますます発見しにくいものとなっている。したがって、クワインによる理想化に非常によく似た理想化が行為者の心理に関して前提されるなら、序文のパラドックスの中に見出された逆説の多くが生じるように思われる。とすれば、その限りで、人間の記憶に関するより十全なモデルを採用することによって、その見かけ上の逆説を解消することができるだろう。

2　より現実的なモデル

そうしたモデルを検討するとしよう。哲学において支配的な理想化よりもずっと納得のいくモデルが、言語学習や記憶に関する伝統的心理学において少なくとも一世紀の間使われてきた。そしてそのモデルは、より最近の「構成的記憶」アプローチや「意味記憶」アプローチの基盤でもあり、さらに行動についてのわれわれの前科学的で常識的な説明の中にさえ組み込まれているように思われる。このモデルは、合理的な可能的行為者のすべてに先験的に当てはまるというわけではない。このモデルに当てはまらない行為者を想像するのは簡単である。例えば、クワインの理想化された行為者がそうだ。いくつかの点で相互に対立し合うこれらの経験的理論から純粋な中身を取り出そうとしても、必ずや過度の単純化や不完全さを招いてしまう。しかしそうではあっても、その結果として生ずるおおまかな説明は、これまでの哲学理論よりも重要な点で改善がなされたものとなっている。われわれは、理論が行う理想化の程度問題に取り組んでいるのである。

言語学習と記憶に関する伝統的な標準モデルは、二重構造を持っている。どの特定の瞬間の人間の記憶においても、「短期」ないしは活性化している記憶と、「長期」記憶を区別することができる。[1] この区別の柱となる考え方の一つは、自分のもっている情報のすべてを人は同時に考えることはできない、という日頃の観察を反映している。彼はその情報の部分集合を考慮しうるにすぎない。短期記憶の内容は、必ずしも意識的にではないが、人が現在考えていることに対応している（たとえば、私がちゃんと車を運転しながら何か他のことについて会話しているときのように）。記憶された他の情報はみな、長期記憶の中に蓄えられている。短期記憶の貯蔵容量は、ランダムに選ばれた単語のような意味のある単位ないしは「かたまり」で約六個だと通常考えられている（Miller 1956）。（長さが七桁の電話番号は、おそらくこの事実を念頭において作られている。）

ある項目が短期貯蔵される持続期間も有限である。つまり、もしその項目が「復唱」ないしは反復されるということがなければ、それが記憶されるのは三〇秒以下だと考えられる。短期記憶は作動記憶[2]であって、単なる受動的な貯蔵ではないと見られている。つまり、長期記憶と異なり短期記憶は、活性化された信念からの演繹といった操作が対象とする内容を持つ。とりわけ、信念と欲求から行為の企てに至る実践的推論は、短期記憶においてのみ行われうる。構成的記憶理論と意味記憶理論も、同様の短期記憶概念を含んでいる。特定の用途向けに区分された作動記憶と長期貯蔵がいくつか存在する、というのはありそうな話のように思われる。例えば無意識の作動記憶は、言語の理解と表出にかんする心理言語学的モデルの基本的な要素である。したがって、「二重」モデルは「n重」モデル（n＞1）へと一般化することができる。

短期記憶の範囲とは対照的に、長期記憶には実際的な容量の限界は事実上ないと一般的に考えられている。さらに、長期記憶はいくつかの情報を無期限に貯蔵することができる、とも考えられている。その結果、長期記憶というのは、人間の巨大な認知システムの大部分がどの特定の瞬間にも存在する場所となっている。長期記憶の項目は、そこから消去されることなく短期記憶へと再生される、または復旧される、つまり短期記憶へとコピーされる。伝統的なモデルによると、長期記憶にある項目は「凍結状態」にあり、事実上、休眠している。それらの項目は、短期記憶の項目が受ける処理のどれも受けつけない（これらのモデルは、活性化に関して「全か無か」ではなくその度合いを含むように修正する余地がある）。とくに、長期記憶の項目は行動に影響を与えることができない。つまり、信念が行為に影響を与えるためには、信念はまず最初に短期記憶という重要な隘路を通過しなければならないのだ。

人間の記憶に関してわれわれが現在考察しているどの説明に従っても、長期記憶の内容は組織化されている。長期記憶の項目が復旧される場合には、記憶全体の探索によってではなく記憶の構造を利用したより狭い範囲の探索によって、その居所が突き止められる。これらの説明はみな事実上、長期記憶のことをグラフ理論的なもの、つまり弧によって連結された節点のネットワークとして描写している。このモデルはファイリング・システムという概念を一般化したものであり、このシステムでは、一つのファイルはさらにいくつかの下位ファイルを含むことができる。各節点は貯蔵場所であり、一かたまりの情報を収めている。長期記憶の探索は、節点同士を連結している経路を経由して節点から節点へと進む。この探索は迷路を通り抜けることになぞらえることができる。純粋な形での伝統的理論にとっては、これらの連結は連合的な連結だけである。ヒュームによってよく知られるようになった例では、ある観念が与えられたときに他のどの観念が頭に浮かぶかは、その観念と他の観念との連接という過去の経験によって形成されたつながりによって決定される。その結果、記憶組織の多くは特定の人間に特有なものとなる。

「意味記憶」による説明は、人間の記憶をコンピュータ・モデルで理解する過程で発展してきたのだが、長期記憶の構造にかんして先と非常によく似た描写を含んでいるので、これらの説明はときどき「新‐観念連合説」[3]と呼ばれる。これらの説明は、相互連結をした弧が節点間の異なった種類の関係を表現できるように一般化を行っている。例えば、節点ｎとｍの間の方向付けられた弧は、ｎの項目はｍの項目の（性質ではなく）事例だ、ということを表現することができる。さらに、記憶構造はダイナミックでありうる。つまり、多くの異なった組織的システムが同時に存在することができるし、記憶は、異なった用途に応じて再構造化することができる。

「構成的記憶」による説明が強調するところによれば、長期記憶に貯蔵されるものは、自分が見聞きした文の正確な「表層の」言い回しのような、経験された出来事の固定的な写しではない[4]。むしろ、その文の根底にある意味が、そのときの記憶表象または「スキーマ」へと統合されるのである。したがって、これらの表象やスキーマは特定の記憶用の単なるファイリング・システム以上のものである（このモデルは、いくつかの点で知覚に関するカントの「トップ・ダウン式」説明に似ている）。再生も同様に合成処理であり、人は長期記憶に貯蔵された少数の断片から「起こったに違いないこと」を作動記憶において再構成する、と考えられている。われわれの目的からすると、構成的アプローチと伝統的説明の間の最も重要な違いは、前者にとって長期記憶内の情報は不活性ではないということだ。すなわち、獲得されてから再生されるまでの間に、命題は以前からの知識に同化されるかもしれないのである。もっとも、構成的アプローチにとっても、長期記憶での処理は短期記憶での処理よりもずっと制限されるという点は残る（構成的説明のいくつかのヴァージョンでは、貯蔵された項目のこの変形は実際、容量の限られた作動記憶で行われる)。

3　常識心理学

行動に関するわれわれの常識的で志向的な説明は、人間の記憶に関するどんなモデルを前提しているのだろうか。われわれは、信念や欲求や他の志向的な状態から成るシステムを行為者に帰属させる前科学的な認知理論によって、彼の行為をかなりうまく理解し、予測することができる、ということを私はここまで論じてきた。予測を行う認知科学の可能性そのものがかねてから否定されてきたように見えるが、その原因は、あまりにも理想化されすぎたためにほとんどの用途に関して現実の人間にまったく適用できないような合理性概念がひそかに受け入れられてきたことにある、ということも私は指摘した。われわれの暗黙の日常的な認知理論は、他のタイプの合理性条件を含んでいるに違いない。つまり、最小合理性という概念が必要とされているのであって、この概念において行為者は、適切な行動を選択するために十分な、しかし完全とはいえない能力を持つことができる。

基本的に、ここにある予測の仕組みはこうである。観察者は、信念と欲求の特定の集合を行為者とされる者に帰属させる。その信念・欲求集合を持つとするのが正しいと言えるためには、その行為者は、それらの信念から見てそれらの欲求を満足しそうな行為のどれかを企てなければならない。つまり、その行為者は必ずしも理想的に合理的にではないにしても、最小限度に合理的に行為しなければならない。観察者はこの要求される行為の集合を見定めることができるし、もし彼が正しい信念・欲求集合をその最小の行為者に帰属させていたなら、その行為者の行為を予測することができる。しかしながら、予測の仕組みについてのこのスケッチは、依然としてきわめて不完全なままである。行為者の行為をわれわれの興味の対象となる程度まで詳しく予測するためには、行為者は一見して有益な行為のどれかを企てるだろう、ということを観察者は知らなければならないだけではない。観察者は、それがどの行為なのかもある程度決定できなければならないのだ。前に述べたように、日常生活における最小合理性の条件は、他の認知心理学上の理論の幅広い領域に組み込まれており、それらの理論が、最小行為者の行動と理想的合理性との間に生ずる隙間を埋めているのだ。そうした理論の一つは、行為者にとっての推論の実行可能性に関する心理学理論であり、これについては前章でスケッチした。そして、もう一つの最も重要な理論が、人間の記憶構造に関する理論なのである。

人間の記憶に関するこの常識的理論は「科学的」心理学の最新の理論よりも原始的かもしれないが、それは、後者の中にわれわれが見出した二つの大きな要素を持っているように思われる。第一に、暗黙的で常識的な理論は、短期記憶と長期記憶の区別を含んでいる。行為者の信念システム全体の小さな部分集合だけが、短期記憶の内容として、特定の時間に活性化されうる、あるいは思考されうる。そして、それらの内容だけが行為の選択に影響を与えることができるし、とくに「論理的に操作する」ことができる。すなわち、推論の前提として用いたり、矛盾を調べるために相互に比較することができる。行為者の信念の残りの部分、つまり長期記憶にある信念は比較的不活性である。第二に、常識的理論は、長期記憶のある組織化を仮定しており、それが項目探索のパターンを決定し、またそれが原因で短期記憶への復旧が阻害される場合がある、と考えている。帰属させられた信念・欲求集合からわれわれにとって意味のある仕方で行為者の行動を予測するためには、われわれは、どの信念（と彼の認知システムの他のどの要素）がいま短期記憶にあるのかを知らなければならない。というのも、それらは短期記憶にない限り不活性だからである。われわれはこの記憶モデルを使って、そうした予測をしているように思われる。（それどころか、コンピュータの自然言語処理において人間との効率的な対話を行うための一種のプログラム、フロントエンドには、この種の「心理学的知識」の初歩的な考えが暗黙のうちに組み込まれているに違いない（例えば、代名詞は会話の中でどこまで過去に遡って指示することができるか、ということに関して）。）

われわれは、理想的合理性が原因で広く流布するようになったいくつかの誤りを理解するために、この記憶モデルを用いることにする。私は、このような誤りにかんする網羅的な類型学をやるつもりはない。その種の重要な一例はこうである。ジョーンズは、a＝bということとb＝cということを、ある長い展開の中の異なる段階で証明した。a＝bかと問われればジョーンズは同意するだろうし、b＝cについても同様である。ジョーンズはどちらの文も忘れておらず、依然としてそれら両方を信じている。しかしそれにもかかわらず、ジョーンズがa＝cかどうかを疑問に思い、しかもそれが分からない、ということは普通に起きる状況だろう。このことが日常生活で起こったとしても、われわれは、ジョーンズはa＝bを信じていなかった、あるいはb＝cを信じていなかった、と言う気にはなれないだろう。というのもわれわれは、この二つの信念からの非常に明白でしかも有益な推論がなされなかったということを、短期記憶と長期記憶の区別のゆえに理解することができるからである。ジョーンズが証明の中でa＝cだろうかと自問する段階に至ったとき、彼はa＝bでありかつb＝cであるということを考えていなかった。これらの信念が両方とも短期記憶にあるということはなかった。したがって、これらの信念のうち一つ、もしくは両方ともが不活性であり、推論の前提として用いることができなかったのである。

人々が明白な論理的誤りをおかす可能性を哲学ではよく否定するが、そのほとんどの原因は、短期記憶と長期記憶の区別を認識しないことにあるように思われる。（第二章で論じたように、もう一つの主要な原因は、観察者にとって明白な推論は被験者にとっても明白であるに違いないというアプリオリな仮定である。）クワインの整合性維持のモデルに関する議論から予想されるように、その重要な一例はクワインの慈善の原理である。とりわけ、ある人の発話に関する正しい解釈は彼に矛盾を帰属させてはならない、とするクワインのテーゼである。人は明白な矛盾を信じることができるのかという議論にも、同様の問題が含まれている。もう一つの重要な事例は、選好の完全な推移性という要請であり、これは経済学、意思決定論、およびゲーム理論に関する哲学的分析においてとくに支配的である。行為者がbよりもaを好み、cよりもbを好み、なおかつaよりもcを好むなどということは決してありえない、と想定されている。さらにもう一つの例は、ある人がpを信じ、p→qを信じ、しかもなおかつqを信じない、などと言うことは意味をなさないというおなじみの主張である。[5] これらの事例はみな、ジョーンズの例と同様のパターンに基づいて説明することができる。

ある特定の個人の長期記憶にはそれ固有の組織化があり、それに関するわれわれの理論によって、われわれは日常の行動を説明することができるように思われる。例えば、炎を上げている火はガソリンに点火することができるとスミスは信じているし（彼はたき火に火をつけるためにマッチを使う、等々)、自分がいま手にしているマッチには火がついていると彼は信じているし (彼はそのマッチの先には触らないだろう、等々)、彼は自殺しようとは思っていない。それにもかかわらずスミスは、ガソリンタンクの中を覗きこみながら、回りを明るくするためにそのマッチをかざして、タンクが空かどうかを確かめようとする。似たような話は新聞でよくお目にかかる。フォークナーの作品の登場人物の一人、エック・スノープスは、小説『町』のなかでおよそこんな死に方をしている。ペニシリンが発見されなかったことについての先の逸話と、問題解決に関するダンカーの古典的実験は、同じ重要なタイプの失敗を含んでいる (Wason and Johnson-Laird 1968, pt. I 参照)。

マッチがガソリンに火をつけるかもしれないという明白な結論に関するスミスの推論の失敗を、われわれは、スミスの信念をそのときに組織化している分類法についての極めて説得的な仮説を用いることによって説明することができる。とくにスミス特有というわけではない彼のカテゴリー分類の中で、火はガソリンに点火することができるという信念は、おおまかに「点火の手段」のところにファイルされ、自分がいま手にしているマッチに火がついているという信念は、それとは別の「照明の手段」のところにファイルされている、とわれわれは想定しているように思われる。「点火」のカテゴリーではなく「照明」のカテゴリーをスミスが調べたのは、タンクの中を見るにはもっと明かりが必要だと彼が思ったからである。したがって、ここで決定的な二つの信念は両方とも、「一緒にされる」べくして (他の信念とともに) 短期記憶にあったわけではない。しかし、それらの信念をともに考えあわせる場合にのみ、スミスはそれらを結びつけ、危険を推論することができる。こうしてわれわれは、特定の行為者にとってのさまざまな想起課題の相対的実行可能性をある程度理解する。人間の行為者が完全な合理性と異なっているところの幾分かは、予測可能なパターンの通りであり、彼の長期記憶の組織化から理解可能である。

ジョーンズの行動やスミスの行動のような、理想的に合理的とまでは言えない行動は、不注意な日常生活はもちろんだが、現実の注意深い科学さえもが持つ議論の余地のない重要な特徴である（例えば、医療における多くの誤診）。しかしながら、例えばスミスの行動を彼の記憶構造から説明する代わりに、人は次のように論じようとするかもしれない。スミスがマッチに火をつけたとき、彼はマッチに火がついていると本当は信じてはいなかったか、そうでなければ、火はガソリンに点火することができるとそのとき信じていなかったのだ、と。例えば前者の場合、マッチは照明の道具だとスミスは考えていただけであり、マッチが点火の道具であるかどうかについて何の見解も持っていなかったのかもしれない。

この新たな説明にとっての一つの問題は、もしこれがこの一つのケースだけのアド・ホックな説明で終わらないとするなら、この説明はひどく不安定な行為者の概念を生み出してしまうということだ。行為者はしばしば、よく言われるように、彼の信念にそぐわない仕方で行為する。それは、忘れっぽさのせいである場合も、その信念の帰結を推論しないせいである場合も、他のせいである場合もある。すると、その信念にとって不適切な行為の後で適切な行為が行われるたびに、あるいはその逆のたびに、われわれは、問題の命題に関して行為者は心変わりをしたのだと言わなければならなくなるだろう。行為者が一つの安定した持続的な信念を持っているとわれわれが通常みなしている間にも、実は彼は何度も繰り返し自分の考えをあちらからこちらへと変え続けているのだ、とわれわれは言わなければならないことになるだろう。ここで、行為者の行動をたんにパターンなき迷いの偶然の結果とみなす説明よりも、記憶構造による行動の説明の方を優先することが恣意的だとは思えない。（もちろん、このことは、本物の心変わりなどありえないということを含意しているわけではない。）

致命的な瞬間にスミスは自分のマッチが点火の道具であるかどうかに関して何の見解も持っていなかったという見方と、ジョーンズのケースを同じように扱うこと、これら二つの主な動機は、理想的合理性の要請を受け入れたことにある、と私は思う。つまり、理想的合理性によれば、スミスはマッチに火がついていると信じていたはずはない。なぜなら、もし彼がそう信じていたなら、彼は、有益な推論のすべてを行うという理想的合理性の条件により、タンクの近くでそのマッチをかざすことは危険だと結論づけていたに違いないのに、彼はそのような結論を引き出してはいないからである。しかし、こうした理想化は行為者に無際限の記憶と時間を要求する、ということをわれわれは知っている。したがって、この理想化によれば、スミスはどの信念も本当には持つことができない。理想的合理性の条件は、記憶の組織化によるわれわれの以前の説明を拒絶するだけの十分な根拠だとは思われない。したがって、記憶の心理学が哲学に関連してくる一つのあり方は今や明らかだ。つまり、われわれが考察してきた記憶のモデルのようなものがなければ、哲学的説明は、明白な誤りを犯すことを含めた人間行動の広くかつ重要な範囲を説明することも、その可能性を認めることすらもできないのである。

4　合理性の二つの基準

この常識的な記憶モデルの記述的十全性の問題から、記憶はどのように組織化されるべきか、あるいは行為者はどの行為に取りかかるべきかといった規範的問題へ話題を変えよう。われわれの常識的な認知理論に含まれている人間の記憶構造のモデルからは、最小合理性には二つの異なった水準があるということが出てくる。一つは不活性な信念集合に要求される水準であり、もう一つは現在の活性化された信念集合に要請される、より厳しい水準である。短期記憶と長期記憶の区別が意味するのは、短期記憶にある信念だけが推論の前提になりうるということだ。言いかえると、長期記憶にある信念は不活性であり、相互作用し合うこともなく、行動に影響を与えることもない。したがって、長期記憶の信念が合理性のすべての制約から自由だというわけではないが、短期記憶の信念にはより強い合理性が要求される。例えば、いかにしてジョーンズがa＝cを推論せずとも、a＝bを信じなおかつb＝cを信じることができたのか、ということは、二つの信念a＝bとb＝cが同時に活性化されていない限り、われわれが理解するのに何の困難もない。だが、もしジョーンズがそのときこの両方の信念を考察していたならば、こうではなかったであろう。もしわれわれが彼に、自分でa＝bを証明したことと b＝cを証明したことを認識しているのかと尋ねたときに、それでも彼が依然としてa＝cだということが分からないと言えば、われわれは通常、彼は実際にその推論を行った――おそらく彼は本当のことを言っていない――と結論づけるか、あるいはその二つの信念は実際には活性化されなかった――おそらく彼はわれわれの問いを理解していない――と結論づけるだろう。つまり、われわれは、活性化されていない信念からの推論である場合には、最も明白で有益な推論でさえも、それが行われるはずだと常に要求するわけではない。また、(第二章での但し書きつきで) 人間に関しては、活性化された信念からもそうした推論が行われていないということを受け入れる前に、われわれは、それらの信念が活性化されているという仮定を再検討することになるだろう。

短期記憶がより高い水準の合理性をもつということは常識的な認知理論だけに特有の主張で、われわれの心がたまたまそのように機能しているという心理的事実を幸運にもこの主張が反映しているのだ、と考える人もいるかもしれない。例えば、W・J・マクガイアは、態度と信念を扱った経験的心理学の論文の中で、人が認知システムの整合性をいかに維持しているのかについてのモデルやいくつかの実験を示した。マクガイアは、人の信念集合が「ソクラテス効果」から影響を受けるという主張の経験的裏づけを求めたのだが (McGuire 1960, p. 79)、その主張とは、たんに自分の信念を言葉で表わしてほしいと要求し、それによって彼に自分の信念内部の矛盾に気づかせ、最後に内的な整合性をより大きくするような変化を起こさせるというソクラテス式問答法によって、論理的に相互関連する命題についての信念は修正されうる、というものであった。マクガイアは、彼のモデルの大部分が人間の記憶構造に関する従来のモデルの特殊事例だということに気づいていなかったようである。つまり、信念が「ソクラテス式問答法」によって再生される場であり、またそれらの信念が整合性に関して比較される場でもある「意識の舞台」というのは、短期作動記憶に相当するのだ。ソクラテス効果は、短期記憶の内容に適用されるより高い水準の合理性の一例である。

しかし、単なる経験的な一般化と、認知理論の根本的要素とは区別されるべきである。そのことをより明白に示しているのは、態度と信念の心理学を研究するマクガイアや他の多くの研究者たちが、人間は「整合性を必要」とし、自分の信念集合の整合性を維持しようとする、という仮定を自分らのモデルに含ませているということである。さらにこの研究者たちは、この仮定を実験的確証が必要な低いレベルの経験的仮説とみなしている。しかし、この分野に実験の対象となる重要な問いがあるとはいえ、もし行為者とされる者が自分の信念とされるものの整合性を維持しようとしないなら、われわれは彼がどんな信念を所有することも否定するだろう、ということにこの研究者たちは気づいていないように思われる。これは、いかなる信念システムにも課せられる最小合理性の条件の一つである。つまり、われわれはどんな実験をしなくても、それが満たされているということを確信することができる。

同様に、人間の短期記憶が長期記憶よりも厳しい合理性条件に従うということは、単なる心理学上の偶然事ではない。人間の長期記憶にある信念が事実上不活性なのであれば、システム全体の信念を論理的に処理し、合理的に保つための唯一の機会は、短期記憶の信念の部分集合に何かが生ずるときにしか訪れない。ある特定の場合の長期記憶の内容に関する合理性の最低「合格点」が何点であれ、もし活性化された部分集合がその点を上回らないのであれば、長期記憶はその最低水準に維持されえないだろう。これまでに見てきたように、これは、長期記憶にある信念の不活性さがそれだけで合理性を蝕むからだ。このことの結果、気づかれない不整合が蓄積され、有益な推論が行われなくなるなどといったことが起こる。短期記憶の内容の振るまいだけが、長期記憶の信念が不活性であることの結果を埋め合わせ、それによって十分な合理性の維持に貢献する。

したがって、ソクラテス効果が示していることは、例えばわれわれの短期記憶の標準的な容量は一二ではなく六つの「かたまり」だという事実のような、人間精神に関する単なる自然法則の現れ以上のものであるように思われる。人間の長期記憶の内容に対する処理の質の低さを考えると、例えば、自分の信念の部分集合内の矛盾を発見することなら簡単だと言えないようなら、その人は、信念を持つに足る合理性を維持することができないということになるだろう。この結論は、人間の心理を持つかどうかに関わりなく、われわれに似た二重記憶を持つ限りどの生き物にも当てはまるに違いない。

5　効率的な再生

したがって、以上のことは一般的な結論として、人間の記憶モデルに含まれるもう一つの重要な要素、つまり相互に独立に活性化される部分集合へと長期記憶が組織化されているということにも当てはまる。長期記憶のこのような組織化は人間の心理における単なる偶然事ではない、ということを私は論じるつもりである。つまり、短期／長期記憶の区別や他の基本的な制約を前提するなら、長期記憶はそうならざるをえなかったのであって、もしそうでなかったら、信念システム全体は最小合理性を維持できなかったであろう。

長期記憶の組織化と最小合理性を結びつけるためには、まず、二重構造をした認知システムの最小合理性は、不活性な長期記憶から短期記憶への効率的な項目の再生を要求する、ということに着目することである。もし短期記憶にある信念だけが意思決定を制御できるのならば、「正しい」信念が少なくともときどきは短期記憶に再生されるのでない限り、人は最小限合理的に、つまり自分の信念に従ってある程度適切な仕方で、行為することはできない。ここで言う正しい信念とは、ある特定の行為を企てるかどうかについての現在の意思決定に関わる信念のことである。例えば、スミスがガソリンタンクの近くでマッチをかざしたとき、まさにこのタイプの適切な信念の再生に関して失敗が起こったように思われる。自己保存というスミスの目的のことを考えると、火がガソリンを点火させるかどうかといった信念は、その行為をすべきかどうかという問題と明らかに関連がある。

もちろん、この場合でもスミスは依然として信念システムを持っているとみなされるだろう。なぜなら彼の再生能力は、信頼性やスピードの点で完全ではないが、まったく不十分というわけではないだろうからだ。最低の再生能力はゼロ再生能力であり、そこでは、信念とされるいかなるものも長期記憶から短期記憶への再生はなされないことになる。この場合、実際は本物の長期記憶は存在しないということになるだろう。それより少しだけましな再生のやり方は、完全にランダムな根拠に基づいて行われる再生だろう。つまり、このやり方では「信念」は再生されるが、現在の短期記憶にある内容、例えば目的や信念とはたいてい関連がない。たとえ（長期記憶との比較の上で通常の人間サイズほどの）こうした短期記憶の内容が、何らかの理想的合理性の条件（例えば、望まればどの論理的作業も常に行いうるということ）を満たしたとしても、信念システム全体とされるものと企てられる行為との関係は、明らかにくずれて無秩序なものとなり、そもそも合理的とはみなされなくなるだろう。このように、再生能力には下限が存在するのだ。

どうすれば認知システムが最小合理性を持つために必要とされる再生の効率性は、達成されうるのだろうか。もし人の信念システムがいつでも余すところなく探索されうるのならば、この達成は比較的簡単なことだろう。例えば、前に引用したクワインの描くような状況において、もし私が文pを自分の信念システムに加えようとするときにはいつでも、現在の信念集合全体のあらゆる部分集合とpとの整合性を確かめることができるのならば、それは簡単である。無限の時間が与えられれば、われわれはおそらく原理的には、望ましい項目を見つけるためのこうした完全な探索をすることができるだろう。しかし実際には、われわれがこうした仕方で検索することはできない、ということは記憶の心理学では通常当然のことと考えられている（Howe 1970, p. 47, p. 55 と Lindsay and Norman 1977, p. 351, 邦訳第Ⅱ巻一〇四頁参照）。われわれはしばしば望ましい情報を再生しそこなう、という純然たる事実を一つとってみても、このことが示唆されている。人間の長期記憶の貯蔵量には明確な上限がない。網羅的な探索をするには長期記憶には信念が沢山ありすぎる、というのが一般的な見解である。さらに、望ましい行為から利益を得るチャンスが失われる前に、その行為がどれかを決めるための時間は、あまりにも限られている。完全な記憶力を持つ博覧強記の人物にとってさえ、必要な項目を見つけるという問題は残るだろうし、それどころか彼にとってこれはより深刻なものとなるだろう。

それにもかかわらずわれわれの心理においては、記憶の網羅的な探索が実行不可能であることは、例えばわれわれの記憶容量が有限であることほど基本的な特徴だというわけではない。認知システムがいくらでも小さなシステムに、例えばたった一つの信念しか含まないものになりうるわけではない、ということをわれわれは知っている。しかしながら、この全体論的論点は依然として、十分に単純で、十分に素早い検索手順を備え、そのおかげで網羅的な探索が実際に可能であるような認知システムの可能性を排除するわけではない。（ひょっとすると、犬や猫の信念システムはこういうものかもしれない。）もっとも、そのような生き物にとっての合理性の維持の問題と、通常豊かな認知システムを持つ人間にとってのその問題は根本的に異なる、とは言えるだろう。例えば、もしも自分の有限な認知資源に他の有効な使い道があるなら、普通の人にとっては、網羅的な検索を企てることさえ得策ではないだろう。

ヒュームは『人性論』の抽象観念についての箇所で、記憶全体を探索することの実行不可能性が人間にとっての「所与」であることを認めている。彼はこう述べている。「ある名称が当てはまりうる観念のすべてを産むことは、ほとんどの場合不可能である。それゆえ、われわれは部分的な考察をすることによってその作業を簡略化するが、われわれの推論にとってその簡略化からはほとんど不都合が生じないということが分かる」（Hume 1965, p. 21, 邦訳五三頁）。ランダムな省略がわれわれの推論に命にかかわる「不都合」をもたらすということをわれわれは知っているのだから、探索が簡略化されうるのはどのような根拠に基づいてのことなのか、ということが問題である。ヒュームもまたこの問題に気づいていた。「想像が観念を示唆するときの素早さ、しかもそれらの観念が必要もしくは有益になったまさにその瞬間にそれらを示すときの素早さほどみごとなものはない」（p. 24, 邦訳五七頁）。しかしながら、ヒュームは、われわれが以前に見落とされていることに気づいたのと同じ論点、つまりこの「最も非凡な」能力はわれわれの心理に固有の単なる事実以上のものだ、ということを見過ごしているように思われる。この能力は、われわれが心理あるいは信念（あるいは観念あるいは概念）をそもそも持つとみなされるための前提条件であるように思われる。ヒュームは、どのような選択のメカニズムがあればこんなにうまくいくのか、ということを説明しようとしていない。彼はたんに、これは「魂がもつ一種の魔術的な能力」だと結論づけているだけである。

6　探究を選択する

ヒュームの問題は、より広範な哲学的重要性を持っている。人はこう問うかもしれない。問題の項目を前もって呼び戻しておかずに、いかにして、いま長期記憶にあるその特定の項目を短期記憶に再生しようと決めることができるのか、と。（この問題は第五章第7節で再び出てくる。）より一般的な問題は、次に何について考えるべきかを決めることだ。そしてこれはさらに、一つの根本的な認識論上の問題――そう認められることはまれだが――、つまり自分は何を探究すべきかという問題の一例である。その答えは、私の現在の目標と、いかにしてそれらの目標を達成すべきかについての信念とに相対的であるに違いない。最も重要な点は、自分にとっての価値ある探究の決定が偶然まかせになっているような生き物は、根本的に欠陥のある行為者だろうということだ。演繹的推論の遂行は、経験的探究の企てとは異なるものとして私が第一章で注目した探究のタイプであるが、実際、そこで達した結論はここに当てはまるのだ。つまり、ランダムな決定をする生き物は、とりわけ演繹を選択する際には〈発見法音痴の愚か者（第一章第3節）〉であり、それゆえ最小合理的ではありえないだろう。つまり、行為者であることさえできないだろう。

何を探究すべきかという問題は無視しえないが、それは、われわれがみなそれぞれに、可能な探究の範囲と比べて厳しく制限された認知資源しか持っていないという意味で有限性の苦境にあるからだ。もちろん、われわれは入手可能な情報のすべてを手に入れ利用することなどできないし、そうしようとすることは得策ではないだろう。最小の認識的行為者も、つまらない情報だけを収集することで自分の一生をムダにすることがあるかもしれない。したがってわれわれは、どの情報を求めるのが最も有益かを判断することによって、自分の資源の最善の使い道を決定しようとしなければならない。

苦境が生じるのは、ある情報を入手すべきかどうかについての決定の成果が、前もって保証されえないからである。探究を企てることは、他の行為を企てることに似ている。つまりそれはリスク、費用、および便益を伴う。記憶探索という特殊な問題だけでなく、この一般的な問題に対する答えも、運まかせ以上のことを行うということを含んでいるが、もちろん完全な対処ではない。つまり、「やりすぎ」も「やらなさすぎ」も避けられない。これは、どの探究を進めるべきかの判断の根拠が、ふつうは不完全だからである。不完全でないとすれば、その後の探究に関してなされるべきどんな判断も残らないかもしれない。つまり、行為者はその探究をすでに行ってしまっていた、ということにもなりかねない。さらに収穫逓減の分岐点があり、ここを越えると、行為者にとって探究の選択を改善するよりも賢い資源の使い方があることになる。そしてこれらの評価はそれ自体が一種の認識プロジェクトなので、その選択自体が常に実際の探究に基づくということはありえない。そうでなければ、第一章第3節でとくに演繹的探究について論じたような無限後退が起こることになるだろう。

十全な評価戦略は、きつすぎてもいけないしゆるすぎてもいけない、というこのジレンマに対処しなければならない。『純粋理性批判』の一節においてカントは、探究の価値を決定するという一般的問題には気づいているものの、そこに含まれているジレンマには気づいていないようである。

> ……われわれの知識拡張の努力にとって、小うるさい好奇心よりも、探究に着手する前に探究の効用に関する事前の証明を常に要求するという習慣の方がはるかに有害である。これがばかげた要求なのは、たとえこの効用がわれわれの目の前に置かれたとしても、探究を完了する前には、われわれはこの効用についておぼろげな考えすら持てないからである。(Kant 1929, A237, B296, 邦訳(二)一三五頁)

カントはどの評価戦略も実行不可能だとみなしているだけでなく、さらにわれわれが知ったことに反して、どんな戦略も必要ではない、つまり可能な限り最も自由な戦略で十分だと言っているように思われる。しかし実際は、この種の何らかの探究選択能力は行為者であるための前提条件なのである。さらに現にわれわれは、例えば特定の分野の研究が現在のプロジェクトと関連があるかどうかを決定する場合などに、有望な探究の価値について「おぼろげな考えを持つ」ことができる。しかし行為者は「知識野を絞る能力」を持つことができないのだとすると、どのようにして彼は「心の盗み見」によって、完全に運まかせの手探りよりも良い選択ができるようになっているのだろうか。この苦境の例として、効率的な再生の問題に戻ろう。

7　限りある検索

十全な再生に要求されるのは、網羅的ではなくとも、部分的だが満足のいく探索戦略である。長期記憶は全体を検索するには手に負えないほど大きいので、探索戦略は、記憶項目の特定の部分集合だけを完全に探索する、というやり方を取らなければならない。貯蔵項目の適切な組織化によって特定の問題に関連した項目の発見が容易になるということは、図書館やコンピュータ・メモリのような他の巨大な情報システムを管理する場合だけでなく、記憶心理学の場合でも普通のことである。このことは、図書館の目録システムの基本原理であるばかりか、人間の長期記憶のモデルにおいて一般に提案されているネットワーク構造の基本原理でもある。コンピュータ・サイエンスでは、検索の仕組みには膨大な数の種類がある。人工知能においては、「知識表現の問題」の重要性や、とくに大きな知識表現の区分けの必要性が、長い間認識されてきた(6)。

探究選択という一般的な問題の場合と同様に、ここで必要とされる戦略も運まかせより良いものでなければならないが、もちろん、完全である必要はない。完全であるためには、予知というものが必要となるだろう。探索の失敗は二通りの仕方でよく生ずると思われるが、それらは、今は関係がないと判明する信念が調べられるか、あるいは有益であると判明する信念が調べられないかである。特定の部分集合の完全探索というこの戦略は、どうしたらランダムな探索、つまり勝手に選んだ部分集合の探索よりもうまくいく見込みが大きくなるのだろうか。この目的のためには、貯蔵されたさまざまな項目が主題別に部分集合に組織化されていなければならないが、そこでは、ある部分集合内の項目同士は他の部分集合にある項目とよりも互いに深い関連を持つことになるだろう。

特定の集合に含まれる項目のうちどれがこの仕方で貯蔵されてまとめられるか、つまりどの項目が互いに関連づけられるかは、客観的な問題ではない。すなわち、すべての合理的な生き物にとってそれが同じである必要はない。項目がどのように組織化されるべきかは、ある程度、その生き物が自分の信念と目標のゆえに問うであろう問題が何かに依存する。例えば、もしpとqが一緒になるとrを含意し、なおかつ当の行為者の信念と欲求からして、rが信念pとqの帰結だと知ることが彼にとって有益であるようなら、pとqが同じ部分集合にあることはその有益な分だけ望ましい。しかし、もしp、q、rの論理的関係がその行為者にとって重要でないなら、そうではないだろう。他方、信念集合の不整合は常に、行為者の他の信念と欲求が何であれ、最小整合性が維持されるべきだという合理性の要請のゆえに、その不整合の程度に応じてそれらの信念を互いに「客観的に」関連したものにする。人間においては、この構造化の基本的特徴のいくらかは自然淘汰の結果であるに違いない。というのもそれらの特徴は、人間に適したどの地球環境でも生存に役立ってきただろうからだ（もっともそれらは、人が狩猟採集状態から脱するにつれ役に立たなくなったかもしれない）。個々人に特有な組織化の仕組みの残りは、学習によって獲得される。そのうちいくらかは文化の一部として、しかし大部分は、過去の経験に基づいた個々人特有の柔軟な認識習慣としてである。

網羅的な探索という戦略とは異なり、局所的探索を目指すこの戦略には成功の保証はないが、網羅的なものよりも速いだろう。これは信頼性とスピードのトレード・オフであり、満足すべき記憶の組織化において競合しあういくつかの要請の間のトレード・オフの一つである。これから見るように、もう一つの「中庸」は部分集合の大きさにかかわる。もし部分集合が大きすぎれば、その部分集合の網羅的な探索は時間がかかりすぎて、システム全体に対する網羅的な探索の戦略に近いものになるだろう。他方、もし部分集合が小さすぎれば、間違った部分集合を選択して、望ましい項目を逃してしまう確率が大きくなるだろう。(部分集合を階層的に重ね合わせることはこのジレンマをいくらか解消するが、なくしはしない。)

認知システムに課せられる合理性条件の点からみると、このような仕方で長期記憶の内容を構造化することの主な代償は、異なる部分集合にある信念にかかわる矛盾や有益な推論が認識されにくいということである。例えばマクガイアは次のように指摘している。「場合によっては認識上の矛盾が出現しそれが存続するということは、人間の思考装置のある程度の「論理－遮断的 logic-tight」な区画化を示しており、これによってそれぞれの認識集合は、論理的な相関関係を無視して、互いに分離されたままで保持されうるのだ」(McGuire 1960, p. 98)。異なる「区画」にまたがった信念相互の論理的関係の方が、一つの区画内にある信念相互の関係よりも認識されにくい。というのも前者の方が、関連した信念の同時的な活性化が起こりにくく、しかもすでに見たように、信念が同時に活性化されるときにだけそうした関係が明らかにされうるからである。そこで、結論はこうなる。ハーバート・サイモンがずっと以前に別の文脈で言ったように、現実の人間の行動は「モザイク的な特徴を示している」。つまり統合性のパターン化した欠如を示している。「行動は合理性の「断片」をわれわれに見せ……各断片の内部に合理的組織化があることを示しているが、断片それ自体はそれほど強く相互連結していない」(Simon 1947, pp. 80–81, 邦訳一〇三頁)。

ソクラテス効果に関する議論においてと同様に、ここでもマクガイアは区画化の根本的な地位を理解していないように見える。彼は、「権威主義的な」タイプのパーソナリティは自己防衛戦略として区画化を好むということを示唆する有名な研究に言及し、被験者たちに間をあけずに次々と矛盾した見解を述べさせるというソクラテス式問答法によって、区画の間の「認知上の壁」を「通過しやすく」することができる、と言っている。しかし、マクガイアの言う信念の区画化は、記憶項目を部分集合へと組織化すること一般の特殊事例にすぎない。また、ある程度のこうした構造化は、容易に取り除くことができる人間の欠陥ではなく、有限ではあるが満足のいく探索戦略の不可欠の特徴であるように思われる、ということをわれわれはこれまでに見てきた。われわれは今や、この戦略のコストと利益の両方を理解することができる。一見すると、この戦略から出てくる行動は合理性から逸脱しているように見えるが、網羅的な記憶探索が実行不可能だという前提に立てば、こうした記憶の組織化は、長い目で見ると、そのコストにもかかわらず概して得策なのである。これに対応して、ある人間の行為がそれ単独で考察されると不合理に見える場合でも、上手な記憶処理の代償の一部としてより包括的に考察するなら、それは合理的なのかもしれない。

8　収穫逓減

相互に関連した信念の部分集合として記憶を構造化するという探索戦略は、程度問題である。もし二つの項目が同時に再生される傾向を持っていないなら、それらは異なる部分集合もしくは区画にある。さらに、ある信念システムが他の信念システムよりも区画化されているという意味は、少なくとも二つある。第一の意味では、それらのシステムのうちの一方は他方より多くの区画をもっている。第二の意味では、両方のシステムは同じパターンの区画をもつが、一方のシステムではいくつかの区画が「通過」しにくいかもしれない。つまり、異なった区画にある信念が同時に再生され考察される可能性が低い、という点で区画化がより強固なのだ。われわれは今や次のことを知っている。(1)もし区画化が存在しないならば、つまり信念と信念が結びついて再生される可能性がどの信念の間でも等しいならば、認知資源はあまりに薄く拡散されることになるだろう。われわれの巨大な記憶を十全に処理するには、ある程度の区画化が不可欠である。区画化がなければ、記憶を含んだ認知システムと称されるものにとって再生はあまりにお粗末なものとなり、合理性条件を満たすことはできなくなるだろう。

しかし、有益な区画化でさえ再生における非信頼性という代償を払う、ということもわれわれは見た。さらに、あまりに多すぎる区画化が効率的な再生にとって非生産的だ、ということは今や明らかである。極端な区画化は、信念システムが合理性条件を満足するのを二つの異なった点で妨げることがある。一方で、(2)もし信念システムと自称するものがあまりにも多くの「はっきりと境界を定められた」小区画へと組織化されれば、そのシステムは関連のない断片に事実上分解してしまう。この場合、極めて多くの「信念」について、同時に活性化されるということが希にしか生じなくなるので、その結果、同時には活性化されない信念に関わる極めて多くの矛盾や有益な推論が認識されえないことになる。

他方、(3)信念システムと見なされうるあるシステムの多くの部分が、もしはっきりと境界を定められた少数の大区画へと組織化されれば、そこには無秩序ではなく「多重人格」があり、各人格はそれぞれに対応した信念集合の全体を持ち、それらが異なったタイプの状況で利用される、とわれわれは感じるかもしれない。もしもこれらの信念集合それぞれにおいて生じる推論の失敗や矛盾が、これらの集合すべてを合わせた集合において生ずるのより相当に少ないならば、これらの集合は、かなり重なり合っていたとしてもなお別個の人格を表現することができる。人格を構成する心的な要素の集合は特定のタイプの整合的な全体としてまとまっていなければならない、ということは心の哲学でよく指摘されることだ。ここでのポイントは、人格がもつ信念は合理性条件を満たさなければならない、ということはこの統合性要求の特殊事例だということである。この点で、認知システムのあまりに過度な区画化は人格というわれわれの概念、そしてさらに「最小限の人格」という概念にさえ反する。

このように、区画化が増大するにつれて一種の収穫逓減が起こる。十全な探索効率のための区画化には、下限があるだけではなく上限もある。区画化にかかるコストは信念システムの部分集合同士を分離することであり、その結果として生じる相互作用の欠落がシステム全体を断片化することもある。長期記憶の内容は、短期記憶の内容ほど厳しい合理性を要求されるわけではないが、限りなく不合理であることを許されているわけではない。最小限合理的だと見なされる完全な認知システムを可能にするのは、長期記憶における区画化のバランスだけだ。もしすべての高次処理を引き受けねばならない短期記憶の容量が小さく、また長期記憶の網羅的な探索が実行不可能ならば、どんな合理性のためにもこのような「適度な」区画化が必要となる。

次のことも今や明らかである。(4)もし信念集合の候補者が、大きすぎも小さすぎもしないが「間違った仕方」で区画化されれば、別の点で十全な合理性を失うことがある。二つの集合が前に述べた意味で等しく区画化されているにもかかわらず、一方は十全に合理的であるのに対し、他方はそうではないということがありうる。後者の集合が合理的にならないのは、それが、関連する信念から成る部分集合へと組織化されない、つまり最小限の推論と整合性条件を満たすように組織化されないからである。言いかえると、一見して有益なあまりに多くの推論とあまりに多くの矛盾が、認識されえないからである。さらに、こうしたことがなぜ起こるかといえば、これらの推論と矛盾に関わると見られる信念の集合が一まとめにされておらず、その結果、同時に再生されにくくなるからである。認知システムを組織化する「正しい」仕方はある程度、個人の欲求と信念に依存するという事実は、どんな仕方でも構わないということ、つまりどんな組織化のやり方でもその当人にとって等しく十全だということを含意しない。

われわれは今や、いかにして部分的な記憶探索というやり方が十全でありうるのか、というヒュームの謎に対する答えを手にした。魔法の小人は必要ない。われわれは記憶の組織化と合理性の関係を理解した。つまり、最小合理性の基本的な前提条件は効率的な再生であり、効率的な再生自体が不完全な探索を要求し、さらに不完全な探索が区画化を要求する。区画化はこの点で、人間の知識表現に課せられる根本的な制約であるように思われる。ヒュームの問題を解く他の申し分のない方法があるとしても、区画化は人間の単なる悲しむべき欠陥、つまり合理性そのものからの脱落ではない。狭い範囲では区画化は不合理な行為に行きつくが、全体としては、われわれの限界（とくに網羅的な探索をした場合の時間的なロス）を考えれば、記憶は区画化されなければならない。全体的な合理性は何らかの局所的な不合理性を要求する。記憶がどのように区画化されるべきか、ということは行為者の信念と欲求だけでなく、探索の速さのような、関連する心理メカニズムの様々なパラメータにも依存する。以上の議論は、現実が理想的なものだということ、つまり典型的な人間の区画化が実際に最善のものだということを証明しているわけではない。それはただ、最小合理性には何らかの区画化が必要だと結論づけているにすぎない。われわれは、その限りで神、自然――つまり自然淘汰とヒト――から人間に至るまでのやり方の正当性を示したことになる。

われわれがいま手にしている枠組を使って、ほとんどの哲学で暗黙に前提とされている、行為者の記憶に関する高度に理想化されたモデルを再検討してみよう。認識的行為者の信念システムというクワインの概念は、物理システムの平衡に関する力学上のモデルに基づいており、これは古典物理学から取られている。恒常性維持が目的のこのような受動的モデルは、まったく現実からかけ離れているように思われる。この点でより十全な表現は、とりあえずは情報処理モデルだろう。後者のタイプのモデルに置き換えると、クワインは、信念システム全体が並列して同時に完全に活性化される、または処理されると見なしていることになる。そうすると、短期作動記憶の内容は長期記憶のすべてを含むということになるだろう。それよりほんのわずかだが現実的な仮説は、短期記憶の容量は有限だが、特定の時点で適切な信念のすべてが、そしてそれらだけが常に再生される、というものだ。このような理想的な探索効率は、少なくとも、長期記憶の網羅的な探索が実行可能であることを要求する。したがって、この仮説もやはり根本的に欠陥のあるモデルである。というのも、実際の探索の成功が保証されえないからである。すなわちその探索は、迷路を通り抜けること――つまり長期記憶のネットワーク構造をすり抜けること――と同じくらい不確実となるからである。このように、典型的な哲学上のモデルには何層もの理想化があるということが分かる。

クワインのような理想化された記憶モデルを使えば、いくつかの種類の問題が生じる。第一に、人間の行動のうち重要でなおかつ広い範囲にまたがって見られるもの、つまり明白な間違いを犯すということが、理解することさえできなくなる。第二に、このような過失の最終的な合理性を、不可欠な利益とのトレード・オフにおけるコストとして理解することができなくなる。その結果、人は認識に関する不適切な忠告をしてしまうことがある。例えば、キース・レーラーは著書『知識』の中で序文のパラドックスに対して次のように反応した。行為者は言明Fつまり「自分の信念のうち少なくともいくらかは誤りだ」ということを受け入れるべきではない。なぜならそれは自分の信念集合の中に矛盾があることを保証するからだ、と（Lehrer 1974, p. 203）。しかし、理想的に効率的な記憶というモデルを捨ててしまうなら、われわれは、自分たちの信念集合がすでに矛盾しているということは大いにありそうなことどころか、まず間違いない、ということを認識することができるし、その結果、この事実とその全体的な合理性を理解することもできる。したがって、われわれの信念集合にFを加えることのコストは実際かなり小さく、Fが真であるのは大いにありそうなのだから（そして、Fが偽だということの証明を試みることはわれわれの資源の賢明な使い方ではないだろうし、また、われわれがそれに成功する見込みもありそうにないのだから）、われわれはFを受け入れるべきである。

以上のように、私は、記憶の心理学が持ついくつかの哲学的重要性を示してきた。その心理学はとくに、人間の基本的な苦境を共有する生き物にとっての合理性を理解するためには不可欠である。第二章で私は、行為者の推論の心理に関する理論が不可欠であることについて同様の結論に達した。したがって、より一般的に言うと、行為者がいかに情報を表現し処理するか、ということを説明するモデルの「心理学的な現実性」の問題が無視されれば、合理性、あるいは信念、選好、意味のような合理性を前提する概念についての哲学的に十全な説明が不可能になってしまうのである。

II

認識論的な含み

第四章　「論理の普遍的受容」

私は、第一部において最小限合理的な行為者の理論をおおよそ説明したが、今度は、その説明が知識論に対して持っているいくつかの含意を述べることにしよう。まず、論理学の認識論から始めよう。「よりよい翻訳は」われわれが解釈しようとしているどんな行為者の信念にも「自分たちの論理を課す」とクワインは述べ、さらに「論理的真理、あるいはこう言うべきかもしれないが、単純な論理的真理は文句なしに認められ、もし求められれば、誰でも躊躇せずにそれらに同意する」と述べているが、むしろ論理の普遍的受容を疑問視する方が自然なことである。[1]そこで、クワインの主張を以下のように言い換えた上で検討してみよう。どんな合理的な行為者も論理を受け入れなくてはならない。つまり、少なくとも、健全で完全な第一階の演繹システムをもたねばならない。私は、この主張は哲学的に重要で自然な解釈の下では誤りだ、と論ずるつもりである。その議論は、計算量理論と、日常的な推論の形式上の誤りに関する最近の心理学的研究と、もっと現実的な合理性理論との間の関係を明らかにするものとなるだろう。

一見したところ、最近の計算量理論の研究成果のパターンは、一九三〇年代の古典的な原理的非可解性の定理に対して、実際の計算上での一種の対応物になっている。そこでわれわれにとっての研究プロジェクトは、これまで古典的な非可解性の結果を解釈しようとしてきたのと同じように、これらの計算量理論の結果の哲学的な意味を発見することである。とくに、もし計算量理論が、ある意味で「計算論的な宇宙をその繋ぎ目で区切る」ならば、つまり、〈実際に実行可能なタスク〉と〈実際には実行不可能なタスク〉との間の質的な差異の階層を原理的に基礎づけるならば、われわれは、少なくとも興味深いいくつかのケースにおいて、合理性モデルは計算論的に手に負えない（computationally intractable）手続きを含むべきではない、という考えを検討しなければならなくなる。計算量理論は、形式的には正しい演繹的手続きがときには計算論的な麻痺を引き起こすほど遅くなる、という可能性を明るみに出す。したがって、心理学的研究によって見出された「素早いがいいかげんな」発見法は、非合理的なでたらめなどではなく、手に負えない状況を避けるための、スピードと信頼性の究極的なトレード・オフなのかもしれない。計算量理論は、理想化されていない合理性の理論によって、このように「人間のやり方を正当化する」。

まず、普遍的に受け入れられている論理とは何であるか、あるいは、何でありうるのだろうか？少なくともこのテーゼは、合理的な行為者のすべてが、第一階の論理のための健全で完全な公理と推論規則の何らかの集合を受け入れている、ということを意味するであろう。しかし、それは、行為者が「基本的な」論理法則と推論規則の特定の集合を普遍的に受け入れているという主張でもなければ、ましてやそれよりも強い、すべての論理的真理を普遍的に受け入れているという主張でもない。それゆえ、この最も弱いテーゼは、以下の(1)〜(3)のいずれかの場合に偽となるだろう。(1)完全な演繹体系を受け入れない行為者がいるかもしれない（彼は「認知的な死角」を持っているかもしれない）。あるいは、(2)健全ではない体系だけを、それどころか矛盾した体系さえも受け入れる行為者がいるかもしれない（例えば、彼は、推論における真理性の保存を保証しないような推論規則を使用するかもしれない。その規則は、多分、素早いがいいかげんな発見法なのだろうが）。あるいはもっとはなはだしい場合には、(3)行為者が使うどの論理法則も推論規則も健全ではなく、矛盾してさえいるかもしれない。私は本書の中でもっぱら古典論理だけを扱うつもりである。これは、非標準的な論理の妥当性に予断をもって当たった結果ではない。古典論理のケースは基本的であり、その議論は他の論理へと一般化されるべきものだという考えからである。どんな論理を選択するにせよ、すべてに優先しながら一般には認められていない問いがある。それは、どんな基準によっても健全かつ完全だとされる論理が実際に最善の選択であるに違いないのか、という問いである。

1　理想的な行為者

論理の普遍的受容というテーゼと関わる合理的な行為者の概念を検討してみよう。行為者の認知システムに対する合理性の制約は心理学の最も基本的な法則の一つだ、ということをわれわれは見てきた。例えば、整合性は心の狭さが生む妖怪かもしれないが、ともかく何らかの心を持つための条件である、ということは一般に心理学の哲学において認められている。そして、認知科学のこれまでの戦略は、まず行為者に要求される合理性を極端に理想化しておいて、後で、現実の人間の行動がその理想的モデルから逸脱していることに人が気づくような場合がひょっとして出てきたら、そのときは、その逸脱はたいしたことがないと言い抜けることであった。第一章で議論したように、広く行き渡った行為者のモデルでは、行為者は期待効用を最大にする、言いかえると、行為者は理想的で一般的な合理性条件を満足させる、ということが要求される。自分の行為をそんなにうまく選択できる行為者は、相当な論理的洞察力を持っていなければならない。とくに彼は、理想的な推論条件を満足させなければならない。その条件によれば、行為者は、自分の信念集合から、演繹的に健全で一見して適切な推論のすべてを、しかもそれだけを行うだろう。もしそうしなければ、彼は例えば、一見して適切な行為をしそこなうかもしれない。

では、この意味で理想的に合理的な行為者は、論理を受け入れなければいけないのだろうか？　一見して適切だと判明するすべての健全な推論を行い、かつ健全でない推論を行わないということができるためには、その行為者は、デカルトの完全さの基準に合致しなければならない。つまり、彼は実際、まったく誤りを起こさず、しかも論理に関するいかなることにも見解を持ちうる、ということでなければならない。このような行為者は、健全でない演繹体系も、完全でない演繹体系も受け入れることはできない。もし彼が自分の推論を行うために健全でない体系を受け入れるならば、適切であろうとなかろうと健全な推論だけを行う、ということは保証されなくなるだろう。そしてもし不完全な体系を受け入れるならば、彼は、結局は適切だと判明するかもしれない健全な推論のいくつかを行うことができないだろう。どちらのケースにしても、彼は理想的な推論条件を満足しないだろう。それゆえ理想的な行為者は、要求された推論をもしも形式的な演繹体系によって実行するのであれば、健全で完全な論理[1]を受け入れなければならない。

2　決定不可能性

理想的な合理性条件は、人間存在の基本的な事実を捨象する。それは、われわれが〈有限性の苦境〉にあるという事実を見えなくしてしまう。つまり、われわれは、認知資源に関して、とくに記憶容量と計算時間に関して一定の限界を持つ。合理性に次いで最も基本的なわれわれの心理に関する事実は、われわれが有限な対象だということである。標準的なモデルは、理論の単純化のような正当な目的のために、人間は神の脳を持つと言うに等しいことを仮定する。すると、このような理想的な行為者にとっては、演繹的科学のほとんどが取るに足らないものとなってしまう。

行為者は有限だと想定しても、形式的な演繹的手続きだけを使う理想的行為者という考えには、もう一つの困難な点がある。理想的合理性は、健全で完全な論理をたんに使うという以上のことを要求する。行為者は、その論理をとてもうまく使うことができなくてはならない。つまり彼は、任意の第一階述語論理の式に関して、有限回のステップでそれが前提の集合からの結論だと形式的に証明できるか、あるいはそうでないと形式的に証明できるほど、その論理に精通していなければならないのだ。もしもそうでないなら、必要とされる健全な推論（例えば、自分の生存がかかっていると思われる任意の推論）のすべてをその理想的な行為者がいつもうまく行うことは保証されないだろうし、また、不健全な推論を決して行わないということも保証されないだろう。（いかなる再帰的な枚挙手続きも、それだけでは十分ではないだろう。というのも行為者は、推論が不健全であることを発見できずに、そうした半‐決定手続きの出す答えを永遠に待つことがありうるからだ。）有限であるかのように描いたこの完全な形式的能力は、もしそれが可能なら第一階述語論理に対する決定手続きを構成できるであろうが、もちろんチャーチの定理は、それが不可能なことを示している。

したがって理想的な合理性条件は、実際はあまりにも理想的すぎる。というのも、その条件は、最も基本的な実行上の不可能性、つまり無限の資源の使用か、あるいは四角い丸のような論理的な矛盾を意味しているからである。もちろん理想的合理性モデルは、例えば、素早いがいいかげんな発見法を評価するための一つの基準、もしくは「統制的理想」として、多くの状況において計算論的な実態を単純化するための不可欠の手段であり続ける。しかし、ここでは注意が必要である。理想化を用いることは、ゲーデルの不完全性定理にもかかわらず、もしもヒルベルトが、すべての数論的真理は形式的に証明可能だという形式主義の前提を「便利な近似」として保持し続けたとしたら、という仮の状況に少し似ているだろう。

しかし行為者は、演繹的な課題を、ひょっとするとまったく非形式的な手段によって、例えば、問題の命題間の演繹的関係に対する直接的かつ総合的でアプリオリな直観によって、成しとげるのかもしれない。その行為者は、プラトン的実在の独立した世界に対する直接的で、準知覚的なゲーデル的洞察によってそれをなすのかもしれないし、あるいは、カントや、ブラウアーのような直観主義者たちが認めていたような、空間や時間や因果律などの外に存在する自分の超越論的自我によってなすのかもしれない。しかし、理想的な推論条件に従うのにこのような直観能力に頼ることは、神託や、奇跡的なほど幸運な当て推量に頼るのとほとんど変わらないように思われる。例えば、物理主義者や、認識に関する情報処理モデルを受け入れている人々は、そのような説明モデルに似せた「われわれは神の声を伝えるモデム（通信装置）だ」という説明にさえ満足しないであろう。これらのやり方には、少なくとも説明方法の輪郭が必要である。というのも対案となるやり方というのは、アルゴリズムを用いないで推論の成功を保証するようなものでなければならないからである。もしもプラトン的領域に直観的に接近できるならば、行為者が例えば時間や空間といったような有限の認知資源に制約されている、ということはもはや明らかではない。

3　計算量

理想的な行為者の演繹能力は、実際のところ、計算論的な実態とはこれまで見てきた以上にかけ離れている。原理的な決定不可能性が存在しない場合ですらも、一種の実行上の決定不可能性が論理の最も基礎的な部分、つまり計算概念の中核にまで及んでいるように思われる。ある点では、述語論理におけるチャーチの定理が、あたかも命題計算にまで適用されるかのように見えるのだ。もちろん、トートロジーの健全性に対しては、例えば真理表を使うことによる決定手続きが存在する。しかし、トートロジーかどうかの決定手続きが原理的に可能であるとしても、その手続きはいまや、本質的に

「計算論的に手に負えない」もののように思われるし、ある意味では、実際問題として極端に実行不可能なものであるように思われる。例えば、比較的単純な場合に対してさえも、その手続きは、既知の全宇宙の資源を使える理想的なコンピュータの容量を越える計算を要求するように思われる。では、このような〈手に負えなさ〉の哲学的意義は何であろうか？

上述のようなトートロジーに関する結果は計算量の分野に属するが、この分野は、ここ一〇年くらいに急成長した分野であり、一九三〇年代に証明された古典的で原理的な非可解性の結果といくつかの点で同じくらい興味深い、実際的な非可解性の結果をもたらしている。(2)（哲学がこの分野をずっと無視し続けてきたのは、たぶん、もし問題が原理的に決定可能なら、それは、少なくとも「純粋な」非経験的学問と見なされている哲学にとって取るに足らない問題に違いない、とする傾向が哲学にはあるからだろう。(3)）計算量理論においては、アルゴリズムの実行可能性は、問題の入力データのサイズに対して、その処理時間が多項式関数的に増大するかどうかによって評価される。もし増大が多項式関数的ならば（例えば、算術の加法に対するよく知られた手続きのように）、そのアルゴリズムは計算論的に実行可能だと一般に見なされる。もしそうではなく、むしろ処理時間がより急速に、通常は指数関数的に増大するならば（例えば、チェスにおける〈指し手の分岐〉を網羅的に探索する場合のように）、そのアルゴリズムは一般に手に負えないものと見なされる。

このような〈手に負えなさ〉は、その大部分において、問題の表現形式やこれに関与するコンピュータ・モデル（例えば、ランダム・アクセス方式であるかどうかとか、あるいは決定性チューリング・マシンであるかどうか）とは、独立した事柄であることが分かっている。ちょうど、チューリング計算可能性が計算可能性に関するわれわれの直観的な概念の形式的な解明であるように、多項式時間の計算可能性は、実際の計算可能性に関する前理論的な概念の形式的な明確化のひとつと見なされるかもしれない。まずおおよその真理として、計算量理論はその明確化によって計算論上の困難さにおける「自然種」のいくつかを特定している、とわれわれは言うことができる。私はあとで、計算量理論の「現実世界での妥当性」の問題に向かうことにしよう。現実世界での実行可能性と多項式時間の計算可能性を同等のものと考えるどのような経験則に対しても、少なくとも重要な例外が認められなければならないからだ。

ある式が前提の集合からのトートロジカルな帰結であるか否かを決定する理想的な行為者の手続きは、ある式が真理関数的に整合的か否かのテストを与える。計算量理論において、後者は「充足可能性問題」として知られている。関連する発見を簡単に述べておこう。充足可能性問題は、「非決定性多項式時間」(nondeterministic polynomial time、略してNP) 問題という非常に大きくかつ重要な集合の一メンバーであるが、そのNP問題は、非決定性チューリング・マシン上で多項式時間で解けることが知られている。このマシンは、「推測」を行うことが可能で、並列的な計算を行うための無限の能力を実際上もっている。非決定性チューリング・マシンによって多項式時間で解ける問題は、決定性マシンによれば指数関数時間をかけて解ける問題である。標準的な決定性チューリング・マシンによって他でもない多項式時間で解ける問題をPとするなら、NPはPを含む。

最も重要なことは、充足可能性問題が「NP完全」だということだ。つまり、いかなるNP問題も充足可能性問題に実効的に還元しうる。また同様に、何百という多種多様な既知のNP完全問題のそれぞれが、相互に変換可能である。このように、充足可能性問題は「普遍的な」NP完全問題である。NP完全問題を解くために決定性マシンでは指数関数時間を要するということは、それ自体として証明されているわけではない。これは大きな未解決問題であり、この分野における「ゴールドバッハの予想」のようなものだが、これは、Pに属さないNP問題があるという意味でNP≠Pか否か、という問題と等値である。しかしながら、NP完全問題はこれまで述べてきた意味で計算論的に手に負えない、と一般には見なされている。というのも、どのNP完全問題に対しても指数関数時間を要する決定性アルゴリズムしか知られていないにもかかわらず、仮にNP完全問題が計算論的に手に負えるものだとしたら、(「巡回セールスマン問題」のような)長年にわたって実際上の解決に抵抗してきた極めて多くの重要な問題はすべて計算論的に手に負えるものだったのだ、ということになるだろうからである。(4)

このように、理想的行為者がすべてのトートロジカルな推論を行うためだけの完全な能力でさえも、まぎれもなく、計算論的に手に負えないアルゴリズムを要求するに違いない問題処理能力の一例なのである。もちろん、トートロジカルな推論のための素早いがいいかげんな発見法を用いれば、このような計算量の指数関数的なあからさまな爆発は必ずしも生じないだろう。そして、これからわれわれが見るように、おそらくこうした発見法が、誤りやすき現実の人間が取っているやり方なのだ。しかしまたしても、非アルゴリズム的手続きは、理想的行為者のデカルト的な完全さにとって十分ではないだろう、と言わねばならない。というのは、そのような手続きは、仮定上、すべてのケースでうまくいくとは限らないからである。理想的行為者がもつ演繹能力の驚くほど小さく基本的な断片自体ですらも、有限数の単純なケースを処理するだけだというのに、全宇宙から構成された理想的なコンピュータが利用しうる資源をはるかに越えた資源を必要とするように思われる。理想と現実との間には、単にささいな例外があるのではなく、乗り越えがたい断層があるのである。

4　最小合理性

それゆえ、理想的な合理性モデルの使用は論理の普遍的受容性テーゼに至るための動機としては理解できるが、そのテーゼを確立するためにはなお別の議論が必要だ、とわれわれは言うことができる。〈理想的な合理性モデル〉と〈より現実的な合理性モデル〉は互いに共存すべきなのだが、理想化の戦略は、ある種の目的にとっては、「合理性なくして、行為者なし」という論点に対する過剰な反応であるように思われる。もう一つのアプローチは、それほど理想化されていない、より現実的な最小合理性のモデルから始めることであり、このモデルにおいては、行為選択を行う行為者の能力は、行き当たりばったりと完全さの間に位置することになる。われわれが見てきたように、このような最小行為者は、理想的ではないにしてもある程度の論理能力を持っていなければならない。つまり、彼は最小推論条件を満たさなければならない。すなわち、その行為者は、一見して適切な推論の必ずしもすべてではないがそのいくつかを自分の信念集合から行うだろう。（そして最小行為者は、健全でない推論や一見して不適切な推論をあまり多く行ってはなら**ない**。）

それほど理想化されていない合理性モデルの有用な特徴は、これが、この一〇年ほどの間に進展した二つの関連しあう重要な研究分野に対して、哲学的な枠組みを提供するということである。その一つは計算量の分野である。そしてもう一つは、日常の直観的な推理において、人々は形式的に正しい手順ではなく、見たところ最適でない「発見法的戦略」を驚くほどどこでも用いている、ということを示した最近の多くの心理学実験を含む分野である。[5] この二つの分野は互いに独立に形成されてきたのだが、基礎的な部分ではつながりがあるように思われる。(1)人間は（それどころか、計算を行ういかなる存在者も）、正しいことが保証されているような方法ではきわめて単純な推論課題さえ実行できないかもしれない、という可能性の出現に対する原理的な基礎づけを、計算量理論は提供する。(2)「不合理性」に関する経験的心理学は、われわれがいかにしてそれらの課題を実際に実行しているかを示すことによって、つまり、素早いがいいかげんな発見法を用いていると示すことによって、われわれがいかにそれらの課題を実行しうるのかを示唆する。(3)理想的合理性モデルは、これらの発見法の使用に関する規範的身分については、せいぜい沈黙しているだけである。それに対して、最小合理性モデルは、まず、人間は有限性の苦境にあり、それゆえこのような発見法を用い*ざるをえない*、という基本的で当たり前の事実をわれわれに認めさせてくれる。この考え方によれば、形式的に正しくない発見法であっても、だからといって実際に不合理だというわけではない。それらは、自分でも理解できないし、人に勧めることもできない、いいかげんなやり方にすぎないのではない。というのも、それらは、あてずっぽうよりずっとよい成績をあげながら、計算論的な麻痺を回避する一つの方法だからである。

計算量と心理学的発見法への関心の高まりによって、人間の（あるいはコンピュータ固有の）脱論理性や非論理性（alogicality or illogicality）に関する主張の身分を確立することが重要になった。とくにそうした主張は、何らかの意味でアプリオリに不整合であり、それゆえ、合理性の理想化や通常の慈善の原理が示唆しているように、経験的探究に開かれた問題ではないのではなかろうか？　こうしてわれわれは、この問いによって、論理の普遍的受容性の問題へと連れ戻される。理想的行為者という概念の不具合を考えるなら、われわれにとって重要な問いは今やこうである。認知システムとして想定されるものが最小合理性を満たすならば、それがある論理を含まなければならない、ということに何か意味があるだろうか？

最小合理性条件の満足は演繹体系の受容を含意する、という主張に意味があるとして、それがどのような意味なのかを決定するために、われわれは以下のことを問わねばならない。論理法則や推論規則を受容する（信じる）ということは、どういうことなのか？　手短に言うと、論理に関して強い受容と弱い受容とを区別しよう。論理法則への同意は、単なる口先だけのことならば、論理法則に対する強い信念を構成するのに十分だとはいえない。同意は、そのような強い受容を示す一つの証拠ではあるが、強い受容にとって十分でもなければ、必要でもない。さらに、論理法則に合致する仕方で適切に行為したり、推論したりすることも、そのような強い信念を構成するのに十分ではない。例えば、健全な論証はど**の**妥当な文「と**も**合致している」。というのは、その論証の結論は、そうした妥当な文のどれと元の前提を結びつけても、そこから帰結するからである。つまりこの場合に限って言えば、論理の受容に関して愚者と賢者の区別はない。

デイヴィドソン（Davidson 1980a, b）が強調したように、信念は行為者の決定理由の一部でなくてはならない。因果的効力、つまり、意志決定過程において信念が「当然果たすべき」役割が、ここでも要求される。最小行為者は、一見して適切な行為を選択するために、意識的であれ無意識的であれ、（必ずしもすべてではなくとも）いくつかの実践的推論の前提として論理法則を実際に使わなければならない。（発見の文脈における発見法的推論と証明の文脈における事後的な法廷の間には、「創造と検証」という重要な相互作用が存在しうる。）それゆえ、ここで決定的に重要になってくる概念は、「論理法則や推論規則を使う」という概念である（これに関連した「規則に従う」という概念は、もちろん、後期ウィトゲンシュタイン以来、多くの注目を集めている）。

それに対して、論理法則を弱く受容したり、弱く信じたりすることは、論理法則を使っているというようにそれを記述すると有用だ（もしくは便利だ）、といった内実しか持たない。この場合、行為者が実際には論理法則をまったく使っていない、ということがありうる。このことは、デネットの以下の話が意味していることだと思われる。デネットは、われわれの環境に順応してふるまう他の惑星からの生き物に関して、「彼らは、彼らの合理性ゆえに、論理的真理に対する信念をわれわれと共有している、と見なしうる」と言い、さらに、ねずみや他の動物たちについても、それらが志向的システムであるがゆえに、「論理的真理を信じていると言われようと言われまいと、それらは推論規則に従っていると見なされなければならない」と述べている（Dennett 1978a, p. 9, p. 11）。

かくして、すべての論理的真理を「原理的に」導出できるような簡単な公理と推論規則の小さな集合についてなら、ある人がその論理を強く受容している、ということはあるのかもしれないが、しかし、第一階述語論理の完全な演繹体系をこのような意味で強く受容することは、「第一階述語論理という理論」を強く受容することと同じではない。後者の強い受容とは、先ほどの公理と推論規則によって導出可能な無限に多くの主張のそれぞれを実際に適切に使うことだからだ。しかしながら、後者の強い受容は、現実の行為者、すなわち最小行為者にとって不可能ではあるが、彼がこれらの真理を受容しようと決心したり、その受容にコミットしたりすることはできる。同様にある人が、例えば、メタ数学の比較的に限定されたテクニカルな目的のために、一つの演繹体系を対象言語として是認することはありうる。しかし、その体系の使用が制限されればされるほど、その是認は、強い受容にますます届かなくなるだろう。それは喩えるに、行うべしと日曜日に説教されればされるほど、週の残りの日にはますます行われなくなるようなものだ。

5 「認識的演繹定理」？

行為者はいくつかの妥当な法則かもしくは健全な規則を受け入れなければならない、という以下の議論を検討するならば、強い受容の概念を明らかにするのに役立つかもしれない。「準 - 演繹定理」に訴えることによって、一見して有益で健全な推論を行うのに必要な能力を行為者が持っているということから、彼はそれに対応する妥当な法則や健全な規則を受容しているのだ、と人は推論するかもしれない。第一階述語論理の証明論における演繹定理の一つのヴァージョンでは、もしΦからΨが証明可能ならば（ただし'Φ'と'Ψ'は第一階の形式言語の文の上を走る変数とする）、「Φ→Ψ」は空集合から証明可能である、すなわち「Φ→Ψ」は定理である。認識的なレベルでこれに対応しているのは、以下であろう。

もしΨという形式の文が、行為者Aにとって時刻tにおいてΦという形式の文から証明可能であるなら、Aは、tにおいて「Φ→Ψ」を受け入れる。

すると、ΨがΦからの結論である場合、前に議論した「不健全な」やり方のいずれによってであろうと、もしAがΦからΨを推論することができる（あるいは、推論するであろう）ならば、Aは論理法則「Φ→Ψ」、もしくはそれに対応する推論規則を受容している、と主張されるだろう。つまり、この場合Aはその法則もしくは規則を強く受容しているのだ、と主張される。したがって、結論はこうなる。行為者は論理法則や規則を強く受容しなければならないが、それらは、自分の実行能力のうちにあることを要求される推論に対応した論理法則や規則なのである。この主張は、少数の独立した規則や公理から構成される非冗長的な演繹体系以上のものを行為者が受容している、ということを含意している。つまり彼は、自分が行うことのできる多くの推論に対応した法則と規則の巨大な集合を受容しているのだ。

しかしながら、この「定理」は間違っているように思われる。一例として、「p→¬q」から「q→¬p」を推論することを何度も企て、成功している人を考えてみよう。またこの人は、実際いつも、モードゥス・ポネンスやモードゥス・トーレンスのような初歩的な自然演繹の規則だけを使って、この推論を含めた彼のすべての推論を実行している、としよう。さらに、彼の実際に行った推論が他のどんな推論であったとしても、他の条件ができるだけ等しい限り、そのとき彼は同じようなやり方で行ったであろう、としよう。つまり、どんな推論にせよ、他のやり方でやった方が有益だということを彼がたまたま考えつかなかったから、というわけではなく、他のやり方の方が有益だと現に思ったとしても、彼は望みの推論をそのやり方ではやらなかっただろう、という意味である。ちなみに、他のやり方の方が有益だと思われるというのは、例えば、もしそうしなかったならば明らかに実行不可能なほどに不都合な証明を引き受けなければならない、というような場合である。私は前節で、もし人がある論理法則を強く受容するならば、彼は望ましい行為の選択においてそれを使用するだろう、と提案した。とくに、そのような望まれた演繹課題にとってその論理法則が一見して有用な場合——例えば、そのような課題を遂行するためにそれが実際に不可欠であるような場合——には、時には彼はそれを使用するだろう。先のケースにおいて、問題の人物は、「(p→⌉q)→(q→⌉p)」あるいはそれに相当する推論規則を受け入れていない。というのは、それらの適用が一見して有用な場合でさえも、彼は、望まれた推論を実行する際にそれらのいずれをも使用しないからであり、また常に使用しないだろうからである。そのかわりに彼は、自然演繹の初歩的な推論規則を使用するし、また常に使用するだろう。

このことは、次のような個別事例を検討すれば明らかだろう。つまりそれは、形式的導出を実行する人によって書き出された明確なステップであり、その人の心の中で行われる不確実な推論のステップではない。命題論理の演繹体系を学んでいる学生が、先の例のように振る舞う能力段階に達することはよくあることだ。すなわち彼は、先の対偶律を使用することが許されるだけでなく適切でもあるような演繹課題に出会うと、対偶律ではなく初歩的な規則を使用するのである。彼は、各々の行の導出を正当化するためにこれらの規則を引用するだけであり、各行はそれらの規則に合致している。演繹の一部を行う際に、初歩的な規則の代わりに対偶律を使用することは、（例えば、試験のときに証明のステップと時間を節約できるから）とても有益かもしれないし、その学生は、初歩的な規則の代わりに定理を使用することがとても有用である、と認めていたかもしれない。しかし、論理法則を使用するという概念にどういう込み入った意味があるにせよ、その学生がここで対偶律を使用していないということは明らかである。

そして、もしその学生が彼の認知上の発達史におけるこの段階でこのように一貫して振る舞うならば、すなわち、その定理を使用しないことが彼にとって単なるうっかりミスではないならば、彼はその定理を受容していない。〈もし彼がその推論を実行するならそれに続いて彼はそれに対応する論理法則を受容する〉、と主張することもまた誤りである。論理学を学ぶ学生たちが推論の健全さについて何度もくり返し自分自身を説得しなければならない、ということはよくあることである。なぜなら、自分たちがうまく推論を行ったという認識をその推論のどの実行のあとでも彼らが保持している、ということはないからだ。同様に、もっと経験を積んだ論理学者が証明の一段階としてある複雑な演繹をたった一度だけ実行するときも、彼は、関連する条件文をずっと信じているわけではないかもしれない。というのも、彼は自分の以前の結果をすぐに忘れてしまうかもしれないからだ（しかも、それはあとで役立つこともなさそうなのだから、そのように忘れることは合理的である）。だから、もしその結果がふたたび役に立つようになるならば、彼はその演繹をもう一度やらなければならない。それゆえ、〈Φという形式の文の一つからΨという形式の文を推論できることや、現実にそのように推論することは、「Φ→Ψ」もしくはそれに相当する推論規則を強く受容することを含意する〉、という主張に訴えることによって、行為者は妥当ないくつかの論理法則や健全な推論規則を受容しなければならない、と論じることはできない。

6　論理の実行上の十全性

今や論理の普遍的受容の問題は、最小行為者は、論理を強く受容しなければならないか、それとも弱く受容しなければならないか、という問題となる。ここで興味深い問題は、行為者が最小合理性条件を満足させることは、彼が健全で完全な演繹体系を強く受容することを含意するかどうか、という問題である。（以下の議論は、弱い意味での「受容する」にも適用可能である。）この問題は、さらにはっきりさせる必要がある。私が論じたのは、最小行為者は、いくつかの健全な推論を行えなければならない、つまり、ある程度の演繹能力を持っていなければならないが、何らかの特定の推論をなしうるという必要はない——たとえその推論がふつうの人間にとって最も明白だと分かるようなものであっても——ということだった[(6)]。しかし、たとえこれが正しいとしても、それは論理の普遍的受容を排除するわけではない。どんな行為者も、妥当な論理法則と健全な推論規則の何らかの完全な集合を強く受容しなければならない、ということがなお判明するかもしれない。その場合、行為者は、ふつうの人間が受容するような法則や規則、例えばふつうの人間に明白と思われるようなものを受容する必要はない、ということにすぎないだろう。したがって、われわれの問題はこうなる。最小行為者は、特定の明白な論理法則や推論規則ではないにしても、完全な演繹体系を構成する妥当な法則と健全な規則の何らかの集合をそもそも強く受容しなければならないのだろうか？　行為者は、そのような法則や規則のたった一つさえも強く受容することなく、つまり時には実際に使用するということもなく、合理性条件によって要求される演繹能力を持ちうるように思われる。（私は、言語的に定式化された信念に考察を限定する。）

もうひとつの区別が必要である。私は、演繹体系が健全（それゆえ無矛盾）で完全であるならば、それはメタ理論的に十全である、と主張するつもりである。「演繹の正当化」の第一段落で、マイケル・ダメットはこう主張している。「健全性が成り立たないということは、改善されるべき状況を生み出す。一方、完全性の欠如は必ずしも改善されうるとは限らない。しかしながら、改善は、それが可能な限り必ずなされるべきである」(Dummett 1978, p. 290, 邦訳二六七頁)。ダメットは、そのような絶対的要求への固執を、形式的な論理学理論の構築と正当化に際しての「論理学者の標準的な行い」として厳密に記述している。しかしながら、演繹体系のメタ理論的な十全性は、演繹体系の実践的な十全性からは明確に区別されなくてはならない。後者はここでは、最小行為者に要求される演繹課題を遂行するための十全性のことである。もし可能などんな行為者も理想的に合理的でなければならないと仮定されるなら、この二つのタイプの十全性の違いはたやすく見逃されてしまう。しかし、最小合理性モデルを用いれば、その二つの十全性の違いはさらにもっと顕著となる。

メタ理論的な十全性と実践的な十全性は、どんな関係になっているのだろうか。私は次の三点を指摘するつもりだ。実践的な十全性は、メタ理論的な十全性を必要としない。前者は、時として後者より好ましい。そして、前者は時として後者と両立さえしないかもしれない。演繹課題を実行する方法の中で考えられる限り最も早いが信頼性は最も低い方法は、ただ当てずっぽうに答える方法だ。われわれは最小行為者が完全な論理学者である必要はないということを知っているが、彼は、幸運続きの当てずっぽうだけによっては自分に必要な健全な推論を（健全でない推論を十分に避けながら）遂行することはできないだろう。しかしながら、健全で完全な演繹体系を使用する方法以外に、前提からの結論を選択するという賭けを五分五分以上に上げる方法が他に存在する。その行為者は、健全な推論を同定するために、デタラメより実際よいが完全ではない賭けの戦略を使うかもしれない。そのような経験則はいつも成功するとは限らないだろうが、最小合理性の要求を満たす損益平衡点に達するくらいには何度でも十分に働くかもしれない。私はあとで、計算論的に手に負えない事態を避けるためにはこのタイプの戦略が不可欠だろう、ということを主張するつもりである。

7　メタ理論的な十全性に抗して

このような戦略の考え方は、まず第一に、論理能力をもつ行為者が（演繹体系を使用する際にはいつでも）もっぱら不完全な演繹体系を使用する結果として一つ、もしくはそれ以上の「論理的死角」を持つ可能性が少なくともある、ということを示唆する。観察者および行為者にとって、行為者当人の無意識の認知プロセスを決定することは困難であるから、形式的な導出を実行している人によって書き出された明示的なステップ（あるいはその代わりに、自動定理証明プログラムを走らせているコンピュータのメモリの内容）を再検討してみよう。面白くない例ではあるが、その行為者が使う体系は、通常の教科書に載っているような独立した推論規則から成る自然演繹体系なのだが、モードゥス・トーレンスには〈一〇〇〇個以上の論理定項を持つ論理式は適用外とする〉という但し書きがついているかもしれない。同様に、要求された健全な推論のすべてを、ある行為者が不健全な体系どころか矛盾した体系によってさえ実行することも可能である。フレーゲの『算術の基本法則』やクワインの『数学的論理学』における集合論の公理化は共に、それぞれの公理化を幅広く使用してきた多くの人びとには気づかれなくとも矛盾しているのだ。この二つの例は、第一階の演繹体系が、行為者に要求される演繹課題の領域に関してあまりに多くの不健全な推論どころか、たった一つの不健全な推論さえ生み出さなくとも同じように矛盾しうる、ということを示唆している。そして事実、述語論理における代入則の初期の形式化はどれもみな健全ではなかったと報告されている（Kleene 1967, p. 107n と Church 1956, pp. 289–90 を見よ）。（もちろん、演繹体系が矛盾しているなら〔矛盾からはあらゆる命題が証明できるから〕、その体系は完全であるが、それはもはやメタ理論的長所ではない。）

さらに、最小合理性条件を満たす行為者が、どの公理も妥当ではなく、どの推論規則も健全でないような演繹体系をもっぱら使用する、ということもあるだろう。教科書に載っている標準的な体系に対応するが、健全でない規則だけから構成される自然演繹体系を構築することは、つまらない例でよければたやすくできる。例えば、元来のモードゥス・トーレンス規則に次の条項を追加することができる。「前提の一つが一〇〇〇個以上の論理定項を含むならば、結論が導出されるまでの前提の集合は空であるとし、それ以外の場合は、前提の数はふつうに数え上げるものとする」。同様に、他の規則のそれぞれにも、前提の数に関する条項を追加することができる。あるいはまた、元来の他の規則にこの新たなモードゥス・トーレンス規則を結びつけて、一つの規則とすることもできる。規則をどう数えるかということは、恣意的な問題のように思われる。

いま問題にした行為者は、以前に証明した定理を前提なしで推論に持ち込むことを許す、通常のショートカット「定理」規則を使わないだろう。これはただ、この行為者がこの不健全な基本規則の集合しかもっぱら使用しないことも可能だ、という主張にすぎない。この行為者は、妥当だが「空虚な」文を演繹するためにその集合を用いることには、たまたま興味を持っていないのかもしれない。ふつうの人間に関する経験的研究が示しているように（Cherniak 1984 の見解を見よ）、そのように抽象的に推論することが彼にはたぶん困難なのだ。自然演繹体系の自然さを支持する人々がしばしば指摘するように、論理学の授業以外では、人々が論理的妥当性に訴えたり、ましてやそれを引用したりすることはめったにないように思われる。

この体系によって許されている不健全な推論は、比較的まれにしか実行されないだろう。なぜなら、それらは制限された範囲の条件下でしか生じないからだ。つまり、そうした推論はきわめて複雑な文を含むか、そうでなくとも、その行為者が実行するには非直観的かあるいは困難かもしれないからだ。いずれにせよ行為者はすべての推論を実行できるわけではないし、複雑な推論にいたっては特にそうだ、ということをわれわれは知っている。したがって、この体系の不健全さが行為者の合理性をまったくダメにしてしまう、というわけではない。メタ理論的に十全な演繹体系が実践的な十全性を達成するための唯一の方法ではない、というのがわれわれの結論である。したがって、想定されうるどんな合理的行為者も論理を受容しなければならない、とは主張できないのだ。

さらに、メタ理論的な十全性に対しては、いくつかの重要なケースにおいてそれが実践的な十全性に反する、という強い反論が成立するように思われる。行為者の日常的な演繹課題を遂行するという実践的な目的のためには、メタ理論的に十全でない体系の方がメタ理論的に十全的な体系のどれよりも優れている、ということがありうる。それはちょうど、矛盾が潜む素朴集合論の方が無矛盾な公理的集合論よりも便利なことがよくある、というようなものだ。このような状況でメタ理論的に十全な体系の使用に固執することは、それ自体、理にかなっていないだろう。それは、ダム設計に必要な土木工事の計算のために、古典力学ではなく、より正確だがどうしようもなく扱いにくい量子力学の使用を要求するようなものである。実践的な文脈以外においてすらも、経験的な理論はしばしば、実在の近似に過ぎず、限られた範囲の変数に関してのみうまく適用できる理想化だと見なされている。気体分子運動論は、より正確な理論——(例えば)分子を完全に無次元の球体だとは仮定しない理論——よりももっとはるかに扱いやすい、という理由で採用された理想化の標準的な例である。(7)

それどころか、人間は、非常に広範な状況における日常的な非演繹的推論の際に形式的に正しい手順を実際は使っていない、ということを示す多くの証拠が最近現れてきている。さらに、折にふれこの分野の研究者たちは、「純粋科学的」状況と異なる実践的状況では、素早いがいいかげんなこうした発見法の使用はスピードと信頼性との理にかなったトレード・オフかもしれない、ということを基本的に指摘してきた(例えば、Nisbett and Ross 1980 の最終章を見よ)。そしてこれとは別に、単純な演繹推論においても人々は形式的に正しい手順を使っていない、ということを示唆する経験的な研究の伝統もまた存在する。さらに私自身の最近の経験的研究の中には、人は演繹推論において「プロトタイプ発見法」を使用する、と示すものがある。これは、概念のプロトタイプ、すなわち概念の最上の事例に従ってその概念の構造を利用する、一群のショートカット戦略だ。つまりこのようにして、われわれは「発見の文脈」を「証明の文脈」へと拡大しているように思われる。さらに、形式的には正しくないこの手続きを使用する方が、形式的に正しい手続きよりも誤り率が低いという点で実際に合理的だ、ということを示唆する証拠もある。こうした最近の発見は重要である。なぜならそれらは、演繹推論における発見法と、心的表象のプロトタイプ・モデルに関する重要な研究とのつながりを示しているからである(8)。

最後に、われわれの概念図式の中心にある最も単純な古典的意味論や集合論におけるアンチノミーが、数学の基礎から日常会話に至るまで幅広く出現している、ということを思い出すことはこの文脈で重要なことである。この種の「データ」は形式的には正しくない演繹手続きをわれわれが使用していることを示す、もう一つの兆候なのかもしれない。論理学史を修正する試みもやってみるだけの価値があるはずだ。例えばそれは、フレーゲのいわゆる「算術の危機」よりもラッセルのパラドックスの方に、より積極的な解釈を与えようとするだろう。

8　実行上の麻痺

メタ理論的に十全でない体系の方が時としてメタ理論的に十全な体系より好ましいように思われる、ということより強い論点さえ成立するかもしれない。計算量に関するある研究によれば、演繹的科学の「純粋な」目的にとっても、行為者の最小合理性を維持するという「応用的な」目的にとっても、メタ理論的な十全性は、重要な範囲の事例において実践的な十全性とはまったく両立しない可能性がある。そこで、数学に確率的証明の概念を導入しようというマイケル・ラビンの議論から始めよう。[9]もちろん、あらゆる初等数論にとって決定手続きは原理的にさえ可能でないが、原理的な決定可能性ですらも、時には非常に限られた価値しか持ちえない。アルバート・メイヤー（Meyer 1979）とラリー・ストックメイヤー（Stockmeyer and Chandra 1979）によって得られた結果を考察してみよう。それによれば、〈自然数論における後者（successor）〉に関する弱い単項第二階理論を与える形式的体系の定理の集合（WS1S）、つまり初等数論の一部は、原理的には決定可能だが、その決定可能性は実際には極めて実行不可能なもののように思われる。その問題の解決には、ただ指数関数時間を要するのではなく、反復的な指数関数時間（iterated-exponential time）を要する。わずか六一七個かそれ以下の記号で表現される定理を証明するためですら、あまりに多くのブール的要素をもったネットワークが必要となるので、たとえそれぞれの要素が（限りなく細いワイヤで互いに結合された）陽子の大きさだとしても、それを計算できる機構は既知の宇宙全体の大きさを越えてしまうだろう。実際、このような計算量理論の結果のパターンからラビンが引き出した教訓は、実行不可能なまでに長い証明という問題を避けるために、時には数学者は究極の〈スピードと信頼性のトレード・オフ〉を行うべきだ、というものであった。つまり、無矛盾性に対するメタ理論的な要求は、原理的にそれが満足される場合であっても、実行上の麻痺を回避するために緩められるべきだ、ということである。ラビンは、真理性は保証しないが、しかし誤りの確率が例えば一〇億分の一と決定できるような確率的な証明方法を考案し、推奨した。(10)

ラビンの戦略は、デカルトの取り引きをご破算にすることにたとえられるかもしれない。デカルトは疑う余地のない確実性を求めたが、そのコストは認識論的な麻痺を招くことだと一般には認められている。われわれはこの論点を、演繹的科学の方法論から、人間の認識に対する基本的制約についてのわれわれの関心へと拡張できる。そこで、(例えば) ある論理式が前提からのトートロジカルな結論であるかどうかを決定するという問題に対しては、二つの極端な戦略がありうる。その一つは、単なるあてずっぽうである。それは、最も素早いが最もいいかげんな方法であるが、最小合理性にとってさえ、いいかげんすぎる。というのも、うまくいく確率は五分五分だからだ。もう一つの極端な戦略である決定手続きは、最も信頼できるものだが、その反面あまりにも時間がかかるように思われる。この戦略は、誤ることがまったくないが、たぶん計算論的に手に負えないものであり、最小合理性にとってさえあまりに時間がかかりすぎるだろう。それゆえ、最小合理性に十分な演繹能力を与えるためには、この両極端の間の妥協が必要だと思われる。

コンピュータ科学においては、計算論的に手に負えないことが分かっている問題に対処するに際して、さまざまなトレード・オフ戦略が実際に広く用いられている。解決の基準は下げられ、「発見法的アルゴリズム」や「近似的アルゴリズム」が、完全な最適アルゴリズムの代わりに求められている(例えば、Garey and Johnson 1979, chap. 6を見よ)。たんなるトートロジカルな結論の決定手続きに関してさえ生ずる一見した計算論的な手に負えなさを避けるためには、完全なアルゴリズムとの妥協が必要だが、その妥協にも複数のタイプが存在する。例えば、メタ理論的に十全な演繹体系を使用するとしても、その適用をより単純な特別なケースにだけ制限することによって、最悪の事態を避けることができるかもしれない。つまり、前提と可能な結論から成る集合が十分に小さいなら、演算の指数関数的爆発は深刻なものとはならないだろう。それゆえこの場合、行為者は、自分の信念集合全体からの推論や、その集合の整合性のテストを決して試みることができないだろうし、その集合の大きな部分に関してさえそうだろう。このためのコストとそれによる最終的な制約は、次の点にある。すなわちこの場合、行為者の最高の合理性は「局所的」にしか、つまり自分の信念のある区画内でしか示されないだろうし、とくに、そのような部分集合にまたがって存在する信念の推論や整合性に関して、彼は弱点をさらけだすだろう。(実際、われわれが見てきたように、人間の信念システムの基本的な特徴は、信念がこのような仕方で「区画化」されているということだった。そして、こうした構造が生じたことのもう一つの重要な根拠は、それが計算論的な手に負えなさを回避する戦略として有用だ、ということである。)もう一つのもっと簡単な戦略は、「なにか特定の演繹問題が与えられたら、まずメタ理論的に十全な体系を採用せよ、そしてもし一定の時間内に答えが返ってこないなら、その体系の使用をやめ、コインを投げて答えを出せ」というものである。

9　現実世界との関連性

しかしながら、先の戦略の有効性にとって必要なのは、十分に大きな信念の部分集合を含んでいるにもかかわらず計算論的に扱いうるケースというのが事実、計算論的麻痺をたいがいは回避している、ということである。それゆえにわれわれは、計算量理論の「現実世界との関連性」の問題へと戻らなければならない。強調されるべきことは、少なくとも現時点では、計算量の尺度のほとんどは、平均的ケースの評価によるのではない、ということだ。平均的ケースのアルゴリズムの振る舞いという役立つ概念を考案することは、それをどこに適用するかを決定することに劣らず、それ自体が興味深い課題である。ある問題が計算論的に複雑だと主張する定理は、典型的には最悪の事態を表現したものである。つまりそれによれば、その問題のそれぞれの事例（instance）を決定するためのいかなるアルゴリズムが与えられても、無数の事例においてその各々が指数関数時間を要求する。

それでも、その問題の他の無数の事例は、どっちつかずのままである。それらの事例のどれかが指数関数時間を要求するとして、どれがそれなのだろうか？　その問題のすべての事例が指数関数時間を要求するかもしれない。しかしその場合でさえ、指数関数的爆発がゆっくりと起こるために、計算コストはサイズの小さな問題事例に対しては苛酷なものにならないかもしれない。あるいはひょっとすると、現実世界に関連したケースはいずれも——膨大な入力サイズを持たないのだから——「深刻な」指数関数時間を要求しないかもしれない。つまり指数関数的なケースとは、人間が扱いうる程度の計算論的資源ではまったく太刀打ちできないような入力サイズを持ったものなのかもしれない。あるいはまた、その問題の計算量の大概は、その両極端の間に乱雑に分布するのかもしれない。それゆえ、困難なケースの「密度」つまり母集団における分布に関する情報が必要となる。例えば、(1)困難なケースは、「初期」に(例えば、その問題に対する最短の決定アルゴリズムとほぼ同じサイズのケースに対して)発生するのか？ (2)それらは「しばしば」発生するのか？ つまり、興味ぶかいケースが属する母集団のなかで発生するのか？ この問いに答えるには、どのケースが興味深いのかということを理解している必要があるが、これはもちろんそのつどの目標に相対的である。(3)指数関数的爆発が起こるとき、それはどれくらい深刻なのか？ これに関連した、母集団内での最悪のケースの確率分布は、現在でもあまりよく分かっていない[11]。

チャーチとチューリングのテーゼは、計算可能性という重要だがうまく定義されていない概念を、それと密接に関連し、形式的にうまく定義されたチューリング計算可能性によって解明したものである。これと類比的に、実際上の計算可能性というわれわれの直観的な概念と、多項式時間のみを必要とするという形式的な概念との間には、計算可能性の場合に似た関連があると提案することは、自然なことであろう。しかしながら、あるアルゴリズムが実際に実行可能であるのはそれが多項式時間だけを要求する場合であり、その場合に限られる、という主張に対しては、線形計画法がよく知られた反例となっている。一方で、線形計画問題を解くアルゴリズムの一つ、シンプレックス法(単体法)は、指数関数時間を要求することが証明されている。しかしここ数十年間、シンプレックス法は、その使用者にとって関心のある問題群にとってはすぐれて実用的だということが確認されてきた。このことは、銀行、鉄鋼、石油産業において現実に生じる問題を解くためのアルゴリズムの実行時間に関する「経験的」な研究が立証している。そしてスティーヴン・スメールは、指数関数時間を要するケースはある意味でまれであることを証明した。他方では、「カーチアン」アルゴリズムは多項式時間しか要求しないが、その典型的な実行時間は、シンプレックス法よりもずっと長くかかるように思われる。なぜなら、カーチアン・アルゴリズムの多項式の上界（次数）がきわめて高いからである[12]。このように、多項式時間と実際の実行可能性との関係は、注意深く解釈される必要がある。

それにもかかわらず、コンピュータ科学の多くの分野における研究者たちが、この関係を非常に有効な経験則として受け入れ続けているのは確かである（例えば、Garey and Johnson 1979, pp. 8-9を見よ）。そして、人間の信念システムを扱う際の手に負えない状況を回避するためには先に述べた〈信念の区画化〉や〈「あきらめて当てずっぽうでいけ」戦略〉といった方法だけで十分だ、という楽観論を支持しないようないくつかの大まかな計算がある。単項の述語計算（だけでなく、述語計算全体の決定可能な他のいくつかの部分集合）の決定可能性でさえ、NP完全より「事態は悪く」、非決定性の指数関数時間を要することが知られている。（これらの結果を概観するには、Lewis 1978を見よ。）

そして少なくとも思考訓練として、ここでの一般的な問題のごく小さな部分にすぎないトートロジカルな無矛盾性を、真理表の方法によってテストする場合を考えてみることには価値がある（ワンのアルゴリズムあるいはレゾリューション法のような、よく知られたもっと効果的で完全なテスト方法でさえ、最悪のケースでは真理表を使ったときと同じだけの時間が必要とされる）。理想的なコンピュータは、真理表による方法で、どれくらいの大きさの信念集合の無矛盾性を確かめることができるだろうか？

これらの信念すべての連言に対する真理表の各行は、光が陽子の直径を横切るのに要する時間、つまり適切な「超サイクル時間」内に確かめられうるとしよう。そして、その理想的なコンピュータは、二〇〇億年間、言い換えると、「ビッグ・バン」による宇宙の夜明けから現在に至るまでと推定された時間、計算を実行することができるとしよう。このスーパー・マシンで、わずか一三八個の論理的に独立な命題しか含まない信念システムを確かめようとする場合ですら、時間不足になってしまうだろう。[13] 信念の個別化は難しいので、典型的な人間の信念システムにおける原子命題の数を見積もることは簡単ではないが、一三八個はあまりにも少なすぎるように思われる。それどころか、この数が、成熟した行為者と呼ばれうるような者の信念集合に要求される最小臨界量とするなら、あまりにも「心が小さ」すぎるかもしれないし、とくに、もっと現実的な点において深刻な計算論的制約を考えるとそう思われる。もし翻訳が不整合な信念集合を生み出すなら、その翻訳は再調整されなければならない、というクワインとデイヴィドソンによる慈善の原理の要請は、「一〇ステップから数億兆ステップにいたる」演算を強いるような計算論的コストを考慮すると、すでにかなり非現実的であるように思われる。

さらに、注意すべき重要なことは、指数関数時間を要する問題のいくつかは入力サイズが小さくても計算が困難な場合がある、という証明がなされているということだ（実際に、古典的で原理的な非可解問題に対しても、同様の証明が行われた）。[14] すでに述べたように、たった数百の記号から成るWS1Sの文を決定するには、既知の宇宙にある以上の空間（と時間）が必要であることが知られている。また、フィシャーとラビン（Fischer and Rabin 1974）は、プレスバーガー算術が、非決定性の指数関数時間を要求することを示した。さらに彼らは、証明の長さの指数関数的爆発が、決定アルゴリズムと同じオーダーの入力サイズの文に関して、早期に始まることも示した。

それにもかかわらず、計算量の早期の爆発、つまり、現実世界で人間が遭遇するほどの小さい問題例に対して起こる爆発は、手に負えない問題の本質的な特徴ではないことを示すのは、きわめて簡単である。早期に計算量が爆発するような手に負えない問題が与えられたなら、それを、恣意的に選ばれたサイズ以上の問題例に対してのみ計算量の爆発を起こすような別の問題にいつも作り変えることができる。(15) この点がここで持っている重要な意味は、「馬の歯を数えること」、すなわちある問題の興味深くかつ難しい問題事例がどれであるかを経験的に観察することはしばしば避けがたい、ということである。多くの手に負えない問題が持つ「現実世界」の複雑な構造の多くは、少なくとも現在のところ混合的な問いであって、前に引用したシンプレックス法に関するマッコールの研究にしたがって接近されるべきものである。とくに、定理自動証明を研究している人工知能研究者たちは、ある手に負えない問題に関して、たびたび生ずるその「興味深い」事例は何であるのか、また、それらの事例のどれが実際に資源を大量に消費せざるをえないのかについて、貴重なデータを持っている。それに対応した形で、人間の演繹的推論に関する同様の情報を得ることができるだろう。すなわち、仮説演繹法を用いて、われわれは、現実世界に関連した複雑さが存在するかという問題を少なくとも経験的仮説として扱い、それを真だと仮定し、さらにその仮説の帰結がどれくらい観察によって支持されるのかを見ることができる。

実際、先に言及したかなり広範な最近の証拠によれば、人々は直観的な推論においては形式的に正しい方法を実は用いていない、ということが確かめられたように思われる。そうした方法の代わりに人々は、非演繹的な日常推論においては、カーネマンやチベルスキーの「代表性」発見法や「利用可能性」発見法のようなやり方を用いているし、演繹的な日常推論においては、それといくらか類似した「プロトタイプ性」発見法を用いている。かくして、いくつかのごく簡単な演繹課題を遂行するだけのアルゴリズム法でさえ手に負えなくなる可能性がある、という計算量理論のもっとも基本的で「経験的」な教えは、なぜわれわれがこれらの発見法を使うのか、ということを説明するための統一的な枠組みを提供してくれるだろう。ここにおいてその教えは、究極の、「人間のやり方の正当化」を構成する。というのも、まずは、手に負えない問題を回避するためにはわれわれの〈素早いがいいかげん〉という近道戦略が要求される、という推測から始めるのがもっともらしいからである。認知の情報処理モデルは有限であるべきだという制約に対して、われわれは、少なくともいくつかの興味深いケースにおいて、そのモデルは一定のクラスの計算論的に複雑な処理も含むべきではない、と追記することができるだろう。そしてこの追加条件は、図1―1（四一頁）に図式化された最小行為者の演繹能力をさらに制約することになるだろう。人間（もしくは何らかの現実的な行為者）の推論が実行上の麻痺を回避するための唯一の方法は、メタ理論的に十全な演繹体系をもっぱら使用しないことだ、という可能性がもっと追究されねばならない。(16)理想的合理性の要求は、そのような可能性を、規則に対するつまらない例外以上のものとして考えることさえ排除してしまう。しかし、最小合理性の理論は、計算量理論と心理学的研究をこのような仕方で結びつけることに対して原理的な基礎づけを与えるのである。(17)

10　「論理的真理を救え」

最後に、本章の初めに論じたクワインの翻訳方法論と、少なくとも論理の普遍的な棄却不可能性を支持するクワインの議論に戻ろう。後者は、より強い、論理の普遍的な受容まで支持するわけではない。クワインの基本テーゼは、「適正な翻訳は」真理関数的なものであれ何であれ「論理法則を保持する」(Quine 1960, p. 59, 邦訳九一頁) ということだった。さらに、彼は次のようにも言っている。「翻訳はいかなる論理的真理とも対立するべきではないということを、私は無条件に主張してきた(『ことばと対象』p. 58 ff., 邦訳九〇頁以降)」(Quine 1969e, p. 319)。正しい翻訳はいかなる論理的真理の拒絶も、つまりどの論理的真理に対する矛盾対当の受容も、行為者に帰属させてはならない——論理的真理への矛盾対当はもちろん不整合であろうから——ということを、クワインはここで主張しているように思われる。それどころかわれわれは、例えばある人の「大胆にも奇抜な論理」と称されるものを、彼が実際には「矛盾を受容」(Quine 1960, p. 59, 邦訳九三頁) していないように翻訳することを強いられる。このような翻訳原理は(第一章第5節の)理想的整合性条件の一ヴァージョンであり、最も分かりにくい矛盾を行為者が受容する余地さえも残さない(『数理論理学 *Mathematical Logic*』におけるクワイン自身の集合論の矛盾が判明したことを想起せよ)。そして、このことは再び、演繹的科学のかなりの部分が取るに足りないものであることを意味している。クワインが完全に首尾一貫しているとも思えないが、しかし、彼は『論理学の哲学 *Philosophy of Logic*』の中で「明白なものを救え」とも主張している（Quine 1970, p. 82, 邦訳一二七頁）。おそらく、クワインの善意の方針はそれ自身に適用される必要がある。つまりクワインの念頭には、実際、完全な善意というよりも、自覚せずに自己適用された格好の「穏健な」善意という概念があったに違いない。したがって彼の主張は、明白な論理的真理だけを救え、ということになるだろう。

しかしながらクワインは、明白な矛盾と明白でない矛盾、明白な論理法則と明白でない論理法則をあからさまに同一視することによって、「明白なものを救え」という方針についてこの解釈が与える一切合切を撤回しているように思われる。彼はこう述べている。「論理的真理はみな明白である［つまり「当然のこととして同意される」］か、あるいは、一つ一つが明白なステップによって明白なものから導出できる、という意味で潜在的に明白であるかのどちらかである。……かくして、「論理的真理を救え」ということが規約であるだけでなく賢明な規約でもあるのはいかにしてか、ということが分かる」（Quine 1969e, p. 318. 例えば Quine 1970, pp. 82–83, 邦訳一二六～一二九頁も参照）。実際のところクワインは、演繹的に閉じた理論の主張から成る無限集合と、その理論の明白な公理から成る小さな集合とを区別していないように思われる。だから彼は「明白なものを救え」――つまり第一階述語論理の公理だけを救え――ということから、「論理的真理を救え」――つまりその定理のすべてを救え――ということを結論することができるのだ。だがそれにもかかわらず、われわれは、第一階述語論理の完全な演繹体系だけを受容することと、その体系によって導出可能な無限に多くの真理のそれぞれを実際に受容することとを今後もずっと区別することにしよう。そしてその上で、潜在的な明白さによるクワイン自身の解釈をとらずに、「明白なものを救え」ということに関する検討を再開しよう。

そこで、翻訳原理とは単に、「より良い翻訳は、翻訳される側がより明白な矛盾を受容していないように翻訳する」ということになる。しかし次の問題は、これらの矛盾は翻訳される側にとって明白なものなのか、それとも翻訳に際して翻訳する側にとって明白なものなのか、ということだ。論理の翻訳についての説明の根底にあるとクワインが述べる善意の原理は、「ある程度を越えると、悪いのは翻訳であって、相手が愚かなのではない」ということであって、ここで「愚かさ」は、翻訳する側の視点から評価されているように思われる（Quine 1960, p. 59, p. 69, 邦訳九二~九四頁、一〇七~一〇九頁）。しかし、第二章の教訓に従えば、翻訳する側にとってぎょっとするほどの誤りは翻訳される側にとってもそうであるに違いない、と自己中心的に仮定することはできない。明白なものは普遍的だという仮定に対しては、きわめてありふれた状況が反証となる。例えば、論理学の教師にとって明白に偽であることが習い始めの学生にとってもそうだ、ということはありそうにない。そうでなければ、その授業は必要ないだろう。

したがって、翻訳の方針は「より良い翻訳は、翻訳される側が自分にとっての明白な矛盾を受容していているようには翻訳しない」ということでなければならない。今や「適正な翻訳は論理法則を保持する」は、これに対応して、少なくとも「より良い翻訳は、論理的真理に対する――翻訳される側にとって明白に偽である――矛盾対当を彼が受容しているようには翻訳しない」へと修正されなければならない。フレーゲが一九〇三年以前に自分の抽象公理を受容したのとまさに同じように、翻訳される側が論理的真理に対する――彼にとって明白に偽であるわけではない――矛盾対当を受容する可能性があることを、妥当な翻訳方法論は認めなければならない。

しかし、もし翻訳される側が論理的真理に対するいかなる矛盾対当も明白に偽だとは見なさないということが可能だとしたら、この翻訳の方針は、もはや論理の普遍的な棄却不可能性というテーゼの弱いヴァージョンさえも含意しない。それどころか、この方針はどの特定の論理法則や規則の棄却可能性にも言及しない。（もちろん、誰もすべての論理法則に対する矛盾対当を受容することができないのは、誰もすべての論理法則を受容することができないのと同じであって、その理由は、それらの法則のほとんどが単に長すぎるからである。）ところで、最小行為者が論理的真理に対するいかなる矛盾対当も明白に偽だとは見なさない、ということはありうるだろうか。第一章第5節の最小整合性の条件によれば、行為者が明白に偽だと認識しうるに違いない矛盾は、論理法則に対する矛盾対当であるとは限らない（また、行為者がそのように抽象的に推論することに単に熟練していない、ということがあるかもしれない）。なぜなら、いくつかの矛盾した信念は論理法則に対する矛盾対当の特殊事例にすぎないからである。（例えば「雨がふっていて、なおかつ雨がふっていない」は、一般的な図式「p & ¬p」とこの関係にある。第二章の原注2を見よ。）さらに、いくつかの論理法則に関しては、それに対する矛盾対当を受け入れて使用することは、行為者の最小の演繹能力からして避けがたいことですらありうる、ということをわれわれは見た。合理性条件にかんする限り、最小行為者は論理法則に対するいかなる矛盾対当も明白に偽だとは見なさないかもしれないし、どの特定の論理法則も棄却するかもしれない。したがって、論理の普遍的な受容どころか、普遍的な棄却不可能性にかんする結論さえもが拒否されるように思われる。すなわち、正しい翻訳でありながら、どの特定の論理的真理に対する公然たる棄却も帰属させることがありうるのだ。

ここに関連したクワインの翻訳方法論の根底的な弱点は、翻訳される側の言語の翻訳と彼の信念の確定とだけに考察が限定されている、ということである。そこで、例えば、翻訳される側の信念と言語は交換可能だというクワインの不確定性テーゼが出てくる。というのも、善意の原理という制約のもとで、翻訳される側の文に翻訳を割り当てることなしに、信念を帰属させることはできないからだ。しかし、たとえクワインが翻訳は――論理に関して――確定されるということを認めたとしても、翻訳する側は第三のタイプの理論、つまり翻訳される側に関する認知心理学の理論なしには信念と翻訳を確定することはできない。翻訳する側は何が翻訳される側にとって「ぎょっとするほど偽である」かを確定しないかぎり、申し分なく穏健な善意の原理を適用することはできない。そして、このことを確定するために、翻訳する側は本書の第Ⅰ部の方針に沿って、翻訳される側がどのように推論しているのか、どのように自分の記憶を組織化しているのか、等々を考察しなければならない。

この第三の要因を見逃してしまうクワインの傾向は、われわれにとってもはや明らかに正しい方向にあるとは言えないとしても、『ことばと対象』が公刊された当時の行動主義的な風潮を考えると、それ自体としては理解できる。しかし、こうした動機は今では説得力を持つはずもないが、クワインのアプローチも単なる彼自身の個人的な特質によるものではない。おそらく、反心理学主義というフレーゲ派の遺産がこの傾向を強めてきたのである。重要な例としては、デイヴィドソンや他の人たちは、信念と意味だけではなく欲求も合わせて考察されるべきだということを意思決定論の枠組みの中で主張することによって、クワインの全体論よりも徹底した全体論を支持した。しかし、彼らの全体論はここで止まってしまった。心的なもの――つまり命題的諸態度とそれらの態度に課せられる合理性の制約――は、物理的現実からだけではなく、明らかに心理学的現実からも――つまり行為者が実際に情報を表現し処理する仕方からも――独立していると仮定されている。

しかし、こうした広範な解釈理論は、完全ではなく穏健な善意の原理を依然として要請するし、さらにこの原理は、行為者に関する認知心理学を考慮することなしには適用されえない。解釈理論が「心理学的に現実的である」ように制約されるのは、この点においてである。これは超‐自律主義的な傾向からの脱却を意味するのだが、命題的態度の理論は一定の条件の下では計算論的に手に負えない処理を課してはならない、という制約を検討することは、この脱却のより一層基本的な側面にほかならない。この超‐自律主義はさらに深みにはまり込み、われわれの心理にかんする現実の最も根本的な事実、つまりわれわれの認知資源には限界がある、ということすらも考察から排除している、ということをわれわれは見てきた(18)。

競合する論理の中からいかに選択すべきか(例えば、どの論理がより「自然」か)というおなじみの論争は、「いいかげんな論理」――言い換えると、メタ理論的に十全でない論理――については考慮さえすべきでない、ということを絶対的要件として前提している。しかしわれわれは今や理解することができるが、メタ理論的十全性は「原理的に」可能である場合はいつも必須である、という例えばダメットが出発点とした常識は、少なくとも注意深く制限される必要がある。ある演繹体系を普通に使用するのではなく、それについてのメタ理論的研究を行っている場合には、ダメットの主張は正しいかもしれない。行為者は、メタ理論的に十全な体系の使用を承認し、その体系について推論し、限られた文脈においてなら実際にそれを使用することさえできる。しかし、もしその体系が広範囲にわたって実際に使用されたなら、メタ理論的な非十全性は、手に負えないような処理によってのみ修繕可能だと判明するかもしれない。その場合には、メタ理論的に十全な体系だけを採用しようとすることさえも不合理なことになるだろう。というのも、そうしようとすることは、うまくいく推論を締め出すことになるからだ。それは、普遍的懐疑というデカルトの方法の完全主義を主張して、その結果、認識が麻痺するようなものである。

したがって、「私にとって、二律背反の出現は病気の兆候である」(Tarski 1969, p. 66) というタルスキの見解と比べれば、「矛盾は病気一般を起こさせる病原菌ではない」(Wittgenstein 1976, p. 211) という、パラドックスの (非) 重要性についての説明に見られるウィトゲンシュタインの前期のイメージの方に、少なくともいくらかの真理がある。矛盾はシステムを完全にだめにするとは限らない。それどころか、本章はさらに歩を進めて、矛盾は時にはまったく健康的だということすらも唱えてきた。論理の普遍的受容というテーゼに関する教訓は、次のことである。すなわち、一旦、行為者に対する極端な理想化を排除して、少なくとも行為者の心理学的現実である最も基本的な事実を考慮するなら、そのテーゼは、合理性に対する他の多くの理想化と同様に間違っているように思われる、しかも興味深い仕方で間違っているように思われる、ということだ。通常の善意の原理の言うところとは逆に、メタ理論的に十全な演繹体系の受容は、行為者の合理性にとって先験的に不可欠なわけではないというだけにとどまらない。その受容は、重要な場面において得策ではないし、おそらくその合理性と両立さえしないのだ。

第五章　特別理由要請

さて、最小合理的行為者の理論が、非演繹的推論についての説明に対してどのような含意をもつのかを見てみよう。知識の理論の中心的な記述的企ての一つは、ある人について経験的事実を知っているとわれわれが言うためには日常生活において何が要求されるのか、という問いにかかわる。第一省察「疑いうるものについて」の冒頭でデカルトは、「私は、自分にとって明白に偽であると思われることに対してだけでなく、完全に確実で疑いえぬとまでは言えないことに対しても、注意深く同意を差し控えるべきである」(Descartes 1955b, p. 137) と主張した。それでデカルトは、その時に自分がもっていた信念をすべて捨て去ることになった。なぜなら、もし自分が夢を見ているとか、全能の欺き手の餌食になっていたりとかするなら、今もっている信念は正当化されていないことになるが、デカルトはそのような可能性を排除できなかったからである。J・L・オースティンは「他者の心」の中で、デカルトの名前こそ挙げてはいないが、伝統的なデカルトの立場に反して、われわれは実際の生活において、自分の知識主張に対するこうしたあらゆる可能な異議申し立てを各自が排除することまでは要求しない、と指摘している。オースティンが挙げている鳥類の例で言えば、ある人が「庭にゴシキヒワがいる」と主張するような典型的な場合に、その主張にたどりつくまでの彼の確認手順を不完全だと批判しうるのは、ある程度までである。「十分というのは十分ということであり、すべてということを意味するわけではない……十分というのは、たとえば、それが縫いぐるみのゴシキヒワではないということを示すのに十分だ、ということを意味するわけではない」。

知識の成立を覆す阻却可能性（counterpossibilities）のうち行為者に責任があると考えられるものは、「特別理由要請」〔1〕を満たす阻却可能性に限られる。すなわち、現在当てはまると考えるべき明白な根拠がある特定の阻却可能性だけである。したがって、われわれの知識収集手順のシステムにおいては、知識主張を覆すようなある阻却可能性に関して、⑴それに対処するのはそもそも正当なのか否かを決定する予備的プロセスと、⑵その阻却可能性が実際に当てはまるのか否かを決定するプロセスは区別されなければならない。第一の「危険信号」チェックを通過した阻却可能性だけが、第二のテストにかけられることになる。

「バカバカしい」と思われる阻却可能性を考慮の対象から排除するという問題は、普遍的懐疑というデカルトの方法に対する日常言語学派の批判から生じただけのものではない。われわれはどの一瞬をとっても、暗黙のうちに、そのような阻却可能性が決して起こりそうもないということに自分の命を賭けているように思われる。たとえば、私は一瞬前まで、自分の下の床が口を開けたりしないだろう、ということを無意識に当然のことと思っていた。この観点からすれば、われわれは一瞬ごとにルーレットを回しているようなものである。そして実際、特別理由要請は、日常言語学派の哲学のたんなる遺物などではない。それは、アメリカのプラグマティズムの中や、コモン・ローの中に（一見すると、文化横断的な一種の法的な普遍として）それと見分けられる先祖を持ち、さらには一般にはそう思われていないが、もっと最近のノイラート、クワイン、ゴールドマン、ドレツキらの見解との類似性ももっているように思われる。これほど遍在的に、しかもそれぞれ独立に人々が支持した考えというのは、さらなる検討に値するものと思われる。

したがって、一つの重要な認識論的問いは、対処されるべき正統な異議申し立て、あるいは「本物の」異議申し立てがどれかをどうやって決定するのか、という問いである。私は、たとえば、この要請が懐疑論に歯止めをかけるのかどうかという今まで大いに議論された問題に焦点を当てたり、知識の必要十分条件を見出そうとしたりするより、むしろ、われわれがこのような決定を行う際の「フローチャート」をさらに解明することに努めたいと思う。これらの日常的な経験的知識収集の実際のあり方は、「完全ではなく、ある程度の」適度な合理性構造をもっており、それは、本書で描かれている認識論的な最小行為者という、理想化されていないモデルによくなじむものだと思われる。それについての説明は今まで主にそうした行為者に要求される演繹能力に焦点を当ててきたが、これからの議論は、その説明を非演繹的な推論へと拡張する機会を与えるものである。

1　「理にかなった人」

英国のコモン・ロー――（形式的な成文法ではなく）もともと成文化されていない伝統的な法慣習から生まれた一群の規則――は、日常的な知識収集の手順に関する一つの重要な情報源となるはずである。行為者は、自分の主張を覆すような阻却可能性のうち関連性のあるものだけを考慮し排除する責任がある、という考え方は、英米の法律学における過失の概念に対応しているように思われる。ここでは特に不法行為法（tort law）に焦点を当てる（証拠についての法理論の概観をするつもりはない）。不法行為とは、刑法上の罪ではなく、民法上の罪を人に対して犯すことである。[1]「理にかなった人 reasonable man」に関する不法行為の原則的な考え方は、被告に過失があるならば、被告は、そのような間違った行為について原告に対して賠償責任を負う、というものである。すなわち被告は「普通の配慮」を行うことが要求される。普通の配慮とは、自分の行為から害悪が生じる可能性が明らかな場合、「理にかなった慎重な人」ならばその可能性を予想し避けるために行うであろうような配慮のことである。この考え方によれば、そのような努力にもかかわらず生じてしまう損害――たとえば、予知するためには超人的な能力が必要であるような、ごく希に生ずる「天災」や自然の気まぐれに起因する損害――に対しては、被告の責任は免除される。したがって、〈理にかなった人物〉という考え方には、被告は理にかなった配慮を行う責任があるとみなされる――というポジティブで義務負荷的な側面があるのと同時に、被告は理にかなった慎重さ以上のものには責任があるとはみなされない

――というネガティブで責任免除的な役割もある。

何かを――たとえば乗り物の安全性について――主張するという行為は、結果的に他人に損害をもたらす可能性のある行為の中でも主要なものの一つである。この点で、特別理由要請は、〈理にかなった人物〉という考え方の特殊事例であるように思われる。もちろん、普通の状況なら、何の配慮もせずに「庭にゴシキヒワがいる」と主張しても、損害賠償の訴訟を受ける責任はない。つまりここでは、コミュニティ全体の法的装置を巻き込むほど価値あるものが問題になっているわけではない。それでもやはり、その主張を十分な裏付けのないものとして非難する際の根拠は、〈自動車のブレーキは安全だ〉という主張の民法上の責任を評定する際の根拠と同じ構造をもっているように思われる。

近年のアメリカの法廷では、不法行為法における個人の責任という概念を重視しなくなっている。それは、たとえば賠償責任保険[2]が社会全体に費用を分散させているとみなされているからであり、また、「ドル箱」（つまり、より多くの資産）をもっている側が支払うべきだという考え方のせいでもある。さらに言えば、コモン・ローの手順はアルゴリズムによる処理ではない。そのため、判事、および陪審員において、意見が一致しないことがよくある。しかしながらここで決定的に重要な点は、行為者の行いに対する――明確な完璧さを持っているわけではない――基準は、無理矢理に哲学がこしらえた代物などではないということである。それらの基準は、実際上大きな重要性を持つ領域においては、問題解決への手順の中心的要素として伝統的に用いられてきたのである。

コモン・ローの「理にかなった配慮」という基準に見られる最も興味深い特徴の一つは、実際のケースに適用する場合の基準の曖昧さや決定不全性を減ずるための手順である。どこまでの配慮が法律的に要求されるのかを決定する主な要因は、問題となる損害が潜在的にどの程度のものか、また、与えられた条件の下でその損害が生じる可能性がどう判断されるかという点である。たとえば、商業的な乗客輸送を行う船舶の耐航性と操船術に関しては、多大の人命が失われるというリスクのゆえに、たんなる「理にかなった配慮」以上の「非常に大きな配慮」が求められる（たとえば、Prosser 1971, secs. 5. 31 と 5. 34、および、Baker 1979, p. 349 を見よ）。

過失の基準の適用は、責任の軽減についての考え方を含み、さらにこの責任の軽減についての考え方を介して、行為者のもつ能力と専門性についての理論に依存する。道徳的責任についてのアリストテレスの説明に沿うなら、子供や精神障害のある人は、一人前の成人ではないがゆえに――つまり、自分の行為の性質と帰結を十分理解できないがゆえに――、自分の行為が原因で生じた損害に対する法的責任を免除されることがある。たとえば、未成年者に対しては、年齢・判断力・経験・知性が同じ普通の子供が同じ状況下にある場合に要求されるのと同じ配慮しか要求されない。特別な専門的職能をもつ成人（不正行為との関連で言えば、とくに医師や技術者や弁護士）の場合、責任は軽減されるのではなく増大することもある。（一言付け加えると、第五章第5節で論じるように、さまざまな推論の実行可能性については、それぞれの行為者のカテゴリーに相対的な心理学理論をわれわれは持っているように思われる。）自分の知識が自分にとって害となることがある。とくに、知識があるせいで一般人より責任が重くなることがある。こうした規則は、問題となる状況相互間の類似性に関する曖昧な判断をどうしても含むものではあるが、しかし、どれほど配慮すべきかの規準を「全と無」の間に設定するための基本戦略の一部を成すものである。これらの規則は、日常生活で用いられている「理にかなった人物」の常識心理学モデルが持つもう一つの側面である。

2 「超越論的」根拠

〈理にかなった人物〉という概念は、複数の文化と多くの時代にまたがって見いだされる概念である。それと同様に、特別理由要請は、われわれ特有のコモン・ローの伝統がもつ単なる特異性を超えたものであるように思われる。さらに、この普遍性の証拠は、こうした手順を用いることに対する一種の「超越論的」根拠によって説明することができる。その説明とはつまり、いくつかの重要なタイプの人間の社会組織がもつ目的から見たら何が有用か、という点からの機能的説明である。(後で特別理由要請のいくつかの違ったヴァージョンを検討するときに、またこの超越論的根拠に戻ってくることになるだろう。)このことを論ずるために、私は懐疑論を脇に置き、外界の存在を前提する。私は、典型的な人間の知識収集過程および知識伝達過程の社会的性格を考察するために、孤立したデカルト的自我の視点から採用された古典的認識論の、独我論的で個人主義的な方向とは袂を分かつことにする。

「論理と会話」(Grice 1975) の中でH・P・グライスは、語用論の基本法則と思われる〈協調の原理〉を明確に示した。それは、言葉によるどのような発話が他者にとって適切かを決定するものである (Austin 1979, p. 82も見よ)。われわれは、自分と同じく他人も、「現在の会話の目的にとって最も役に立つ発話のみを行え」という規則に従おうとしているものだと仮定している。さらにグライスは、

のは、「根拠があり、しかも現在の話題と関連があるような主張をせよ」という格率である。ここでとくに注目すべきな〈協調の原理〉を満たすような一群の下位の〈会話の格率〉を提案した。ここでとくに注目すべきな

『人倫の形而上学の基礎づけ』(Kant 1959) でカントは、約束は守るべしという格率が普遍化可能であること——人々が一般に約束を守らなければ、約束をしてそれを守るという制度全体の有用性が失われてしまうということ——を論証しているが、その線に従って言うなら、いま述べたこれらの語用論上の格率は言語的な実践にとって実質的に不可欠な要素だ、と議論を進めることができる。それと同様に、間違った推論ばかりする人や作り話ばかりする人の社会では、人々が根拠と関連性のある主張をしようとしているとは仮定できず、言語の主要な機能の一つ、〈有用な情報を伝えるという機能〉が損なわれてしまうだろう。たんなる当て推量に基づく主張や現在の目的に関係のない主張は、この機能にとっては役に立たない。それでもなお言語という制度はあった方がよいと言うこともできるだろうが、その場合、言語はたんに作り話をしてお互いを楽しませるといった目的のためのものにすぎない。

言語の主な目的の一つはいま役に立つ情報を伝えることだという主張は、それでまた、知識は言語共同体の中で均質に分配されているわけではないということを前提にしている。確かにそのような共同体では多くの信念が共有されていることが必要であるが、しかし、誰も他のメンバーが共有していない信念は持っていないような、信念の完全な均衡が存在する社会は考えてみることさえ難しい。科学技術が発達しておらず、全員が「直接会話できる」ような部族であっても、きっとこれには該当しないだろう——ひょっとすると、全能の行為者の社会なら、それに当てはまるかもしれないが。各個

人は、特殊な専門知識において異なっているだけでなく、個々の事柄をどれだけ知ることのできる立場にいるのかというもっと一般的な点においても、現在の背景的知識・知覚の経歴・視点に応じて異なっている。共同体の中ではどの瞬間においても信念や情報は不均等に分配されているという仮説は、パトナム（Putnam 1975b）の「言語的分業」を認知作業の分配へと一般化する動機を与える。つまり、このより広い意味においても、二個ないしn個の頭脳のほうが一個の頭脳よりいいのだ。メンバーが自分で直接得る知識しか求めることのできない「独我論者の社会」などというものがあるとすれば、それはひどく不自由な社会であろう。

間接的な知識を利用するためには、各メンバーは言うなれば「認知的イエローページ」、すなわち共同体――実際には複数の下位の共同体が入れ子状に重なりあった階層構造――の中における専門的知識の分配の理論をもっていなければならない。有能なメンバーであるためには、どこへ行けばいいかを知っていなければならない。すなわち、どのような場合に他人の判断や技能を信頼してよいか、現在の関心事についてより多く知っている人に助力を求めるにはどうしたらいいか、を知っていなければならない。聞き手が特定の話し手をある特定のタイプの知識収集の道具として現在どれくらい評価しているかに応じて、聞き手の確信度は、自分一人で主張を裏付けようとする場合よりも上がったり下がったりする。もちろん、この高度に構造化された情報伝播の手順は、発話者が何かを主張したら他人はそれを当て推量以上のものとして信頼することができる、という仮定の上で機能する。共同体のメンバーが、主張を行う際の信頼性の基準を一般に満たそうとはせず、また他のメンバーがそれを満たすだろうという期待もできないならば、このシステム全体の有用性は薄れてしまうだろう。

さてここで、知識主張に対する阻却可能性の提起や処理のための特別理由要請の根拠に戻り、次の三通りの場合をもれなく検討することによって以下のように論ずることができる。(1)一方で、発話者は〈自分の主張に対する阻却可能性をチェックし排除せよ〉という要求のすべてから解放されうるわけではない。なぜなら、もしすべてから解放されたとしたら、その主張は情報を伝えるという価値を失ってしまうからだ。すでに見たように、たとえ懐疑論的な疑いは脇に置くとしても、このように何でもかまわないということになると、主張はたんなる当て推量と同じことになるので、主張を行うことに実質的な意味がなくなるのは間違いないだろう。(2)他方、もし発話者が完全な基準に縛られて、現時点では到底ありえないと思われる「デカルト的な」阻却可能性を含めたあらゆる阻却可能性を排除することが要求されるならば、異議のでない満足のいく主張を行うことは、現実には誰もできないだろう。デカルトの方法論は、懐疑論的な麻痺を意味する。結局、間違いを犯すのが人の常なのである。こうして、主張を行うという企て全体が利用できないものとなり、またしても無価値なものとなる。(3)それゆえ、唯一可能な有用な選択肢は、特別理由要請における基準のような、完全ではなくある程度の配慮という基準である。

ここでの「超越論的な」結論は、たんに次のことにすぎない。つまり、情報伝達の手順がもつ共同体にとっての価値を前提するならば、阻却可能性のチェックの際に最低でもそこまで配慮しなければ行為者が過失ありと非難されるような基準は、完璧さとまったくの寛容さの中間になければならない、ということだ。そのような適度な配慮という中間的な基準を欠くいかなる共同体においても、何かを主張するという活動は、実質的に無価値なものになるに違いない。ここでの議論では、懐疑論が脇に置かれているという点は再度注意されるべきである。(もちろん、いくつかの阻却可能性を排除する基準の方が、まったく基準がないよりも信頼性や保証を増すのかどうか、という疑問や、また、「関連性のある」可能性や一見してよりありそうな可能性を排除する正当化の手順の方が、阻却可能性をランダムに排除するだけの手順よりも真理をもたらす可能性が高いのかどうか、という疑問はありうる。主張が上に述べたような意味で批判に晒されていないということから、その主張が保証されているということを導く推論については、第五章第8節で検討される。[2])

一人の人間に限った場合でさえも、たとえば無人島にいる人間が――実際は社会のそれぞれのメンバーも――自分の以前に得た結論の信頼性を上のような意味で信用するために、その結論に至る自分の推論を再び構成しなおして評価することが常に必要なわけではない、という点は重要である。個人は、自分自身の知識を累積させていくためには、すなわち、自分が以前に得た結論を当てにしうるためには、実際上、未来に向かって自分自身と意思疎通できるのでなければならない。さらに言えば、言語によらない原始的な意思疎通でさえ、それが有用なものであるためには、すべてではないにせよいくつかの阻却可能性――すなわち、ある信号を発する警報のよくある作動ミスといったもの――を排除するためにメンバー同士が互いを信頼しうるような共同体を必要とする。このような意味で、たとえば鷹ではなく通り過ぎるヘリコプターに反応して、翼をばたつかせるというハトに生得的な警告運動がなされた場合には、その信号は、航空機は多いが捕食者は少ない地域にいるハトの群れにとっては、無価値以上に悪いものになってしまう。

すでに見たように、コモン・ローにおける理にかなった配慮の基準には、行為者の心的能力や専門知識が相当に高度な場合や、悪い結果がかなり深刻な帰結をもたらすような場合にはより高い基準が適用される、という「精細な構造」についての但し書きが含まれる。行為者の能力と知識に基づいて配慮のレベルを設定するために、「〈すべき〉は〈できる〉を含意する」のような原理をここで提案することができる。つまり、特定の範囲の行為者に対して、不可能なことを行うように要求したり、とくに、予見できないような可能性を予測するように要求したりするのは無意味である。同様に、阻却可能性をチェックするには認知的なコストがかかるのだから、他の事情が同じならば、行為の中に含まれていると見られるリスクの確率と重大さが小さければ小さいほど、費用便益的な釣り合いの結果として正当化される配慮の量はより小さくなる。

そのような考察は、多重の基準についての大まかな類型論を示唆している。日常生活や法律や科学的探究や哲学において多岐に渡って存在する目標・リスク・利用可能な資源は、知識主張に対する阻却可能性をチェックする際に、異なったレベルの配慮を命ずる。慎重な実験を行うときには様々な機会に応じて行動する時間があるが、日常的な状況においてはそのような時間はない。それゆえ、「より素早いがよりいいかげんな」常識的な手順が用いられるべきなのだ。科学にとっては適切な用心が日常生活では理不尽なほど入念な用心となることは、よくあることである。また法律においても、概して日常生活と比べてより多くのことが問題となるため、たとえば伝聞証言の排除などのように、日常生活より高い証拠の基準が適切となる。そして、知識の理論においては、目標は必ずしも日常生活で使うことのできる手順にあるのではない。デカルトでさえ、第一省察の最後で、――例えば夢の可能性があるのだから――自分の懐疑の方法はやりすぎではない、なぜなら「私がいま考察しているのは行為の問題ではなく、知識の問題にすぎないのだから」と論じている（Descartes 1955b, p. 148, 邦訳三五頁）。少なくともこのように見れば、阻却可能性を提起するための日常的な特別理由要請を、なぜデカルトが結果的に停止していたかもしれないかを理解することができる。

3　プラグマティズムとネオ・プラグマティズム

特別理由要請は、プラグマティズムの認識論にとくにうまく適合していることがわかる。アメリカのプラグマティズムを創始したときのC・S・パースの立場は、彼がデカルト的方法論とみなしたものを全面的に拒絶したことから始まったのだ、と特徴づけできることを考えると、特別理由要請とプラグマティズムの結びつきは驚くべきことではない。デカルトに対するパースの反発において中心的な考え方となっているのは「批判的常識主義」である。その第一の主張「常識主義」は全面的懐疑を拒絶する。

> われわれは完全な懐疑から始めることはできない。われわれは、哲学の研究にとりかかったときに自分が実際にもっていたすべての先入観から始めなければならない。これらの先入観は、ある格率によって払いのけられるようなものではない。というのは、これらの先入観は、それが問われうるなどとわれわれが思いもしないようなものだからだ。（Peirce 1932, 5. 265）

第二の主張「可謬主義」は、知識にとっての不可疑で絶対確実な公理というデカルトの目標を、不可能な完全主義として拒否する。

探究は、論証と呼ばれる完全に満足のいく結果を持つためには、現実のあらゆる疑いから完全に逃れた命題から出発しさえすればよい。もし前提が実際にまったく疑われていないなら、その前提はいま以上に満足のいくものにはなりえない。(Peirce 1932, 5. 358)(3)

ここに示されているパースの心情は、クワインの『ことばと対象』の読者にとってはもちろん馴染み深く聞こえる。クワインはその本のエピグラフとライトモチーフとして、今では有名になった、ノイラートの「プロトコル命題」からの次の引用を選んだ。「われわれは外洋で自分たちの船を修復しなければならない船乗りのようなものだ。その船を乾ドックに入れて解体し、そこで最良の部品から組み立てなおすことは決してできない」(Neurath 1959, p. 201)。この船は、哲学者が最初に認識論的探究を始めたときには、すでに自分たちが受け入れてしまっているということが明らかになった概念図式である。われわれは現在の概念図式をおおむね受け入れなければならない、という点ではパースとノイラートは一致している。しかしながら、われわれがそうしなければならない理由については、二人は意見が分かれているように見える。パースによれば、われわれは、何かを信じることに勝手に決めることができないのとまったく同様に、心理的には、デカルトが要求するように思いのままに疑うこともできない。「疑うのは嘘をつくほど容易いことではない」。すなわち、本当の、心からの疑いは痛みを伴うのだ。それゆえわれわれは、概念図式のほとんどを背景として「無批判に」当たり前のこととして受け入れているのである。

しかし、ノイラートのイメージが示唆しているのは、それと違って、もしデカルトの全面的懐疑の方法を実行したらわれわれは沈んで溺れてしまう、だからできない、ということだ。これは明らかに、『ことばと対象』の第一章でクワインが引き出した教訓である。デカルトの方法は、もし本気で実行されれば、われわれを悲喜劇的な認知的麻痺状態にしてしまうに違いない。それは、デカルトの第二省察から第五省察に対して歴史の大勢が下した判定だと思われる。何も書かれていない石版から始めるというのは、実質的には自分のロボトミー手術を自分で行うようなものだろう。このような意味でデカルトの懐疑は実行不可能だというクワインの立場は、クワインがそれに続けてノイラートの船の論点から引き出した反懐疑論的な結論、すなわち、われわれは自分たちの概念図式全体の正しさを有意味な仕方で問うことすらできないという結論とは区別されるべきである。（この区別については、第六章を見よ）。本章では、ノイラートの船の要点はクワインのそのもう一つの結論がなくとも受け入れることができる、ということを前提に話を進める。

特別理由要請は、批判的常識主義とその後継者たちに対してどのような関係に立つのだろうか。「四つの能力の否定からの帰結」で、パースは次のように述べている。

人は、……自分の研究を進めていくにつれて、最初信じていたものを疑わせるような事柄に出会うかもしれない。しかしその場合、彼はその疑いに積極的な理由があるから疑うのであって、デカル

ト流の格率のゆえに疑うのではない。(Peirce 1932, 5. 265)

パースの主張はオースティンの論点と一致している。オースティンは、〈ゴシキヒワが庭にいる〉という発話者の主張に異議申し立てができるのは、このケースでは発話者は間違っているかもしれない、と思えるような「何らかの具体的理由」を異議申立者がもっている場合だけである、と論じたのだった。すなわち、パース（もしくはノイラート、もしくはクワイン）が、(1)われわれはどんな時でも自分たちの信念の大半を当然のことと見なさなければならない、と主張し、(2)デカルト的完全主義を拒否して、疑いを絶対的に免れている信念はなく個々の信念はどれもそれ単独では疑問に付されテストにかけられうる、というテーゼを支持するとき、(3)特別理由要請は、信念に対する異議がどのような場合に正統であるかを特定する。われわれは、はっきりした特定の根拠があるときにのみ、信じるのではなく、疑うための資格を得るのだ。

4　心理主義的要請 vs 絶対的要請

それゆえ知識収集の過程において特別理由要請が果たす役割は、行為者がチェックし排除する責任のある異議を「濾過する」ことである。阻却可能性のこの濾過はどのように働くのだろうか。一つの重要なタイプの答えは、端的に心理主義的（もしくは「内在主義的」）なものだ。それは、「行為者に責任があるのは、彼の頭に思い浮かぶ阻却可能性、すなわち、彼が自分の主張を行ったときにたまたま考えている阻却可能性のすべてに対して、かつそれらに対してのみ」という答えである。こうした見解の表れが、オースティンにおいて見られる。たとえば、「もしあなたが「それでは十分でない」と言うなら、あなたは多少なりともはっきりとした何らかの欠落を心に描いていなければならない」(Austin 1979, p. 84, 邦訳一一八頁)。アルヴィン・ゴールドマンは、「識別と知覚による知識」(Goldman 1976, とくに pp. 775–778) が示すように、彼の初期のヴァージョンの知識の因果的分析において、オースティンとは独立に彼自身の特別理由要請に到達しているように思われる。知識についてのゴールドマンの説明に従うと、行為者は「関連性のある可能性」を区別できなければならないが、彼は、それに関するオースティンと似たような主観主義的見解に対して、自分自身は「表向きには中立」ではあるが「魅力を感じている」と述べている。たとえば、ゴールドマンは、「もし話し手が「哲学の」授業に出ていて、そこでちょうどデカルトの邪悪な悪魔について議論したところなら、……そうでなければ考えもしなかったような選択肢を考えつくかもしれないし、場合によってはそれを真剣に扱うだろう」という事実によって、このような関連性は影響を受けるにちがいない、と暗に言っているように思われる (Goldman 1976, p. 776)。

しかし、少なくとも、関連性のある阻却可能性を決定するこの単純なタイプの手順は、厳しすぎると同時に緩すぎる。一方で、この手順は強すぎる。もし私がSF映画『アタック・オブ・ザ・キラートマト』をたった今見たところであれば、その晩私が自分のサラダの安全性を疑うのは理解できるが、しかしそれだけの根拠では、この疑いは正当化もできないし、適切でもない。この状況で私が「ここにサラダがある」と主張するときに、私が危険なニセ・トマトの可能性を考慮したとしても、それは説明可能ではあろうが、しかしなおジョークであり義務ではないだろう。他方で、心理主義的な特別理由要請は弱すぎるようにも思われる。不法行為法についての先の議論で明らかになったように、たとえば自動車の安全性の主張に対する阻却可能性を不注意で思いつかなかった場合、思いつかなかったというだけでは、それらの阻却可能性を排除する責任は軽減されない。心理主義的要請が不十分なのは、それに従うとある意味では、阻却可能性を考える際に行為者が注意深くあればあるほど彼は「知っている」と主張する資格を失い、逆に、いい加減であればあるほどそう主張する資格を得る、ということになるからである。この心理主義的な要請が不適切なのは、「である」から「すべき」を認識論的に導き出す謎がいかなるものであろうと、この要請が現実の人間の行動を——それがどんな行動であれ——あまりに直接に規範にしてしまうからである。それは結局のところ、「知識収集（あるいは信念形成）ゲームのルールに従ってプレイする」という考えを、事実上無視することになる。実際、心理主義的要請はわれわれの特別理由要請ではない。さらに、先に議論した「認知的分業」という観点から見れば、心理主義的要請は特別理由要請に適した設計図でもないだろう。

もう一方の極端な選択肢は、「行為者は、実際にかなりありそうな阻却可能性に対して責任をもつ」、という「絶対的」（もしくは外在主義的）要請である。したがって、行為者の主張は、彼があたかも「部分的に全知」であって、その主張に対する反例のもっともらしさに関する事実について完全な情報をもっているかのような解釈の下で、評価されることになる。フレッド・ドレツキは『知識と情報の流れ』（Dretske 1981, とくに pp. 123–134）において、今のわれわれにとってはかなりオースティン的だと思われるような調子で、こう提案している。「知っているということ、あるいは情報を受け取ったということは、知られているとされたことに対する関連性のあるすべての代替的可能性を排除してしまったということだ」(p. 133)。一方でドレッキは、「関連性のある代替的可能性」のような概念を具体的状況にどのように適用するのかは、たとえば、われわれがどんな信念を当たり前だと思っているかに相対的である、と述べて、特別理由要請についての自分の議論を締めくくっている (pp. 132–133)。しかし他方で、それより前の彼の議論のほとんどは、以下のような調子のものである。

想像された可能性が、関連性のある可能性、すなわち、一つの信号の曖昧さ (したがってその信号の情報) に実際に影響する可能性だとされるためには、その状況は、問題となっている特定のシステムに備わった部品を使って実際に実現可能なものでなければならない。もし過去において、sがFでない時に種類Rの信号が届いたことがあるのならば (これが知られているかどうかは重要ではない)、それで問題は解決する……種類Rの信号は、sがFであることに関して曖昧なのだ……。(p. 131)

知識の相対性と絶対性に関するこれら二つの主張に折り合いをつけられるかどうかは――ドレッキはそういう主張をしているようにみえるが――ここでの私の関心事ではない。私が求めているのは、実際の知識の必要条件ではなく、主張可能性条件にすぎない。すなわち、行為者の主張、つまり知識主張が適切であるために満たされなければならない条件である――言い換えれば、もしその主張が間違いであったと判明したときに、行為者が過失ありと非難されないために満たされなければならない条件である。実際、真正の知識（とくに、正当化された「真なる」信念）の条件と単なる主張可能性の条件をしっかりと区別しないために、関連性の概念の議論において、絶対的な特別理由要請と先の心理主義的な要請とが一緒に現れやすいのかもしれない。

主張可能性の条件として見ても、絶対的な特別理由要請は、心理主義的な要請と同様に、厳しすぎると同時に緩すぎる。この要請は強すぎる。以下で論じるような〈但し書き〉付きとはいえ、もしも何人もの近所の子供たちが実際におもちゃのゴシキヒワで最近遊んでいたということを私（と現在の私の聞き手）が知っていて当然というのでなければ、それが実際にはおもちゃだったかもしれないということを私が考慮しなかった点を捉えて、聞き手が「庭にゴシキヒワがいる」という私の主張を非難するのは適切ではない。この状況での実際の日常会話ならば、その阻却可能性はジョークにしかならないだろう。たとえそのジョークがたまたま当たっていると後で分かったとしても。（知識に対するこうした絶対的な特別理由要請は、自分がある命題を知っているということを行為者は決して知ることができない、ということを含意する危険性に直結しているように思われる。なぜなら、行為者はどの阻却可能性が本当にありそうかに関して完全な情報をもつことはできないからである。）過失に関する法律の議論の際にすでに見たように、絶対に達成できないような配慮の基準を行為者に要求するのはほとんど意味がないがゆえに、ここでは、「すべき」は「できる」を含意しなければならない。したがって、主張を行うときの「理にかなった配慮」は、全知を要求しないし、すべきでもない。われわれは、ある程度、行為者の身になってみなければならないのだ。

さらに、絶対的要請は残念ながら弱すぎもする。もし行為者と彼の共同体が――たとえば、自動車のブレーキの安全性についての彼の主張に対する——ある阻却可能性が本物だと信ずるに足る理由をもっているならば、たとえその可能性が実際には極めてありそうにないとしても、行為者はそれをチェックする責任があると見なされる。結局、行為者やその聞き手は、どうやってその可能性がありそうにないことを知りうるのだろうか。彼らは魔法によって阻却可能性を評価することはできない。こうして、ドレッキに反し、〔その可能性のチェックを怠ったために、〕ブレーキが安全だということをこの場合の行為者が知らないということもありうるのだ。神の視点はあまりに多くを免罪するように思われる。

5　最小の要請

理にかなった配慮についてどのような要請をすれば、心理主義的条件と絶対的条件の両方がもっている問題を避けることができるだろうか。一つの折衷案として考えられる要請は、「行為者の現在の信念集合から導かれる深刻な阻却可能性のすべてに、かつ、それらに対してのみ、行為者は責任をもつ」というものだろう。考慮されなければならない阻却可能性は、「一見して関連性がある」阻却可能性であって、この場合の関連性は、完全な情報の視点から定義されるのではなく、行為者の現在の信念に相対化されたものである。それにもかかわらず、行為者は、たまたま自分に思い浮かんだ阻却可能性に対してのみ責任をもつわけではない。行為者が思い出していない背景的情報が、そうした可能性を提起することもあるし、排除することもある。したがって、「取るに足らない」阻却可能性を考慮の対象から排除する際に行為者の信念システム全体が果たす役割は、〈どんな命題を実験によってテストする場合でも必ず、非常に広範囲にわたる背景的信念に訴えなければならない〉というデュエム・テーゼに対して行った――「経験主義の二つのドグマ」における――クワインの一般化の特殊事例である。阻却可能性の排除という事態には目下の問題にあまり関係のない背景的情報が暗黙のうちに関係している、ということはまさしく経験的テストと正当化のもつ全体論的性格を表している。

この特別理由要請は、先のものより改良されているが、しかしそれでもまだ厳しすぎる。もちろん第一階の述語論理の中には、普通の人間では一生かかってもできないような推論が無限個あるし、それに加えて、同じように手に負えない一群の帰納推論がある。ある阻却可能性の深刻さを示すためにはそうした実行不可能な推論を行為者の信念集合から行う必要がある、というようなケースは容易に想像できる。ここで「〈すべき〉は〈できる〉を含意する」のような原理を仮定するならば、理にかなった配慮の要請は、演繹的に閉じた信念集合を実際に保持できなければならないような理想的行為者を要求することはできない。その代わりにその要請は、完全ではないがある程度の推論能力をもたねばならない最小行為者、という「中庸の」概念を用いなければならない。それゆえ、最小の特別理由要請のよりよい近似は以下のようなものになる。

行為者は、自分の現在の信念集合から導かれる深刻な阻却可能性のすべてではなく、いくつかに対して責任をもつ。

さて、行為者はどの演繹的推論を行う責任があるのだろうか。第一章で私は、そもそも生き物が行為者の資格を有するために不可欠な推論能力は、最小の規範的合理性の真部分集合である——すなわち、行為者が満たすべきであり、かつ、満たさない場合には彼が非難されるかもしれないような理想化されざる基準である——と論じた。肝心な点はこうだ。すなわち、この最小の特別理由要請は、ある規範的合理性の基準を行為者に課すように思われるが、その基準は、行為者が阻却可能性を選択する際にこのより高い基準を満たさないとしても、それによって必ずしも最小行為者の資格まで失うことはない、というような基準である。

この中間的な規範的合理性基準の精細な構造は、少なくとも典型的な人間の文化に属するメンバーが共有しているように思われる常識認知心理学によって、ある程度与えられる（それどころか、その心理学の大部分は実際に生得的な傾向性なのかもしれない）。コモン・ローについての先の議論において明らかだったように、われわれは「理にかなった人間」の能力についての心理学的モデルをもっている。第二章で私は、行動を予測し説明する際にわれわれは、通常の演繹能力の前理論的な側面、とくに、演繹推論が異なればそれに応じて困難さも異なるという見方を用いているように思われる、と論じた。それと同様に、どんな典型的な行為者においても、阻却可能性が深刻だという結論を導く際に、明白なモードゥス・トレンスの推論をしそこなった場合の方が、手の込んだ量化理論の推論をしそこなった場合より過失ありと非難される可能性が高いのである。われわれはまた、非演繹的推論の典型的な実行可能性についての理論ももっているように思われる。（しかしながら、素早いがいいかげんな推論による日常的な発見法の形式的な誤りに関する最近の研究の多くが示唆しているように、非演繹的能力についての常識モデルのある部分は、それ自体かなり非現実的なほど理想化されているかもしれない。この研究を概観するには、Nisbett and Ross 1980 を見よ。）

〈理にかなった人間〉の認知心理学についての常識モデルは、行為者の記憶の構造と容量を扱う「モジュール」も含んでいる。第三章で議論したように、われわれは、（とくに「明白な」間違いを犯すことを含めて）人間の行動の多くを二重モデルによって予測し、説明する。どの瞬間においても、人の信念のほとんどは長期記憶の中にあり、そこにある信念は行為の選択に影響を与えられない。きわめて容量の限られた短期作動記憶の中にある信念だけが、その人の推論の前提になることができる。したがって、行為者は、いま関連する信念を長期記憶から作動記憶へと再生する能力を（もちろん完全にではなくとも）ある程度もっている場合に限り、必要な最小推論能力を獲得できる、と私は論じた。それと同様に、行為者が最小の特別理由要請を満たすためには、今度は、その時点で関連する阻却可能性を特定するために必要な背景的信念を、ある程度の再生効率の下で思い出すことが要求されるのだ。こうして再びわれわれは、再生作業が異なればそれに応じて難しさも異なる、という考えに至るように思われる。すなわち、記憶術師にしかできるとは思われないような難しい記憶作業ができなかったからといって、行為者が過失ありとはされない、というのはよくある話なのである。

6　発見法音痴の愚か者

最小の特別理由要請を満たすことは、関連性のある阻却可能性を特定する能力の十分条件ではなく、必要条件でしかないのは明らかである。最も重要なのは、行為者は「入力」要請、すなわち「行為者は利用可能な情報を十分集めて、記憶しなければならない」という要請をも満たさねばならないということだ。行為者は、現在の阻却可能性を評価するために必要な背景的信念を獲得していないという理由で、理にかなった配慮を行わなかったと非難されることがある。「利用可能な情報」とはなんだろうか。縫いぐるみの鳥かどうかを確認しないまま「庭にゴシキヒワがいる」と私が主張し、後になって、それが縫いぐるみであって、しかも最近近所の子供たちが何人もそういうおもちゃで遊んでいたということが分かった場合、私は「子供たちが縫いぐるみの鳥で遊んでいることなんて知らなかった」といって自分を弁護するかもしれない。しかし、「あなたは子供たちの新しい流行に気づくべきだった、なぜならその流行はかなり広まってたいたのだから。それゆえ、庭の鳥と思われたものが縫いぐるみかどうかを確認すべきだったのだ」と反論されるかもしれない。「知らなかったでは済まない」という場合もあるのだ。それを判定するのは「私が何を知っていたのか、あるいは、何を知っているべきだったのか」である。先の要請と同じくこの入力要請も、理にかなった配慮しか要求しないという点で、すなわち、現在の情報のすべてではなく、そのうちの容易に利用可能ないくつかしか行為者に要求しないという点で、最小の要請である。

　実際には、考慮されるべき阻却可能性は、孤立した一人の行為者自身の背景的知識に相対的なのではなく、しかるべき共同体に共有された知識に相対的なのである。行為者は彼の共同体が深刻だと認めた阻却可能性に対して責任があるとされるということは、先に論じた知識収集の過程がもつ社会的性格を表している。たとえば、潜在的な損害の見込みをどう判断するかが、理にかなった配慮の法律的基準に影響を与える。そのような見積もり（たとえば、ある特定のタイプの自動車ブレーキの誤作動の確率に関する見積もり）は、一個人の特異的かもしれない判断だけに基づいているのではなく、共同体全体の一致した前提に基づいていることが多い。「法律を知らなかったでは済まされない」といった考えが示しているのは、共同体の適切な専門家に相談して責任をもって情報を集める、ということを含んだ配慮の基準に行為者が縛られているということである。オースティンが「用心は、現在の意図と目的からして理にかなっていると言えるものを超えることはありえない」（Austin 1979, p. 88, 邦訳二二五～二二六頁）と指摘している場合のように、当の共同体が、話し手とそのときの聞き手からなる極めて不安定なものとなる場合もある。話し手と聞き手は、一定の目的と背景を共有していると仮定されている。それゆえ、典型的な行為者は、自己中心的な外見に反して、あるいは自集団中心的な外見にすら反して、重なり合う複数の知識収集共同体の変化し続ける階層構造の中に組み込まれているのだ。（特定の事例に関して、関連する共同体がどのように決定されるのかについては、ここでは追求しない。）

現実の行為者は関心のある情報のすべてを集めることはできないので、もし彼が関連性のある阻却可能性を特定することにそれなりに有能であるべきなら、一見して最も有効な情報をどこで探したらいいかをある程度知っていなければならない。すなわち、入力要請を満たすための必要条件は、何らかの経験的な探究選択能力をもつことだ。行為者は何らかの演繹的な探究選択能力をもたなければならない、と私は論じた。行為者とみなされうる者であっても、演繹的な作業をランダムに選んでいれば、自分の認知的資源を浪費して演繹能力を麻痺させ、その結果、実際は行為者ではなくなってしまうだろう。さらに、人間の二重記憶構造のようなものをもつ行為者は、「冷たい貯蔵庫」から作動記憶へと、どの項目を選んで再生するのが最も有益なのかを判断する何らかの能力をもっていなければならない、ということも私は論じた。さもないと同じように麻痺してしまう、と。したがって、阻却可能性を特定するためにわれわれに要求される経験的な探究選択能力は、アド・ホックなものではなく、適切な探究を選択する基本的能力の特殊事例なのである。合理性には、少なくともそのような能力のある部分が必要とされる。つまり、発見法音痴の愚か者は行為者たりえない。

ある存在者が行為者の資格を得るためには何らかの演繹的推論能力をもたなければならないと論ずることはできるし、私もそう論じた。しかしながら、人間が典型的に持つ一群の非演繹的推論能力をすべて備えていることは、少なくとも、合理的な行為者であることの中核をなすとは思えない（もっとも、そのような能力の一部はやはり、ホモ・サピエンスについての単なる低レベルの経験的一般化以上のものだとは思われるが）。すなわち、――演繹的能力ではなく――帰納的能力には欠けるが、それでもなお信念と欲求のシステムだと認めてよいものを、あるいは少なくともそのような認知システムの境界事例だと思われるものをもっているような、さまざまな種類の愚かな存在をわれわれは理解できる。たとえば携帯用のビデオゲーム機は、せいぜいのところ、退化した行為者の特殊事例にすぎない。すなわち、それは道徳的権利や責任をもっていないし、外界との「経験的な」接触は直接的なキー入力以上のものではない。それにもかかわらずわれわれは、そのゲーム機が〈勝つ〉という主な目的をもっており、少なくとも現在のゲーム状態についての内部表象や、長期的ならびに短期的戦略、等々をもっていると仮定することで、そのゲーム機の行動を理解し予測するのである。(4)

ここまで私が論じてきた主な論点は以下である。

1. 普通の人間は非演繹的能力の規範的基準に従う。とくに、彼らは、自分の主張に対して一見して関連のある阻却可能性をある程度排除しなければ、過失の責任を問われ、非難を受ける。

2. 事実上、興味を引くどのタイプの言語共同体の語用論の中にも、そのような特別理由要請が含まれている、ということには「超越論的根拠」がある。

3. さらに、いかなる有限な存在者も、ある種の非演繹的能力、とくに、一見して有益な演繹的作業を選択する際にカギとなる発見的能力をもっていないなら、どんなタイプの合理的行為者とも見なされない（そして、大規模な二重記憶をもつ行為者の場合は、それに応じて限定的検索を行う再生能力が必要となる）。

4. それに加えて、われわれの常識認知心理学の一部には、普通の大人の人間は非演繹的能力の完全な一式を実際にもっているという予想が含まれており、その能力には、一見して関連のあるいくつかの阻却可能性を特定する能力が含まれる。演繹的推論に関してと同じように、人は非演繹的推論に関する典型的な実行可能性順序の大まかな原則に従う、ということをわれわれは仮定している。

5. それにもかかわらず、特別理由要請を満たすことができない（が、たとえば最小の演繹能力をもつ）ものが、それでもなお信念・欲求システムをもっていると言っていいのかどうかは、用語の使い方の問題にすぎないように思われる。

7　探究の選択

認識論的行為者は、ある探究の方向が、現在のところ一見して有益な方向の一つであるかどうかをどうやって決定できるのだろうか——とくに、途中でその探究を成し遂げてしまうことなしに。無知の百科事典というのは、概念的にいくぶん厄介な企てのように思われる[5]。この「正常な予見視力」という問題は、プラトンが『メノン』に持ち込んだ探究のジレンマと同じような構造をもっている。「人は、自分の知っていることについても、自分の知らないことについても、探究を行えない。もし知っているのであれば探究の必要はないし、もし知らないのであれば探究できないからである。なぜなら、もし知らないのならば、彼は自分が探究すべき課題そのものを知らないのだから」(Plato 1937, p. 80)。後者の場合には、「もし欲していたものを見つけたならば、これが自分の知らなかったことだということをあなたは一体どうやって知るのか」。すなわち、われわれは、自分が知らないことを、ましてや自分が見出そうと務めるべきことを、それを知らないということによってそれをすでに知ってしまうことなく、いかにして知るのだろうか。この二つの問題に対する解答は、行為者はあらかじめ部分的な知識をもっているという仮説にあるように思われる。このパラドクスに対して『メノン』の残りの部分でプラトンが与えている答えは、彼の想起説である。すなわち、人が問いに対する正しい答を(少なくともアプリオリな知識に関して)認知できるのは、何が正しい答えなのかについての何らかの生得的な(「混乱した」)知識をすでにもっているからである。

同じように、人間の基礎的で有用な情報収集戦略の多くは、自然淘汰によってハード的に組み込まれているにすぎない。たとえば、階層構造をもった注意機構がすべての脊椎動物の視覚を支配している。人間の視野の構造そのものが、そのような戦略を実現している（たとえばCornsweet 1970を見よ）。視野の周辺部は、ものの細部よりも動きを検知する。網膜の中心にある小さな領域（中心窩）だけが、計算コストの高い高解像度の知覚過程を受けもつ。しかし、視覚系の反射によって、視野中心は周辺部によって検知された動きへとただちに振り向けられる。したがって、視覚系は、ある種の仕方で動くものの方がそうでないものよりも関心を引きやすい、という仮定を具体化しているのだ。同じような原理は、大きな音のする方向にわれわれの注意を向けさせる「驚愕反射」においても明らかである。一般に、知覚系は変化を検知するように調整されている。非常に広い意味で考えた場合の「退屈」は、究極的な情報選択戦略である。もちろんそのような生得的な方法は、最も重要な情報を常にうまく集められるわけではない（それらは、ある程度は、進化の途上で過去に現れた認知能力の化石である）が、しかしその戦略は、上で述べた最小の能力にとって完全なものである必要はない。当てずっぽうのギャンブルよりはましな、経験に基づく推測で十分なのである。この生得的な情報選択手順は、学習されたルーチン（「注意の訓練」）と意識的決定から成る幾重もの層によって補完できる。たとえば、一億ドル規模の素粒子物理学の研究プロジェクトのうちどれが最も資金を出すに値するか、を現在の知識に照らして決定する場合のように。

そのような決定自体が、多かれ少なかれ行うに値する探究を含んでいるので、発見法的決定が無限後退する恐れがある。ここで重要なのは、進化による生得性という先ほどのありそうな仮説によれば、いくつかの基本戦略が生まれながらに組み込まれているという仮定のおかげでそのような無限後退が止まる、という点である。この仮説はまた、阻却可能性を排除する個々の手順がいかに実行可能でありうるのかを、別の観点で説明してくれるようにも思われる。すなわち、どんな主張であっても、それに対する無限個の阻却可能性を実際に考慮できる行為者はいないし、ましてやその後で、関連性のない無限個の阻却可能性を次の吟味から排除することなど誰にもできない。先の議論は、通常はこれらの可能性のほとんどを考えてみることさえしないような具合に、まさに進化がわれわれの発見法的な予備的処理手順を構成した、ということを示唆している。われわれは、それらの関連性のなさを、文字通り何も考えずにあたりまえのこととして受け入れているのだ。[6] そのような生得性の仮説は、人間の幼児が経験的な知識獲得の経歴を開始する時にどのようにしてブートストラップ問題[3]を回避しているのか、ということを説明する際の手助けにもなる。初期状態が「タブラ・ラサ」であるような認識論的行為者は、阻却可能性に対して「関連性フィルタ」を用いることによってのみ、健全な（批判不可能な）経験的信念を獲得できるだろうが、しかし開始時には必要な背景的信念がまったくないわけだから、このフィルタは作動しえないだろう。反対に、適切な装備を生得的に備えた新生児は、関連性フィルタにかけるのに必要な臨界量の背景的信念を獲得するまで、信念を蓄積していくことができる。

8　破綻

阻却可能性を排除する手順の構造の記述には、それが及ぶ範囲の画定も含まれていなければならない。まず始めに、オースティンの特別理由要請は――当初そう意図されていたと思われる通りに――知識に対する伝統的なデカルト的阻却可能性のいくつかですら本当にうまく排除できるのかどうか、という大きな問題を一瞥しておこう。たとえば、独立に存在する外界についての経験とまったく区別できないような幻覚を自分はずっと持たされているのかもしれない、という懐疑論的可能性を考慮から排除するのに十分なほどの背景的信念を、どんな行為者であれもつことができるのだろうか。もちろん、われわれの背景的仮定のシステムは普通、そのような幻覚など到底ありそうもないという結論を導くだけの前提を含んでいる。しかしそうなると、これらの背景的信念自体が第二階の懐疑的疑念に晒されることはまったくないのだろうか、という疑問が生じうる。

必要とされる阻却可能性排除に対するおなじみの底なしの無限後退は、ここで再び、ほとんどの重要な知識主張を批判の餌食としてしまう可能性がある。先に論じたようなハード的に組み込まれたわれわれの知覚戦略などは、阻却可能性排除の手順の無限後退を実際に考慮することに事実上、終止符を打ってくれる。しかしそのこと自体は、それらの戦略が異議申し立ての無限後退を終わらせるべきだということを示すものではない。というのも、その場合、人は母なる自然を証人として尋問することができるからだ。なぜ彼女はいつも正しくなければならないのか。すなわち、なぜ進化によって選択された可能性排除は、単に情報処理や地球上での生存にとって効率がいいというだけではなく、正しいと保証されるべきなのか（たとえば、そもそもなぜそれは、真理を生み出す可能性がより高いものであるべきなのか）。（自然化された認識論から導出された規範的結論に関する疑念については、さらに第六章を見よ。）ヒュームが、懐疑論的な疑いを無視することは人間の本性の一部であると指摘したとき、彼は、それによって自分が懐疑論の誤りを証明したのだという結論を下したわけではない。

もちろん、古典的な日常言語学派の哲学、とくにオースティンは、過度の保守主義として長い間非難されてきた。オースティン（Austin 1979）は、現実こそが理想だということ、また、夢と覚醒を区別するための「確立した」「公認の」手順は常に十分なものに違いないということを、当然のことみなしている（pp. 87, 112, 182 邦訳一二四頁、一六七頁、二八九〜二九〇頁を見よ）。しかし、科学の進歩に焦点を当てているプラグマティズムとその継承者たちでさえ、阻却可能性の評価に関わる背景的仮定の認識論的な地位については、同様の難問を抱えているだろう。

パースの反デカルト的可謬主義は、理にかなった異議申し立てを免れるような信念はないと主張している。しかしそのような見解は、カルナップ（Carnap 1956）やクーン（Kuhn 1970）の洞察——すべての仮定が同等であるわけではなく、実際は、基本的枠組みとなる原理の方が、小規模の「内部の」科学理論より、「合理的に」拒絶するのが難しいように思われる——と合致しないように思われる。たとえば、信念の網の中にあるどの言明も拒絶されうる、とクワインが主張するとき、彼のメタファーを逆手にとって、ノイラートの船の水面下にある板を剝ぎ取ることなんてできるのだろうか、と思うのは自然である。われわれが今乗っている船という視点からすれば、どんな論証にも使わねばならないほど基礎的な諸原理をいかに徐々にではあれ拒絶する、などという事態をわれわれはどうやって整合的に思い描くことができるだろうか。（同様に、そもそも個体発生や科学の発展の途上で、最初にどのようにしてそうした板が合理的に獲得されうるのだろうか。）パースやクワインの認識論は、もっとも重要なタイプの科学の進歩、すなわち基本的な「標準的手順」の根本的改定――ゲームをプレイすることではなく、それを考案すること――をうまく説明してくれない。最終的にはクワインは、概念システムの中心的要素――それは、阻却可能性を排除する装置の主要部分を含むだろう――に関しては、オースティンとほぼ同じぐらい保守的にならざるをえなかったように思われる。

さらに、阻却可能性を評価する手順は、関連する背景的信念の集合が限定されればされるほど、とりわけて優柔不断になるように思われる。とくに、状況が先例のないものだと思われるほど、行為者は、さまざまな可能性をありそうもないこととして排除するのに二の足を踏まざるをえなくなる。デカルト的懐疑論は断固として脇に置くとしても、最先端の探究には、そのような〈何でもあり〉という条件が本来備わっているのだ。（それどころか、そのような探究はこの点で邪魔されているのにそもそもどうやってうまく先に進むことができるのか、という難問には説明が必要である。）こうした何の制限もない文脈というのは、新奇な科学的研究に特殊なものであるわけではない。どの子供の認知的発達にも、似たようなタイプの知識の最先端部が含まれており、そこでは、新しい領域についての不完全な習得のせいで予測不可能性が生じざるをえないのである。これらの領域においては、何が「理にかなった配慮」であるのかを明確に定義することはできない。そのような「薄暗がり」のケースに属するもうひとつの重要なグループは、新しい科学技術が公共政策に与える衝撃の評価に関わるものである。例えば、環境中の発癌物質や原子力発電所や核兵器から生ずる先例のない結果がもたらすリスクをどのレベルまでなら受け入れていいいか、ということを決定する際には、公式の災害シナリオのどれを見直すべきか、ということが現在も未決着の多くの論争の種となっている。（伝えられたところによると、最近、米国空軍のある少佐が、地下格納庫でのミサイル発射訓練の際に「もし私が発射命令を受けたら、それが本当だということをどうやって確信したらいいのですか」と質問したせいで、除隊になったということである（*Mother Jones Magazine*, Sept./Oct. 1982, 10）。）それゆえ、どの特定の瞬間においても、行為者の有限な知識という必然的に不完全な状態によって、阻却可能性排除の手順が制限されるのは避けがたいことなのである。

本章で私は、われわれの経験的な知識収集システム全体のうちの一部、すなわち、知識主張に対する阻却可能性が対処されるべきものであるのか否かを決定する手順について、そのスケッチを与えた。阻却可能性を考慮するための特別理由要請は、最小合理性の構造をもっている。すなわち、すべてではなく、いくつかの可能性が排除されなければならない。特別理由要請は、プラグマティストおよびネオ・プラグマティストの反デカルト主義の中に見いだすことができる。また、この要請は、行為一般に対する理にかなってはいるが完全ではない配慮の法律的基準と非常によく似ていることがわかる。歴史の中や複数の文化にまたがって証拠が存在するということは、この要請が一種の社会的な普遍であって、英米の伝統の特異性にすぎないようなものではないことを示唆している。そして実際、条件法的な「超越論的」根拠をそれに与えてやることができる。すなわち、いくつかの反懐疑論的な前提が与えられたなら、興味を引くような言語使用にとっては、徹底的寛容やデカルト的完全主義よりも特別理由要請の方が不可欠のものだと思われるのである。

心理主義的な定式化や絶対的な定式化の難点を避けるためには、この要請は少なくとも「行為者は、自分の現在の信念にてらして深刻と判断される阻却可能性のすべてではなく、そのいくつかに対して責任をもつ」のように述べられねばならない。これに加え、背景的信念の決定的な役割のおかげで、最小の「入力」要請がある。すなわち、行為者は、阻却可能性の評価に関連する信念のうちいくつかを獲得する責任がある。無限後退なしにこの入力要請を満たすには、少なくとも行為者自身がいくつかの生得的な探究選択戦略をもっていなければならない。最後に、特別理由要請は見慣れた領域ではうまく機能すると期待されるが、行為者の知識システムに最先端部がある限り、破綻は避けられない。すなわち、破綻は端的に避けられないのである。

第六章　知識の限界

この最終章では、たとえば外界が存在するという信念についての懐疑論をめぐる知識論の伝統的な問題に目を向ける。この問題の扱いにくさも含めてさまざまな理由から、何人かの哲学者たち、とりわけクワインは、知識論の方向転換、すなわち認識論の「自然化」を提案している。そのような自然化された認識論は、完全な経験的認知科学の基本要素だと考えられている。自然化された認識論は、外界が存在することをわれわれは知っている、ということを当然のこととみなし、われわれの実際の知識収集の手順――たとえば、主体の感覚履歴と彼が構成する概念図式全体との間の入出力関係――を調べる（Quine 1969a を見よ）。そのような記述的な企てが価値あるものであることは疑いない（実際、前章での作業はその種のことであった）。問題は、〈自然化された認識論は、われわれの知識収集という実践の適切性に向けられた伝統的な挑戦を首尾一貫した仕方で退けることができるか〉ということだ。私は、認識論の自然化というプログラムは事実上、一種の二律背反を含意すると論じるつもりである。すなわち、それが伝統的懐疑論を無効にするまさにそのときに、それは、経験的知識には哲学的に重要な限界があるという新たな結論に根拠を与えることになる。まったくありそうにないほどに扱いやすい可能世界を除くすべての可能世界において、われわれの知識はこのように限界をもつだろう。

この緊張の兆候は、実在は「理想的理論」とどれくらいうまく合致するのか、という哲学的問いを排除しようとする初期の試みの中に現れている。たとえば、この問いを定義によって直接に消し去ってしまおうというパースの古典的試みは、「探究を行うすべての人が最終的に同意せざるをえない意見が、真理という語でわれわれが意味するものである」(Peirce 1932, 5. 407) というものだ。しかし、そのわずか二ページ前でパースは、彼自身による真理の定義が一見排除しているように思われる〈心に依存しない実在〉という概念も是認している。「われわれは実在を、人が実在の特徴をどう考えようとそれに依存しない特徴を持つもの、と定義してもよい」(Peirce 5. 405)。もし真理が心に依存しているならば、つまり、もし「誰であれ、十分な経験を持ち、その経験に関して十分な推論を行うなら唯一の真なる結論に導かれる」(Peirce 5. 384) のならば、パースはいかにして実在を、あれほどに心に依存しないものに――「われわれの意見にまったく依存しないもの」に――できるのだろうか。実在についての主観的概念と客観的概念の区別をここで十分明確にする必要は依然としてあるのだが、パトナム (Putnam 1978, 1981) による（「形而上学的」実在論と対立する）「内在的」実在論を支持する最近の論証と、内在的実在論は実際には完全に反実在論的なものであるわけではないという彼の額面通りにはとれない示唆との間に、同じような葛藤の兆候が見られるのは興味深い。

私はこれから知識の制限について述べようと思うが、そうした知識の制限には次のような哲学的含意がある。それは、検証主義は哲学における自分の主要な役割の一つ――すなわち、懐疑論を認知的に無意味なものとすることによって、〈現われ appearance〉（われわれが今持っている理論、または理想的な理論）と〈心に依存しない実在〉との間の区別を消去するという役割――を果たしそこなっている、ということである。しかしながら、その失敗にもかかわらず、ある穏健な検証主義を避けるのはきわめて難しい。われわれは、その穏健な検証主義へとわれわれを向かわせる圧力を認めないわけにはいかない。当面の目的のためには、検証主義を、以下の形の検証原理と同じものと見ることができる。「命題pが認知的に有意味であるならば、pを確証または反確証（disconfirm）することは論理的に可能である」。ここで「認知的に有意味である」とは、「真または偽でありうる」ということを意味する（例えば、Schlick 1959a を見よ）。

1　ノイラートの船

ポスト論理実証主義時代の始まりにおけるクワインの以下の論証から始めよう。

われわれは、「自らの概念図式」から離れて、それを概念化されていない実在と客観的に比較することはできない。それゆえ、ある概念図式の、実在の鏡としての絶対的な正しさを問うことは無意味だ、と私は言いたい。（Quine 1961b, p. 79, 邦訳一一七頁）

もちろん、この「ノイラートの船」の論証は、一〇年後の『ことばと対象』の中でも、「そのような宇宙からの亡命はない」という同じ前提とともに、同じ結論で繰り返し現れる（Quine 1960, p. 275, 邦訳四五八～四五九頁）。そしてそのさらに二〇年後クワインは、『理論と物 *Theories and Things*』において、同じ仕方で同じ結論を導いている。すなわち、「消失するのは、外界の実在性についての超越論的な問い、すなわち、われわれの科学は〈物自体 Ding an sich〉にたどりつけるのか否か、あるいはどの程度までたどりつけるか、という問いである」（Quine 1981, p. 22）。クワインの議論は非常に強い。つまり、われわれは、自分たちの現在の理論全体の正しさについては問うことができないし、パース流の理想的な理論についてはなおさらである。クワインは、われわれの現在の理論を誤りうる不完全なものとみなすことさえできない、という極端な見解にコミットしているのだろうか。もちろんクワインは、その反対のことを主張していることでも同様によく知られている。例えば、この節の最初に引用した箇所に先立つ数行で、彼はこう書いている。「われわれは、自分たちの概念図式を……支えとしてそれに頼り続けながら、少しずつ……改良していくことができる」。しかしながら、パースの場合と同じく、これら二つのクワインの見解の間には緊張があるように思われる。すなわち、私がこれから論証するのは、認識論を自然化するというクワインのプログラムや、翻訳における慈善についての説明は、われわれの現在の概念図式の中に少なくとも大規模な間違いやギャップが存在する可能性をクワインが排除しているという事例に事実上なっている、ということである。

さらに私が論証しようと思うのは、検証主義の認識論的な理想化でさえも、われわれの理論全体の最も基本的な要素の一つ、すなわち、自然における人間の位置についてのわれわれの描像と衝突するということである。科学的世界観には、パース的な、アメリカの認識論的楽観主義――「自然が探究者のすべてを常に（すなわち永遠に）欺くことはありえない」（探究という自由市場における思想の競争は、人間の知識の無際限な完全化可能性を生み出すはずだ、等々）――という世俗的な信条と対立する、まだ比較的に明確にされていない考えが含まれている。楽観主義と対立するこの見解は、科学の方法論がすべての真理を保証するということに対する疑念である。そしてそれは単に、この真理が近似的なものでしかありえないという主張ではない。人間が宇宙についての完全でかつ全面的に正しい理論をもつことができる、などというのは極めてありそうもないという主張なのである。科学は真理の最終的な裁定者なのかもしれないし、科学の成功は科学自身によって説明がつくのかもしれない（例えば、成熟した理論がなぜ収束するのかは知覚に関する実在論的因果説によって説明できる、とリチャード・ボイドが提案しているように）。しかし科学は、この成功の限界をも示唆しているのである。

実際、われわれの世界観は、上述の科学主義的でパース的な楽観主義と、それと対立する悲観主義の決まり文句との両方を含んでいるという点で、分裂病的であるように思われる。それゆえ、以下で示すような知識の限界についての基本的な考えは新しいものではない。例えば、以下の第一番目の論証の変形ヴァージョンは、少なくとも進化論と同じぐらい古いもののように思われる。この論証の構成要素のいくつかは、ベルクソンの『創造的進化』(Bergson 1911) に出てくる。「Ignoramus et ignorabimus」（いくつかの科学的問題については、「われわれは無知であり、今後も無知のままだろう」）というデュ・ボア＝レイモン (Du Bois-Reymond 1872) の主張は、ヒルベルトの有名な論文「数学の問題」(Hilbert 1935) の中で退けられている(もちろん、それに続く不完全性についての結果は、数学的知識に関するヒルベルトの楽観主義を抑えることになった)。

2　オッカムのかみそり

私の二つの論証は、自然化された認識論が最終的には自分自身の足元を切り崩すものであることを示すという意味で、一種の認知的な柔術の試みとみなすことができる。その二つの論証は、科学的な世界観の一部でもある「存在の大いなる連鎖」の見地から力を得ている。自然主義の立場から見ると、われわれよりも原始的な有機体たちにはある階層構造があることがわかる。相対的な意味での全知というわれわれの位置からすれば、ハエがハエ取り壺のことを決して理解できず、猫がカナリアの声の録音を理解できないといったことを、われわれは系統発生的な尺度において知っている。われわれ自身の種の内部においてさえも、認知能力のレベルの連鎖は、子供の個体発生的発達や比較文化人類学の理論、さらにわれわれ自身の科学の歴史の中へと続いている。そこで、この「下を眺める」視点から逆に推測すれば、われわれにも手に負えない難問があるかもしれないという考えに至るのは自然なことである。われわれはプラトンの洞窟から出ることができないのだ。

知識に限界があることを示す一つ目の論証は、われわれの概念図式は方法論的原理、とりわけ「オッカムのかみそり」を用いた結果だ、というものである。しかし、最も単純な――あるいは最も自然な、本当らしい、エレガントな、あるいは有用な――理論だとわれわれが判断するものが常に正しい理論だというわけではなさそうだ，とわれわれにも思われる。これは，世界が実際に客観的に単純だと期待することにほんのわずかでもまともな理由があるかどうか――例えば，オッカムのかみそりが非循環的な仕方で正当化されうるかどうか――ということに関する単なる憶測を超えた問題である。例えば，ドナルド・キャンベルは（そしてクワインでさえも），われわれの中には特定の知覚的・認知的偏向が自然選択によって組み込まれていると指摘している（Campbell 1974 を見よ。また，類似性に関するわれわれの生得的感覚に関しては Quine 1969b を見よ）。しかし，なぜ生得的なものが，種の生存にとって有効だとか，種の生存に繋がりやすいとかではなくて，真でなければならないのか。というのも，世界がいかなる意味で「客観的に単純」であろうとなかろうと，他の条件が同じなら，単純さを選ばない限り有限な心はついには無意味な複雑さに押しつぶされてしまうだろうという「主観的な」理由から，われわれはより単純な理論を受け入れなければならないからである。

一方で，生物学や心理学や人類学などが示唆しているところによると，われわれの認知道具一式は，バナナやライオンのような中間的な大きさの対象からなる，地球上の狩猟採集者の特定の環境に合うように進化によって設計されたのである。他方，物理学では，慣例によって研究対象を大きさによって三つの領域に分けている。一つ目は，今述べた，人間が日常的に経験し，補助器具なしの感覚器官で捉えることのできる，中間的な大きさの領域である。この領域では，ユークリッド幾何学と古典力学がうまく当てはまる。二つ目は，惑星や恒星や銀河，あるいは全宇宙といった最も大きな対象からなる，天体物理学・宇宙論の領域である。ここでは，重力が支配的な力であり，非ユークリッド幾何学と一般相対性理論が最もうまく当てはまる。三つ目の領域は，ミクロ物理学の領域であり，きわめて短い時間間隔において研究される微粒子の領域である。ここでは、核力が支配しており、因果性の非古典的モデルを持つ量子力学が最もうまく当てはまる。大きさの他にも、温度、物質の密度、宇宙の年齢、出来事の持続時間など多くの次元があり、これらの次元に関してもわれわれは、大きさの場合と同じく両方向へと伸縮させて考えることができる。これらの次元に関しては自然の斉一性や均質性はあまり厳格には成り立たないようだ、ということを、われわれは科学の統一性に疑いを持つことなく理解できる。

この『サイエンティフィック・アメリカン』的な観点からすると（例えば、Morrison and Morrison 1981 を見よ）、宇宙は入れ子状の構造をもっているように見える。すなわち、われわれは、これらの尺度の多くを伸び縮みさせることができるように思われる。それゆえ、宇宙は多様性の点で実質的に無制限だという宇宙論的仮説の妥当性は、少なくとも、興味深い仕方で経験的探究に開かれた問題である。通常の人間の地球環境は、多くの点でここでいう中間領域に含まれる。もちろん、われわれの科学と文化の歴史は、理論と道具の技術が発展するにつれ、自分たちの探究が、本来の中間的な大きさの領域から例えば天体物理学やミクロ物理学のような明らかに異なる領域へと、われわれをどんどん遠くへ連れ出しつつあるということを示している。こうしたことがあまりに急速に起こっているため、自然選択は、いかなる点でもわれわれの認知能力を事前調整された状態に保っておくことができない。それゆえわれわれは、よく知っている領域を修得すると、次には果てしなくつながる見知らぬ領域に相対するという、ギリシャ神話のシジフォス以上の酷い状況に直面しているのだ。

われわれの知性は、自分たちが遭遇しうるあらゆる問題にとって必ず十分なものでなければならないのだろうか。われわれの心や脳が柔軟性と順応性の点で限界がない、というのは疑わしい信仰箇条であるように思われる。自然選択は、与えられた環境で効率が最大になるように設計――過剰な設計――を行うように思われる（認知的な設計ではなく知覚的な設計に関して、理論的限界にかなり近い二つの事例。人間の聴覚は、水素分子の直径の一〇〇分の一以下の鼓膜の動きを感受する。網膜の個々の受容器は、わずか六個ほどの光子に反応できる。その古典的な実験の論評については、それぞれGreen 1976およびCornsweet 1970を見よ）。限界がないように見える宇宙の多様性と複雑性のあらゆる局面に調整された認知システムが存在しうる、などというのは決して明らかなことではない。しかしたとえそれが存在しえたとしても、一つの種の心をそのように作り上げるのは優れた設計とは思われないだろう。なぜなら進化圧は、地球環境でのみ効率が最大になるように条件との折り合いをつけ、それゆえ、地球環境だけに限定して事前調整を行うからである。

したがって、自然化された認識論は、われわれの知識収集という実践の適切性に関する古典的な正当化問題を脇に置くことで始まり、まったくありそうにないほど均質で扱いやすい可能世界を除くすべての可能世界においてわれわれの知識には深刻な限界があるのではないか、という新たな疑いの根拠を与えることで終わるのである。実際、科学的受容可能性についてのわれわれの主観的な規準があらゆる点で宇宙の客観的な特徴に合致することになったら、それは奇妙な偶然であろう。われわれの呼吸能力が山頂や海底で役に立たないのと同じように、なぜわれわれの認知能力が、あらゆる領域に対して十分なものであるべきなのか。一〇〇億人のホモ・サピエンスが間違っていることはありうる。あるいは、今までどれだけ多くのヒト科の生物が生きていても同じことである。われわれがある仮説を必要としないという事実から、われわれは、その仮説が偽であることについて一体何を結論すべきなのか。反対に、もし神が存在しなかったとしてもわれわれは神を措定しなければならなかったであろうということを知ることで、有神論者が増えるわけではない。

3　有限性の苦境

この最初の論証の結論は、全面的に正しくかつ完全な理論をわれわれが持っていることはありそうにないということである。われわれは、生得的な認知的偏向のゆえに、虚偽を受け入れたり真理を拒絶したりすることがある。二番目の論証の結論は、興味を起こさせる真なる理論（単なる網羅的枚挙などではない理論）のいくつかは、多分、われわれにはあまりに複雑すぎて理解できず、読み通すことすらできないであろうから、われわれは完全な理論を持つことができないかもしれない、ということである。簡単に言えば、この論証の出発点は人間の条件の最も基本的な側面の一つにあり、それは、われわれの認知的資源には確定した有限の限界がある、という有限性の苦境にわれわれは立たされているということである。もしこのテーゼが自然化された認識論を含む完全な認知科学の一部であるならば、このテーゼは、有用性の（適度な）最大化に関する何らかの原理とともに、認知科学の最も基本的な法則であるに違いない。それと対照的に、われわれの世界観は、無限に大きな多様性と複雑さをもった宇宙というものをわれわれに提示しているように思われる。そもそも宇宙についての理論が有限な仕方で公理化できるということさえ、今はとくにもっともらしいとは思われないし、長さが五マイルになるような文を使うことなくホモ・サピエンスに理解できる形で公理化できるかということになると、なおさらである。

さらに、たとえ宇宙のあらゆる基本法則が有限な仕方で表現できるとしても、この究極的な信念の網は、基本的な情報処理の制約のために、物理的に実現可能などんな行為者によっても扱うことができないかもしれない。信念や欲求などの全体論的な相互依存関係のために、認知システムはある下限のサイズを超えるものでなければならない、というのは今ではよく知られている。それに加え、私の考えでは、計算量理論の分野での最近の研究は、知識表現にはもう一つの「臨界量」、すなわちそれを超えると信念システムが事実上分裂してしまうような上限サイズのしきい値があるかもしれない、という可能性を提起している。一つの表現が認識的行為者によって理解されていると言えるためには、その行為者は、信念集合の要素間の相互関係を十分な量（もちろん、そのすべてである必要はないが）知覚できなければならない。そうでないと行為者は、生じてくる不整合のうちの十分な量を確定して排除したり、興味深い帰結のうちの十分な量を認識したり、等々することができないだろう。しかし、「心の辞書・百科事典」が大きくなるにつれ、そこに出てくる文や理論の目録を作ったり相互参照を行っても、単なる検索でさえどんどん困難になる。とくに、要素間の可能な組み合わせの数は指数関数的に爆発する。計算量理論は、この計算コストの大部分が不可避的なものであることを示唆している。すなわち、多くのタイプのきわめて単純な論理的処理（例えば、単なる単項述語計算の文の妥当性の決定）が、手に負えないものとなる。深刻な組み合わせ爆発を常に避けうるようなアルゴリズムは存在しないのだ。

〈手に負えない〉という結果の範囲から、今度は、ある有限のサイズの知識システムが粉々に壊れるほど――ひょっとすると、素早いがいいかげんな発見法によってさえ扱えないほど――計算論的に扱いにくいものとなることもあるのかどうか、ということが懸念されるようになる。科学者共同体における認知的分業の発達、その不可避性、そのコストに関するおなじみの不平不満が、この憶測を裏づけている。数百年前は、一人の個人が興味深い科学的知識のすべてを所有することができた。今日では、専門化がはるかに細かくなっている。われわれは、経済成長と同様に、科学の成長にも限界があることを心配している（Price 1961, chap. 5 および Bar-Hillel 1964 を見よ）。例えば、あまりに複雑すぎて、われわれや専門家集団がうまく表現できないような、すなわち、理解できるほど十分に「まとめる」ことができないような可能世界があるように思われる。われわれが実際に目にする有害な区画化は、われわれの世界がそのような世界であることの兆候なのかもしれない。可能だとされる知識の範囲と深さは、理想的な理論だろうが、そのパース的な近似物にすぎないものだろうが、扱いうると同時に完全である世界観にとっては本来大きすぎるのかもしれない。というのは、宇宙は、たんに人間にとって無情なまでに複雑であるだけでなく、例えば、半径二〇〇億光年・年齢二〇〇億年の宇宙を占める理想のコンピュータといった物理的に実現可能などんな存在にとっても「超越論的な意味で」扱いえないからである。先に述べた〈手に負えなさ〉の結果は、まさにこのように普遍的に妥当する。それゆえ、コンピュータによって人間の心を増強しても、あまり手助けにはならないはずである。

したがって、「存在するとはわれわれにとって理解可能であるということだ」というのは人間中心的な見方であって、それは正しくもないし、われわれの助けにもならないように思われる。人間はこの意味で万物の尺度に違いない、と想定するのは希望的観測なのである。すなわち、上述の知識の限界を退けるためには、ある特定のタイプの宇宙論が必要である。それは、人間と宇宙との予定調和を保証するような宇宙論である。もし仮にあらゆる領域において、興味深い真なる理論のいかなるものも、またそれらすべてを併せたものも、期せずしてわれわれに利用可能でありかつ理解可能であるほどに単純だとしたら、それはかなり説明を要する特殊な偶然の一致であろう。

4 翻 訳

いま述べた〈オッカムのかみそり〉論証と〈有限性の苦境〉論証は、自然な疑問から始まるものであり、同様の結論を持つ論証は他にもある。それゆえ一つの緊張が生じる。すなわち、われわれの世界観は一種の二律背反を含んでいる。われわれの世界観は、それ自体や、それを現在妥当と思われる仕方で拡張したものが、あらゆる点で正しくかつ完全であるなどということはありそうにない、ということを含意している。そしてわれわれは、この世界観が「私はお前が持っている唯一の図式である」とわれわれに告げているのだ、という点でクワインとノイラートに同意することができる。つまり、われわれは現在もっている概念図式を捨て去ることはできないし、そうすべきではない。しかし、われわれの概念図式が不可欠のものだからといって、それが真となるわけではない。概念図式はどのような基準によって判定されうるのか？ ――それ自身によってである。たとえ哲学は「……目的や方法という本質的な点において、良き科学や悪しき科学から区別することはできない」(Quine 1960, pp. 3-4, 邦訳五頁) ということを認めたとしても、それによってクワインが、概念図式全体の正しさの問題から (あるいはもちろん、完全性の問題から) 逃れられるわけではない。なぜなら、われわれの概念図式それ自身が、「知られている」(そして、知られうる) 世界は現実世界の全体ではない、ということを示唆しているからである。しかし、われわれは、自分自身を麻痺状態に追い込むようなデカルトの全面的懐疑で終わるわけではない。したがって、クワインの〈ノイラートの船〉[1]の結論は強すぎるように思われる。この意味では、現実的なものは理想的なものである必要はないのだ。

現在の概念図式に対する改良はもちろん、それ以上にその代替となる図式を想像する際に生ずる同様の困難が、翻訳に関するクワインの説明には満ちている。クワインは、〈ノイラートの船〉の論証を支持してきたその同じ数十年間に、次のような主張をしている。ある言語がわれわれ自身の言語と根本的に異なっていると主張することは、

翻訳がすんなりとはいかないと主張することでしかない。……最も奇異な言語行動に関する真理のすべては、動物学の他の章とまったく同様に、現在の西洋的な概念図式においてわれわれに接近可能である。障害は、異文化間における語や句の対応関係、したがって理論の対応関係はいずれも、経験的に許容できる様々な対応関係の一つにすぎないだろう、ということにとどまる……。(Quine 1969c, p. 25)[2]

したがってクワインは、たとえばラッセルのパラドクスによって集合論に生じたような、概念の真の修正にはもちろん気づいているが、それに反するかのように、概念の違いは決して発話の再解釈や翻訳の不確定性の問題を超えるものではない、とも主張している。概念の変化についてのこうした閉所恐怖症的な見通し——唯一可能なニュースはニュースがないことだ、という見通し——は、翻訳者が解釈しようとする図式の所有者についてのクワインの記述によって明るくなるわけではない。翻訳者が向かい合うのは自分と同等の人たちか、そうでなければ不可避的に、「ジャングル言語」を話す「未開人」、「原住民」、「野蛮人」、「自然児」である。われわれの図式に対する代替の図式は、常にわれわれのものより幼稚な図式であり、決してより進んだ図式ではない。ここで再び示唆されているのは、われわれの現実の図式が最良の図式に違いないということである。

デイヴィドソンは、クワインの路線をさらに推し進めて、「われわれは、図式が異なっていると言いうるための理解可能な根拠を見出していない」[3]、とはっきり結論している。デイヴィドソンは一方で、「『言語間における』相互翻訳の失敗が、概念図式が異なっているための必要条件である」（p. 190）と論じているが、もう一方では、慈善の原理のために、われわれはほとんどの事柄に関して他人を間違っているとみなすことさえできない、と論じている（p. 197）。かくしてジレンマが生じる。すなわち、もし代替の概念図式とされるものが現在われわれに理解可能であるならば、それはわれわれ自身の概念図式の表記法を変えたものにすぎず、真の代替図式ではない。しかし、もしその図式がわれわれに理解可能でないとしても、それが無意味な音の列以上のものだということが示せたわけではない。われわれは、自分たちのものに対する代替図式という概念そのものを理解できないし、われわれのものより優れた図式となれば、なおさらである。

本章の主張からすれば、これは驚くべき結論である。とりわけ、「存在の大いなる連鎖」という観点からわれわれの有限な能力や単純性測定基準の主観的な基盤を見るならば、われわれの図式が唯一の——あるいは究極の——図式だというのは、決してありそうもないことだと思われる。

「素数」という概念をまだ習得していない六才の子供ならば、この強引なやり方で、大人が素数について語るのをただの雑音に違いないと言うこともできるし、実際まちがいなくそう言うだろう、という点に注意すべきである。それゆえ、デイヴィドソンのこの論証は間違っているに違いない。実際、この論証は、日常的な教育の多くが不可能だと宣言するものである。弱点の一つは、デイヴィドソン（およびクワイン）の慈善の原理の厳格さであるように思われる。例えば、それによれば、「基本的な方法論上の指針は……優れた解釈理論は［対象者と解釈者の］一致を最大化する、というところにある」。第一章第5節で確認したことだが、われわれは行為者が選好の完全な推移性を保存しないことを理解できるということについて、デイヴィドソンはそれを否定せざるをえないとさえ感じていた(4)。しかし、クワイン的な慈善に対して第四章で提起された疑問を繰り返すなら、フレーゲの『算術の基本法則』やクワインの『数理論理学』を再解釈して、彼らの集合論の公理が無矛盾なものとなるようにわれわれはすべきなのだろうか。

もしわれわれが、完全な慈善もしくはほぼ完全な慈善ではなく、穏当な慈善もしくは最小の慈善しか要求しないならば、ある真正の図式が、われわれの図式と大きく食い違っているだけでなく同時にわれわれに理解不可能なものであるかもしれない、ということを許容する余地があることになる。そして、このことはもはや謎ではない。なぜなら、その図式はわれわれのものとは異なっており、ひょっとするとわれわれのものより洗練されたものかもしれない、と考えることによってそれを説明できるからである。それゆえ、われわれが今もっている図式と、少なくともより優れた図式によって記述されるものとの間の乖離をわれわれは理解できるという意味で、デイヴィドソンに反し、〈現れappearance〉と実在の二元論というドグマが残るのである。(5)

5　検証主義

クワイン－ノイラートの論証を補強するための一つの重要な方法は、検証主義を用いるやり方である。それによれば、私の現在の図式の正しさに対する異議申し立ては、いかなる証拠もこの問題に関わりえないがゆえに、無意味である。しかし今や、検証可能性原理も同様に、哲学的に興味深い知識の限界を排除しえないように思われる。伝統的な懐疑論によれば、たとえば、心に依存しない実在が存在するということを信じる（または退ける）ためのまともな理由を、私は原理的にまったくもちえない。それゆえ「心に依存しない実在が存在する」という命題は検証可能でも反証可能でもないのだから、検証可能性原理に従えば、この命題は認知的に無意味である。しかし、クワインに対する先の反論の結論は、われわれは自分の概念図式が正しくない、あるいは完全ではないという証拠を少しは持っている、という内容なのだから、「実証的懐疑論」と呼べるかもしれない。

さらに重要なことに、その結論の決定的とも言える特徴は、自分の概念図式が正しくない、あるいは完全でないという証拠を今以上にもっている、ということを想像してみることができるということである。すなわち、概念図式に関するこの仮説について今以上に多くの確証を得ることは、論理的に可能である。普通の地球環境からどんどん探究を拡張していくにつれて、われわれが遭遇するかもしれない（それどころか、遭遇しそうに思われる）、もっと手に負えない領域をわれわれは想像することができる。そのような領域では、われわれの関心を引くようなうまくいく理論を構築できない、ということが分かるかもしれない。この行き詰まりが探究の理想的限界まで続くことはないかもしれない、と考えるべきどんな理由もわれわれは知らない。この袋小路のシナリオが長く続けば続くほど、すべては知りうるという仮説、あるいは、ここには知りうることがあるという仮説、すなわち、宇宙はあらゆる点で秩序正しいという仮説に対するわれわれの不信は、ますます正当化されることになるだろう。客観的規則性のうちの幾つかはわれわれに接近不可能だという説明と、この領域は単にもともと不規則なのだという説明との間で、われわれは選択を行わなければならないだろう。他の条件が同じならば、後者の説明は、先に議論したように、われわれの知性と宇宙との適合度についてのもっと満足のいかない――すなわち説明のつかない――前提を含意する。

少なくともある点で、先の〈オッカムのかみそり〉論証によって示唆された知識の不可能性は、問題を生じさせないほど十分に、伝統的懐疑論に近いかもしれない。およそ存在しうる全てのデータをもっている理想的な探究者でさえ、単純さと本当らしさに関する測定基準を必要とするように思われる。それゆえ、そのような探究者であってもなお、そうした偏向の源泉を原理的にでさえ排除できるだろうか、と問うことがあるだろう。しかし、〈有限性の苦境〉論証に対する一つの自然な答えは、主張されている不可知性は単に実際上の不可知性であり、したがって無視されるべきだ、というものである。すなわち、ある正しい巨大な理論を検証することは、現在は技術的に、あるいは物理的にさえ不可能かもしれないが、しかしなお論理的には可能である。したがって、この第二の知識の限界は「原理的な」限界ではなく、それゆえわれわれは、ここではまだ検証原理に対する反例――真ではあるが、興味深い意味で不可知の命題――を手にしてはいない。半世紀前にシュリック（Schlick 1959 a, b）は、いくらか注意深く、「検証」はこの強い意味で解釈されねばならないと述べている。そしてもちろん二〇世紀の始めにパースは、真なる命題と、理想的限界まで追求された探究の結果を同一とみなすよう強く主張した。

そのような仮定的な限界という概念の整合性を前提する場合、このことにとって問題となるのは、他の多くの理想化の場合と同様、探究者、彼の検証手順、および結果としての彼の理論全体を次第に理想化していくにしたがって、彼の神のような全知はますます現実の事例に適用できないものになってゆくということである。理想的な事例、もしくはそれに続く近似的に理想的な事例においては、われわれの現在の認知的な限界はそのままではないかもしれない、という事実は、有限の人間の探究者がおかれている苦境にとっては根本的に無関係である。例えば、将来いつの日かわれわれよりも知的な生き物が地表をうろつきまわる可能性は、進化論的にありえないわけではない。しかし、仮に火星人であれ何であれ、それが最終理論（場合によっては、その多くのヴァージョンの一つ）を含む完全な託宣なり閻魔帳なりを今日のわれわれのところにもってきたとしても、多分、われわれはその多くを理解することも、利用することもできないだろう。それどころか、そもそもどのようにしてわれわれはそれが理想の理論だと認識できるのだろうか。反実在論者の理想的理論は、実在論者の物自体と同じ認識論的役割を果たしているように思われる。理想的理論という作戦が認識的接近可能性に改善をもたらすとしても、それはごくわずかでしかない。したがって理想化論者の勝利は、まことに得るところの少ない勝利である。すなわち理想化は、われわれに似たいかなる状況に対しても懐疑的な結論を与えることになる。われわれが真理のすべてを知るのは不可能である。

それどころか、知識のこうした限界を示す論証は、人間だけでなく、有限の資源しかもたないいかなる生き物にも当てはまる——たとえ、それらが既知の宇宙のすべてを構成するものだとしても。探究者のより極端な理想化は、記憶と計算時間に特定の限界をもたないチューリング・マシンとしての行為者である。しかし、純粋に形式的な手順を用いるそのような探究者でさえもなお、停止問題のような、単純ではあるが絶対に非可解な演繹問題に直面する、ということを思い出すのは重要なことである。この意味で、パース的な理想的限界の到達不可能性は、少なくとも停止問題の非可解性と同じぐらい深刻であり哲学的に重要であるように思われる。（さらにもっと理想化された探究者なら、チューリング・マシンとは異なり、有限のサイズのアルゴリズムの実行に限定されていないかもしれない）。哲学は、例えば日常生活での不注意のために生ずる制限にはとくに関心をもたないかもしれないが（ただし、第五章を想起せよ）、高度に理想化された探究者にのみ関わるわけでもない。われわれは、われわれ自身のような、有限な認知的資源をもった現実の有機体の基本的な認識論的苦境という中間的な事例を扱わなければならない。これが、自然主義において最も異論の余地のない部分であるように思われる。

6　最小行為者

事実、完全な認識的行為者に反対する本章の議論は、標準的な意思決定理論のアイデアを受けたものほどには理想化されていない最小行為者についての哲学理論を構築する、という本書の一般的なプログラムの一部として考えることができる。典型的な理想化は、信念・欲求集合にとって適切な行為を選ぶための完全な能力を行為者が持っていることを要求する。それはさらに、事実上、信念集合からのいかなる演繹推論も行為者がなしうるということを要求する。われわれは、こうした行為者にとっては演繹科学の多くが取るに足らないものとなるだろうということを見た。したがって、これは、現実の人間の合理性についての単なる無害な近似というようなものではなく、まったく適用不可能な理想化であると思われたのである。

そして、演繹科学はもちろん経験科学に関しても、最小限に合理的な認識的行為者についてそれほど理想化されていない理論を展開するというこのプログラムは、本書の先立つ章ですでに議論された、最近の多くの研究の焦点となった二つの哲学外の領域と絡み合っている。その二つとは、一見して「非合理的な」人間の推論に関する心理学的研究と、コンピュータ科学における計算量理論である。「非合理性の心理学」は、日常の推論において形式的には正しくない発見法が驚くほど執拗かつ遍在的に用いられている、ということを明らかにしている。計算量理論は、文字通り宇宙全体を資源としてもつ理想的なコンピュータにさえもきわめて厳しい実行上の限界がある、ということを示している。

われわれは、いくつかの点で、実際問題としては、あたかもチャーチの決定不可能性定理が、トートロジーのテストまで含む形式的に正しい決定手続きにも当てはまるかのようだ、ということを見た。したがって、「素早いがいいかげんな」発見法は、計算論的な麻痺を避けつつも当て推量以上のことをするのには不可欠であるかもしれない。もちろん、そのような不完全なやり方は、理想的行為者にとって十分ではありえない。実証的懐疑論は、先の二つの領域とうまくかみ合っている。つまりその懐疑論は、それらから付加的な体系性と説明力を得ているのだ。というのも、それに反する傾向性、つまり、われわれの認知的な限界という「心理学的な現実」を理想化によって消し去ってしまおうという傾向性は、われわれは原理的にはすべてを知りうるという仮説が重要な意味において妥当とは思われない、ということを簡単に見えなくしてしまうからである。

実際、先の描像は、計算論的な宇宙においてそうした予期せざる知識の限界があるということを示唆することによって、それだけで、現れと実在の区別についての自覚を際立たせているように思われる。それは、われわれの知識収集活動から独立して存在する客観的な計算論的事実がある――例えば、ある巨大整数の素数性や、ある命題集合の真理関数的な無矛盾性といった事実がある――という実在論的な見解を後押しする。さらに、広範囲に渡る実行上の計算不可能性という描像は、原理的な論理的不可能性と「単なる」実行上の不可能性という伝統的な哲学的二分割を、三分割へと展開する動機を与える。実行上の不可能性は、ある場合には、現在の技術的な実現不可能性を含むだけかもしれないが、別の場合には、計算論的な〈手に負えなさ〉と同程度に回避困難な原理的な限界を含んでいるかもしれない。もしある作業の遂行が宇宙全体よりも大きな資源を要求しなければならないとするならば、たとえその作業の遂行が『原理的に』可能であることに変わりはないとしても――例えば、チューリング・マシンのように、潜在的に無限の記憶空間と計算時間をもったもっと理想的な探究者にとっては可能であるとしても――それは単なる工学的な障害ではなく、哲学的に重要な意味をもちうるのである。

7　カントの論証

知識の限界を示す先の論証は、「すべてを網羅し、なおかつ完全に正しい理論をわれわれはもちうる」という仮説が少なくとも経験的に反確証されうる、という結論を下す点で経験に基づくものである。このアプローチと、われわれはその仮説を理解することすらできない、と主張するもっと強力でアプリオリな論証とを簡単に比較するのは、やってみるだけの価値がある。カントの『純粋理性批判』の弁証論において「理性の観念」のアンチノミーが議論されている部分には（Kant 1929, bk. II, chap. 2）、人はあらゆることを知りうるだろうという仮説をわれわれは受け入れることができない、ということを示す論証の最も重要な論拠が含まれている。例えば、後の『プロレゴメナ』でカントはこう主張している。

われわれは、……すべての可能な経験を超えて、物自体が何であるかについての特定の概念を形成する、というようなことはできない。しかし、それでもわれわれは、物自体の探究から完全に手を切ることもできない。なぜなら、経験は決して理性を完全には満足させず、問いに答えるに際して、われわれをますます根元へと差し向けるが、問いの完全な解決に関してはわれわれを不満足なままに放置するからである。(Kant 1950, p. 100, 邦訳三三九〜三四〇頁)

カントの大きなプログラムの込み入った部分には立ち入らないが、われわれは、このカントの最初の文章は一方で彼の説明の経験主義的傾向を表現している、と言うことができる。さらに彼はこう述べる。「たとえ純粋悟性概念が経験の対象を超えて物自体（ヌーメナ）へと至ると考えられたとしても、その概念は何の意味ももたない」(p. 60, 邦訳二八二頁)。このテーマは、検証主義に対するわれわれの先の批判からすれば馴染みのものである。他方で、第二の文章は、もし経験不可能な物自体がナンセンスだとしても、それはわれわれにとって不可欠のナンセンスだと主張する。再び彼はこう述べる。「他方、われわれが物自体を認めないとしたら、それはさらに大きな不条理であるだろう……」(p. 99, 邦訳三三八〜三三九頁)。このような観念は、科学の遂行において必要な規制的な役割を担っている。

とくにここでのカントの論証は、なによりも、科学的な探究の完成という考え、パースが真理を定義するときに用いた最終状態という考えをわれわれは理解することができない、ということを含意している。例えば、われわれは、「なぜ」という問いのどんな終焉も理解することができない。そのことを示す論証の一つは、一種の帰納的推論の図式にしたがって、次のように進むかもしれない。(1)第一ステップ：われわれは、日常的に観察可能な現象について説明を要求する。(2)帰納的ステップ：現在の基本的なレベルにあるどんな一般的説明が与えられても、それではその説明を与えるお話しはなぜ成り立つのか、という「子供の質問」をわれわれは常に問いかけることができる。探究のどこかの段階でこの一連の問いを断ち切るような答えを、われわれが想像できるとは思えない。例えば、われわれは、「原子―陽子―クォーク……」という遡行を、クォークより小さい対象の無限の系列をたんに措定することによって、止めようとするかもしれない。しかし、その場合でもわれわれは、この系列それ自身とその性質の原因について問うことができる。（宇宙論的アンチノミーの議論において、カントはもちろん、最初の原因なしの世界は想像することができないとも論じている。しかし、カントの最終的な見解およびその論拠は、『プロレゴメナ』の結論から先に引用した通りのものだと思われる。）少なくとも、カントの説明のこの部分が含意しているように思われるのは、このタイプのシジフォス的苦境からわれわれは逃れているかもしれない、ということを理解可能だと見なすことすらできないということである。

このように、経験的に手に負えない問いを掲げてしまうのは、人間の本性の一部である。[6] そして、少なくともわれわれの立場から見ると、探究のこの完全化不可能性は、人間だけでなく、いかなる有限の認識的行為者にとっても妥当するように思われる。もしデカルトの悪しきデモンが有限の認知的資源しかもっていなかったとしたら、彼は、同じ苦境に、すなわち、最終的には彼の有限な資源を追い越さざるをえない果てしなき問いという苦境に直面したであろう。もちろんわれわれは、演繹科学に関しては、有限な仕方で表現される形式的な演繹能力をもつ生き物は――たとえ、潜在的に無限の記憶と計算時間をもっていたとしても――古典的な決定不可能性の結果による制限を受けている、ということを知っている。（もっと理想化された知性なら、合理的神学の中で研究されているような全知をもっているかもしれない。問題は、そのような超自然的に無制限の能力という概念が整合的かどうか、ということである。また、そうした一見して完全な存在に遭遇した有限な知性は、特殊な他我問題に直面するであろう。つまり、有限な行為者は、その〈他なる存在〉が単にきわめて賢いだけなのではなく、実際に全知だと結論するだけのまともな理由を何かもちうるだろうか。探究の理想的限界というさまざまな概念に関する一層の検討が、重要になってくるであろう）。

カントへのこの一瞥がもたらす最も重要な問いは、そもそもわれわれは実証的懐疑論を排除することができるのかどうか、そして、自分たちがそれを排除したことを知ることができるのかどうか、あるいは排除したと考えるための何らかの根拠をもちうるのかどうか、ということである。最も扱いやすく、しかも一見して理解可能な宇宙においても、経験的理論の受容可能性に関するわれわれの基準は、なお少なくとも部分的には主観に基礎をおくものであって、それゆえその限りで疑わしいものだと見られるであろう。したがって、われわれの知的能力の明らかに有限な本性は、われわれはすべてを知りうるという想定に疑いを投げかけるであろう。この宇宙はわれわれのような有限な知性しかもたない生き物にとって実際に理解可能だ、ということもあるかもしれない。しかし、逆説的なことながら、たとえそうだとしても、われわれは、行きすぎをやってしまう、つまりそうした宇宙論を拒絶してしまうだけのまともな理由をもつことになるだろう。したがって、自分たちの限界に対する信念それ自身が、受容可能性についてのわれわれの不可避的な偏向の一部なのかもしれない。このように、自分たちの知識の限界に対する信念は、現在の時代精神における偶然的な事情以上のことであるように思われる。

認識的行為者としてのわれわれ自身、われわれの宇宙に関するわれわれの描像、そしてその両者の関係に関するわれわれの理論の基本的特徴から始めながら、私は、エイヤーの『言語・真理・論理』の次の一節に表明されている、広く世に知られた実証主義的見解に対する反論を展開してきた。

現象的世界を超越した実在に関する知識をもっていると主張する形而上学者を攻撃する一つのやり方は、彼の命題がどんな前提から引き出されてきたかを問うことであろう。彼は、他の人たちと同様に、自分の感覚による証拠から始めなくてはならないのではなかろうか。そして、もしそうなら、どのような妥当な推論過程によって、彼は、超越的な実在という概念に辿りつくことができるのだろうか。（Ayer 1946, p. 33, 邦訳四頁）

私が言おうとしてきたのは、こうした検証主義的な戦略によって、明示的なやり方であれ暗黙的なやり方であれ、現れと実在の区別を否定しようとしても、この区別はまたしても頑固に頭をもたげ、むしろ伝統哲学的な（「懐疑論発生的な skeptigenic」）問いに似た問いが再び現れてくる、ということである。

哲学を科学へ還元しても、それらの問いを回避できない。かくして、認識論は〈よみがえる〉。この点で、リチャード・ローティによる〈認識論の死〉の宣告（例えば、Rorty 1979）は、はやまったように思われる。なぜなら、科学自体が、進歩の行く末に関する疑いを醸成しているという点で、科学自体の専門母型（disciplinary matrix）の内部におけるゲーム・プレイの単なる正しさと、真理とを今もなお区別しているからである。同じように、クワインの「宇宙からの亡命はできない」という昔の論点に沿ったパトナムの最近の「内部実在論」の論証に反して、外的な「形而上学的」実在論は、〈理論に依存しない仕方で天から吊り下げられた神の視点〉という不可能な要素を要求していないように思われる。むしろ、その実在論は、われわれの世界観自身の帰結なのである。

例えば、物理的対象の存在に関する伝統的懐疑論とは異なり、ここでは懐疑論そのものが実証的に支持されるが、それはテーマ特定的なものではない――つまりわれわれは、自分たちが何を知らず、また何を知りえないかを、正確に言うことができない。このような意味で、「実在がいかなるものであろうと、それは、われわれがそうだと信じるようなものではなさそうだ」というのは、究極の〈序文のパラドックス〉である。したがって、伝統的な懐疑論に関してと同様に、われわれは、このタイプの懐疑論に関しても、実際的な事柄や科学的な事柄において悩むべきではない――とくに、われわれが現在受容しているどの理論も引っ込めるべきではない。仮定上、これらの理論は、われわれが現在手にしている最上の理論である。同様に、検証可能性原理のこの欠陥にもかかわらず、もちろん、推奨されるべきは、単純性のような基本的な要求事項を放棄することでもないし、また、科学が自らを諦めて、とりとめのない非経験的な思弁になることでもない。むしろ、この懐疑論がもつ意味は伝統的な知識論の内部にある。この懐疑論は、われわれ自身について、つまり世界とわれわれとの関係のある部分について何事かを伝えてくれる。それは、認識的行為者についての広く行き渡った過度な理想化のせいで、最近の哲学が見逃すようになってしまったタイプの〈知識の限界〉を示しているのである。

原注

第1章

(1) Russell 1971, p. 311. フェアーマーツェン(Vermazen 1968)は、より最近の多くの類似した見解の一つを提案している。

(2) 最も早期の、最も影響力のある議論の一つは、Simon 1957のⅣ部に収録されている。

(3) Davidson 1980a, bにおける、このタイプの因果的効力の独特さに関する議論を見よ。(本書の第四章第4節と第5節で、私は論理法則における信念の特殊な因果的役割を論ずる。)

(4) 似たようなタイプの退行はRyle 1949, chap. 2によって論じられている。

(5) このような選好の非推移性に関する実験的な研究で古典の地位にまで達したのは、Tversky 1969である。(コーエン(Cohen 1981)は、人々が形式的には不正確な推論手順を使うという、まさにこのアイディアの理解しがたさを攻撃した。コーエンの説明に対する批判は、第四章の原注18を見よ。)態度と信念の心理学における「整合性理論」に関しては、より早い時期の別の系譜に属する経験的探究の概説が、McGuire 1969にある。また、本書の第三章も見られたい。

(6) ここでの適切さもまた、客観的事実とではなく、行為者の信念と相対的に評価されなければならない。なぜならば、行為者の信念はいつも正しいという仮定は、受け入れ難いくらいに極端に理想化されているからである。しかしながら、これらの信念はある「客観的な」整合性の制約に従う、ということをわれわれは見てきた。

(7) サイモン(Simon 1957)は、行為者は効用の「最大化」ではなく「満足化」だけを企てるはずだ、という類似の主張をしたことで意思決定理論の分野ではよく知られている。（完全な効用最大化の標準原理は、いまや行為者の有限な認知資源の使い方の選択にも自己適用されるべきだ、と反論することは、まさに再び無限退行に陥ることになるだろう。）

第二章

（1）この単純化された推論モデルは、それゆえ、例えばHarman 1973とは対照的である。

（2）われわれの目的のためには、二種類の信念帰属が区別されるべきである。一方では、「ジョンは「p∨¬p」を信じている」という主張は、ある文pに関してジョンは選言「p∨¬p」を信じているということを述べている。その場合、例えばジョンは、「雨が降っているか、または雨が降っていない」という日本語の文を信じているのかもしれない。もう一方では、「ジョンは「p∨¬p」を信じている」は、ジョンが排中律という論理法則を信じているか、あるいは受け入れているということを述べており、彼が単にこの法則の実例を信じているということを述べているのではない。

（3）これとは反対に、ヒンティカは、推論を行うすべての者に当然当てはまる、推論の難しさに関する何らかの客観的な尺度が存在すると考えていたように思われる。ヒンティカはこう述べている。「もし、［私の知っていることとpとの］この帰結関係が疎遠なものであるなら、pが私の知っていることから帰結するということを私は見損なうかもしれないので、私はpが生じていることを完全な意味で知っている、とは言えないかもしれない」（Hintikka 1962, p. 30, 邦訳四六頁。同様にp. 35, 邦訳五一〜五二頁も見よ）。これが意味するところは、二つの言明間の論理的関係の「疎遠さ」は、例えば、推論を行う者が使用している演繹的システムからは独立だ、ということであるように思われる。Hintikka 1970も見よ。特にp. 147.

（4）この公理は、とりわけ、クリーネ（Kleene 1967, p. 107, 邦訳一三〇頁）の演繹的体系の基本的な推論規則の一つに対応している。

（5）論理結合子は演繹の中で――しかも本章において「明白な」ものと分類されている演繹の中で――

果たす役割によって定義されうる、というテーゼに対する先のプライア（Prior 1967）の批判とベルナップ（Belnap 1967）の擁護を参照せよ。

(6) Putnam 1975/6, sec. 3 においてなされた、クワインの主張に対する重要な留保を見よ。関連する論理法則を受け入れることは、論理定項の同一性にとってたとえ十分条件ではないとしても必要条件である、という論点は依然として成立するように思われる。

(7) ここで二つの信念とされているものを表現する文は、それぞれ、'(∃x)(∀y)(Fx→Gy)' と '(∀x)Fx→(∀x)Gx' という形をしている。

(8) もちろんこの主張の前提は、デイヴィドソンの「言語なくして思考なし」という立場（Davidson 1984b）と対立する。この主張はまた、「われわれは、言語を持たない生き物に対しては、控えめな論理的洞察力ですらも認めるだけの根拠を持ちえない」というベネットの主張（Bennett 1976, p. 116）とも対立する。彼の主張は、ここでの用語で言い直せば、恐らく実行不可能性順序もしくは普遍的実行可能性順序だけが、そのような生き物には適用可能だ、ということになるだろう。簡単に言うと、われわれが今考察しているような例に対するベネットの結論は、とりわけ、「ふつうの」人間の言語的信念に関する実行可能性順序がどんな生き物の言語的信念に関する順序でもあるということを当然とする（pp. 116–117）ことに基づいているように思われる。

第三章

(1) 信念間の修正可能関係に関するクワインの主張を解釈する仕方がもう一つある。このような「規範的な」解釈は、意思決定論や認識論理学の公理化のために通常採用されている解釈に対応している。つまり、ある信念を改訂することと、その信念と論理的に関連した信念を改訂することとの間の含意関係を、行為者はまったく認識せずに、その関係に基づいて行為することもないかもしれない、という事情がこの解釈の背景にある。この解釈によると、もし行為者が少なくとも認識論的に狭いなんらかの意味で「合理的」であろうとするならば、そしてとりわけ彼が完全な整合性を維持しようとするならば、彼は最初の信念を棄却した後でもう一方の信念も棄却しなければならない（すなわち棄却すべきである）。この解釈の下では、行為者は実際に適切な再評価を行うだろう、というような予測をクワインの主張は何ら含んでいないことになるので、ここに引用した文章における記述的な解釈を優先して、この規範的な解釈は排するべきだと思われる。しかしながら、合理性についての多くの議論では、クワインの議論もときどきそうなのだが（例えばQuine 1961aの最後の節での議論）、規範的な合理性テーゼと記述的な合理性テーゼが常に区別されているわけではない。それらの議論においてこの区別がなされない分だけ、規範的説明の要素としては適切かもしれないような行為者に対する強い理想化が、記述的説明の要素として根拠なき説得力を得てしまうことになる。このことは第一章第8節で言及した通りである。

（2）代表的なテキストはHowe 1970である。Klatzky 1975は、記憶の心理学における最近のいくつかのアプローチを概観している。伝統的な二重構造理論に対する代案、もしくはその洗練化としては、「処理の水準」理論がある（Craik and Lockhart 1972参照）。この二つの説明の違いの本質は、明確にされる必要がある。処理の水準理論は依然として二重理論の主要な要素、すなわち活性化された項目と不活性な項目の区別を含んでいるように思われる。

（3）典型的な例としてCollins and Quillian 1969参照。Lindsay and Norman 1977, chaps. 8–10はこの学派のテキストの一つである。

（4）標準的な典拠はBartlett 1932である。Neisser 1967, とくにchaps. 8–11はより最近の影響力のある議論である。Bransford and Franks 1971も参照。

（5）クワインの見解についてはQuine 1960, chap. 2, とくにp. 59, 邦訳九二〜九四頁を参照。デイヴィドソンの選好の推移性の要請は、第一章で議論されている。（しかしデカルトは、非推移性の現象に気づいていた。彼の『精神指導の規則』(Descartes 1955a) の「第七規則」参照。）モードゥス・ポネンスの推論については、例えばBlack 1970, p. 21

を参照。事実上、常識的な二重モデルの一部を用いて、ド・スーサは同様の見解を拒否している（de Sousa 1971, とくに pp. 65, 73)。

（6）効率的なデータ構造の基本的なデザインについては Knuth 1973 を参照。また、人工知能における一連の探索方法の論評については Winston 1977, chap. 4 参照。

第四章

（1）Quine 1960, p. 58, 邦訳九一〜九二頁および Quine 1970, p. 102, 邦訳一五七頁のそれぞれを参照せよ。クワインの翻訳の議論のいくつかは、論理の普遍的な拒否不可能性のみを帰結するものと解釈できる。第四章第10節「論理的真理を救え」を見よ。そこでは、正しく翻訳するためにはどんな特定の論理的真理の拒否でも行為者に帰属させてよい、という議論がなされている。

（2）計算量に関する二つの重要な論文は、Cook 1971 と Karp 1972 である。Garey and Johnson 1979 は、この分野の一部であるＮＰ完全性を論評している。分かりやすい論文を二つ紹介しておこう。一つは Lewis and Papadimitriou 1978 であり、もう一つは Stockmeyer and Chandra 1979 である。Cook 1983 は、この分野の最近の歴史を概観している。

（3）このような「実際的」問題を応用科学へと追いやる例として、Kleene 1967, sec. 40 における決定手続きの概念に関する議論を見よ。

（4）巡回セールスマン問題は、オペレーションズ・リサーチの分野での実際上のきわめて大きな利害と関わる〈ＮＰ完全ネットワーク設計問題〉であり、それは以下のように述べられる。地図上にいくつかの都市と各都市間の距離が与えられているとせよ。そこで、最適な巡回、つまりすべての都市を一巡するための最短経路を作れ。一九八〇年代の初めにおいては、厳密な解法が証明されている、何の制限もない形での最大の都市数は三一八である。(Kirkpatrick, Gelatt, and Vecchi 1983, p. 679 を参照せよ。この論文は、最適な解決への近似として「統計力学的アルゴリズム」を導入しているが、それは、従来の離散数学的な技法とはきわめて興味深い点で異なっている。）比較のために言っておくと、テネシー州には三一八以上の町がある。

（5）この分野に貢献した二人の主な研究者による、彼ら自身の基本的な研究成果の回顧に関しては、Tversky and Kahneman 1974を見よ。Nisbet and Ross 1980は、最近の研究の概観を与えている。

（6）第二章第5節の議論も思い出そう。それは、どのような方法によろうと特定の「明白な」推論をなしうるということは、それらの推論に関連した論理定項を理解することの一部だ、という主張に対する反論であった。この反論は、それらの推論に対応する明白で妥当な法則や健全な規則の強い受容、すなわちそれらの実際の使用は、行為者が問題の論理定項を理解していると認められるためには要求される、という主張にとくに当てはまるだろう。

（7）便利だがある意味では不健全な推論規則を採用するという問題は、論理学の入門書のために自然演繹体系を修正する際に時おり生じてくる。例えばMates 1972, p. viiを見よ。

（8）人は、推論の論理形式に関する全体的な印象あるいは「雰囲気」のようなものを使用する、ということを述べている初期の（そして異論の余地のある）研究は、Woodworth and Sells 1935によるものである。これと同様に、Wason and Johnson-Laird 1972, chap. 10も参照せよ。プロトタイプに関する研究の概説としては、Rosch 1977を参照せよ。

演繹推論におけるプロトタイプ発見法の使用については、Cherniak 1984を見よ。その発見法は以下のように要約できる。ある証明の妥当性を決定するためには、(1)関連するカテゴリーの特定の事例に関する証明だけを取り上げ、(2)そのカテゴリーの任意の事例ではなく、典型例か「よい」例を選択せよ（例えば、「鳥」というカテゴリー関しては「七面鳥」ではなく「こまどり」を）。ここで研究されていた論証は、例えば「いくつかのAは鳥である。／いくつかのAはこまどりである。」のような、もっとも単純な種類のものであった。ここでの基本的な予測では、もし人がこの発見法を使用するならば、その結果（例えば、誤り率）は、〈問題の推論が妥当であるかどうか〉と〈それに関連する事例がプロトタイプ的であるかどうか〉との間の強い相互関係を示すはずだった。つまりプロトタイプは、妥当な推論に関する成功率を高めるが、妥当でない推論に関しては逆に作用する、というものだった。

　少なくともこれらの「ちゃちな」論理的問題について、被験者は発見法を使うか否かを選択できるように見えた。各問題に対して使いうる時間が「固定されて」いる場合には、たとえ以前に時間の制約がないときに被験者が使った時間の二倍にそれが設定されたとしても、被験者の結果は、この発見法の使用に関して予測されていた相互作用を示した。さらに、一連の論理的問題を解く過程でこの発見法へと移行するという被験者の「メタ発見法」的決定は、誤り率が下がるという点で得策であったように思われる。これらの論理的問題は単項述語計算から取られたものであり、その決定アルゴリズムは、計算論的に複雑であることが知られている（Lewis 1978を見よ）。このように、素早いがいいかげんな発見法の使用は、〈形式的な正しさ〉と〈手に負えること〉とが現実世界で相反するという作業仮説と整合的である。

(9) Rabin 1974を見よ。確率的アルゴリズムというラビンの概念については、Rabin 1976を見よ。ラビンの議論はKolata 1976で報告されている。

(10) パトナム（Putnam 1975a）もまた、形式的証明の領域外の数学においては「準-経験的」方法が常に重要な地位を占めてきた、とクワイン風に議論しているが、その方法とは、例えば、物理学の高度に理論的な言明の妥当性を評価するための方法に似たものである。

(11) 最悪のケースの分析と対立する意味での確率分布分析の初期の研究として、Karp 1976を見よ。この分野の最近の文献一覧が、解説付きで、Karp et al. 1985のなかにある。

(12) シンプレックス法が指数関数時間を要することの証明としては、Klee and Minty 1972を見よ。計算実行時間の「経験的」な研究は、McCall 1982のなかに書かれている。スメールの証明は、Smale

1983において見られるし、『サイエンス』(*Science* 217, 1982, p. 39)にも報告されている。Lovacs 1980は、いわゆるカーチアン・アルゴリズムの簡単な概観を与えている。

(13) 光速が二九万九七二六km/秒、原子核の直径が10^{-13}cmだとすると(例えばKnuth 1976を見よ)、「超サイクル時間」は約2.9×10^{-23}秒となるだろう。したがって、計算に利用可能なサイクルの最大値は、2.9×10^{23}(サイクル)×60(秒)×60(分)×24(時間)×365(日)×2×10^{10}(年)となり、その値は2×10^{41}(サイクル)未満である。しかし問題の真理表は2^{138}行を含み、それは3×10^{41}行を超える。したがって、一超サイクルで一行を確認するとしても、このコンピュータは、宇宙の全歴史の間にこの真理表をチェックすることができない。

(14) 初等算術の決定不可能性は、極端に複雑な文や数学的にどうでもよい文に対してしか成立しない、ということが今では知られている。約一〇〇の記号列から成る(ヒルベルトの第一〇問題の解法に基づく)決定不可能な省略なしの文に関しては、Jones 1978を見よ。また、より短い文の構成法の基礎については、Jones 1982を見よ。(同様にChaitin 1974も見よ。)さらに、「数学的に単純で興味深い」ある定理(有限なラムジー定理の一つの拡張)は、ペアノ算術の体系では証明不可能である。それについては、Paris and Harrington 1977を見よ。本章の議論はさらに、原理的に決定不可能な文の「密度」または分布の研究にとって刺激となるだろう。

(15) 例えば、すでに述べたように、プレスバーガー算術の定理の集合は、早期に計算量の爆発を起こす。しかしながら、プレスバーガー算術の各定理は一万個以上の記号からなる長さを持つが、それらの定理の集合は、一万個以下の記号からなる長さのどの文に関してもすぐに決定されうる。そのアルゴリズムは、決定されるべき文の記号の数をたんに数え、もしその数が一万個以下ならば、ただちにそれを却下する。このように切りつめられた問題の「自然さ」に関しては別の問題がある。

(16) 同じく人工知能においては、定理に関する古典的な決定手続きや、たんに定理の完全な証明手続きを求めるアルゴリズム的なアプローチすらも、証明中の分岐における組合せ的な爆発の観点から再評価される必要がある。この問題を簡潔に議論したものとしては、Newell and Simon 1976 を見よ。また、Rabin 1974 も見よ。定理証明プログラム（およびプログラム検定者）に関する実行上の制限については、現在も広範な論評がなされる必要がある。

(17) Berwick and Weiberg 1984 の第三章と第四章は、計算量理論が認知科学の分野に対してもっている意義に関しての、最初の定評ある議論の一つを含んでいる。彼らは、計算量理論の制約は自然言語の構文解析プログラムのモデルには関係がない、と論じている。その第一の理由は、「関連する問題の範囲」である。人間の構文解析メカニズムが直面する典型的な文の長さは一〇語程度にすぎないが、「最悪の場合」の計算量がそのようなサイズの範囲へ有意味な仕方で適用される、ということは示すことができない。しかしながら、これに対しては、人間の信念集合を基に推論を行うという問題は、構文解析とはまったく異なった入力サイズのあり方を含んでいる、ということが注意されるべきである。人間の信念集合全体（およびその重要な部分）は、実質上、無限のサイズでありうる。それゆえ、推論エンジンは、構文解析に比べてはるかに大きな「関連する範囲」の入力サイズに直面する（わずか一三八個の独立した命題を持つ信念集合でさえ、その無矛盾性のテストでは組合せ爆発が起きることを思い出そう）。したがって、問題を文単位ごとに限定できない場合には、計算量の制約から逃れられる見込みはあまりない。さらに、先に議論したように、WS1Sやプレスバーガー算術のような、計算量の早期の爆発が知られている問題例がいくつかある。

計算量理論が現実世界とは無縁だということを論じようとして、バーウィックとワインバーグは「実装問題」にも言及している。あるアルゴリズムに対する計算量の評価は、その実装、すなわち、その表現形式と処理操作の性質に依存する。しかし表現形式と処理操作は、今のところ人間の脳に関しては未知である。しかしながら次のことは、心に留めておくに値する。オペレーションズ・リサーチというまさに現実世界に関わる分野の人々のほとんどは、充足可能性問題や巡回セールスマン問題を解く完全なアルゴリズムをまともに実装しようとするなら、どのような実装であれ高くつくのは明らかだ、ということに同意するだろう。

バーウィックとワインバーグは、(漸近線の計算量のような) 数学的に興味深い性質と、(非実効的な構文解析可能性のような) 現実世界の性質とはうまくかみ合いそうもない、ということを指摘している。しかし、これは、形式的モデルを経験的世界に適用する際の事実上不可避の特徴だと思われる。この場合、形式的に扱いうる概念が理想気体の概念であれ、チューリング計算可能性の概念であれ、同じことである。われわれが見てきたように、このような不完全な適合は、それだけでは、形式化戦略を無価値のものとするわけではない。本章のアプローチは、現実世界に関連した計算量が存在する、ということの立証をあらかじめ要求するものではなかった。むしろその代わりに、そのような計算量が存在するという主張を作業仮説として扱い、それから、どのような種類の(広義の)「データ」がこうした枠組みにおいて興味ある仕方で説明されうるのかを見てきたのだった。

(18) 行為者の論理能力は言語運用能力のモデルに倣って「論理運用能力 (logical competence)」とみなされるべきだ、というのは一つのきわめて自然な提案である。(例えば Cohen 1981 を見よ。) そうすると、実際の人間の推論が理想的モデルから乖離しているという基礎的事実は、運用の失敗とみなされるのであり、それは、理想的な話し手・聞き手の言語運用能力にとって、その失敗が時間や記憶の限界やその他の結果として現れるのと同様である。そうすると、最適状態とは言えない実際の演繹的なパフォーマンスを説明するには、二つの競合的な仮説が——悲観的に言えば、おそらくクーン流の二つのパラダイムが——あることになる。最小合理性の説明によると、人間はまさにメタ理論的に十全でない演繹体系を使っており、この演繹体系には、素早いが誤りにも導く——とはいえ、一般には実際的に十全な——発見法が含まれている。理想的運用能力の説明によると、人間は、メタ理論的に十全な演繹体系を受容するという仕方で、完全な演繹運用能力を基礎に持っている。この説明によると、われわれが目にするような推論の誤謬が生ずるのは、運用能力が阻害された結果、その論理が不適切に適用されるからである。

しかしながら、『メノン』の中ですでに明らかとなったようなタイプの問題のゆえに、論理運用能力という概念はここで特に役に立つとは思われない。その問題とは、ソクラテスが例の召使いにピタゴラスの定理の知識を帰属させたことに関するものであり、その内容は、もしソクラテスが彼に話す前から彼がその定理を本当に信じていたのなら、なぜそのとき彼はそれを使うことができなかったのか、というものである。何が起ころうといかなる仮説でさえ真と見なしうるとはいうものの、完全な運用能力の説明は、あまりにも安易に周転円を持ち出すように思われる[2]。結局この説明は、「行為者はメタ理論的に十全な論理を受容している」と言っているに等しい。ただ彼はいつもこの論理の適用を誤る、というのだ。というのも、コーエンの言い方によると、例えば運用を触発する条件群が「仮に生じたとしても、このような運用能力の行使にとって理想的な形で生じることはめったにない」からである（Cohen 1981, p. 322)。運用能力とパフォーマンスという古典的区別は、原理に基づいた説明をしようとするよりも、広範囲にわたる実際の行動を「単なる」例外として、つまり取るに足らない「ノイズ」としてかたづけてしまうに違いない。

さらに、運用能力は、なぜ実質的にではなくメタ理論的に十全なシステムという形態で存在しなければならないのだろうか。言語学者や論理学者の理論的見地から見て明確なシステムは、行為者にとっては効果的に処理することができないものかもしれない。これまでに見てきたように、前者の見地から見て十全なシステムは、まったく処理不可能なものかもしれない。それゆえ、形式的な正しさと処理可能性の間の対立は、理想的な運用能力による説明を著しく非現実的なものに思わせる。それどころか、抽象的運用能力という概念に含まれる〈論理を受容する〉という概念は、われわれが区別した「受容」の強い意味と弱い意味をいくらか曖昧にする危険性があるように思われる。理想的な話し手・聞き手（あるいは現実の人間）は、完全な論理を使用すると本当に想定すべきなのだろうか、それともそうではないのか。「最小運用能力」という心理学的に現実的な概念には、優れた点がいくつかあるように思われる。

第五章

（1）現在の不法行為法については、Holmes 1963, chap. 2 および Prosser 1971 を見よ。これに関連する法哲学上の議論については、Hart and Honoré 1959, chap. 6 を見よ。過失という法概念の歴史的な発展については、Baker 1979, chap. 17 を見よ。とくに中世における過失の概念と〈理にかなった人物〉の理論を概観するには、Winfield 1926 を見よ。

　もちろん、不法行為法はイギリスとアメリカのコモン・ローにだけ特有のものではない。それに比肩する、現在のナポレオン法典の「義務法 law of obligation」については、Weill 1971 を見よ。古代ローマ法における diligens parter familias（「よき家政婦」）という観念は、われわれの〈理にかなった人物〉という概念に深い関係を持っているように思われる。グルーバー（Greuber 1886, とくに pp. 222–233）はそれを述べている。同様の考えは、古代のアッシリアやタルムードの法典の中にも見いだすことができる。現代でもまだ工業化されていない社会における法律上の〈理にかなった人物〉に関する比較文化的な研究については、Gluckman 1967, chap. 3 および Pospisil 1971 の例えば pp. 240–245 を見よ。（西洋と出会う前の中国における法の諸概念を検討することは、興味をそそるものであろう。）

　これほどに異なったさまざまな社会構造の中で〈理にかなった人物〉という概念が登場しているという事実は、この概念の普遍性をなおさら示唆するものである。したがって、〈理にかなった人物〉という概念は法典（legal code）という概念そのものと同じくらい普遍的だということは、体系的な解明に値する比較文化的な仮説である。

(2) たとえある知識主張が後で誤りだと判明しても、それが批判に晒されていなかったということから、その主張の発話者はそのとき実際に知識を持っていたということを結論するオースティンの推論は、弱いように思われる。(Austin 1979, とくに pp. 97–103, 邦訳一四一～一五三頁を見よ。) むしろ、先に素描した非関連性に関するグライス的な理由からすると、その時その発話者を「だからあなたは知らなかったのだ」と指摘して攻撃するのは適切でない、ということにすぎないように思われる。この点で意味論と語用論をオースティンが区別しそこなったということについては、Stroud 1984, chap. 2を見よ。ストラウドはまた、キャベル (Cavell 1979) と同様に、特別理由要請は懐疑論を排除するという考えに反論している。

(3)「信念の確定」からの引用。Peirce 1932 に収められた「批判的常識主義」、および「科学的な態度と可謬主義」も見よ。

(4) チェス競技マシーンの「信念もどき」に関するデネットの (かなり道具主義的な) 議論を見よ (Dennett 1978a)。

(5) かなりの成功を収めたこのタイトルの小論文集は、ダンカンとウェストン＝スミスによって編集された (Duncan and Weston-Smith, 1977)。

(6) 典型的な、もしくは通常のケースに関するそのような予備的で一時的な仮説は、人工知能の知識構造における自動的な「デフォルト設定」に似ている。Minsky 1975を見よ。ゲシュタルト心理学の用語でいえば、吟味されざる可能性は、関連する可能性のある一群の有限数のケースという「図」を考慮する際の背景の「地」として考えられるかもしれない。問題解決に関するゲシュタルト心理学的な説明については、Duncker 1968を見よ。

さらに、もし仮説というものが一種のツールと見なされるなら、当然のこととされている仮説というのは、ひょっとすると、人々が使う道具に関する無自覚さについてのハイデッガーの『存在と時間』における議論によって、その様子が少し明らかになるかもしれない。われわれが慣れた道具を使うとき、大概、それは「意のままになり ready to hand」、われわれの意識から消え去っていく。われわれの注意が道具に向かうのは、つまり道具がわれわれの目を引き、「意のままにならなくなるpresent to hand」のは、その道具のふつうの使い勝手に狂いが生じたときである。

第六章

(1) ルイス(Lewis 1984)は、理想的に検証された理論は偽ではありえないというパトナムの指示理論的論証(Putnam 1978)に関して、まったく別の論証から、同様の困惑すべき結論に達している。

(2) Quine 1981の「第三のドグマという観念そのものについて」(とくに、p. 41)も見よ。クワインは、「プロトコル命題」における〈船の比喩〉とほぼ同じページでノイラートが是認した見解に、内心では同意しているように思われる。すなわち、「われわれは、厳密に科学的ないかなるテーゼの概要も、自分自身の用語によって、タクシー運転手に理解できるようにすることができなければならない」(Neurath 1959, p. 200)。ヒルベルト(Hilbert 1935)によって引用されている同様の見解も見よ。

(3) Davidson 1984a, p. 198. いくつかの点でデイヴィドソンの論証に似た論証が、すでにStroud 1969, とくにpp. 90-94に見られる。

(4) 慈善については、Davidson 1984b, p. 169, 邦訳一八六頁を見よ(p. 159, 邦訳一七二〜一七三頁も)。(デイヴィドソンは、ときおり、一見して穏当な慈善の原理も支持している(例えば、上記の論文の別の箇所で)。彼は、穏当な慈善と極端な慈善を区別しているようには思えない。)選好の推移性については、Davidson 1980b, p. 237, 邦訳三一一頁を見よ。

(5) フォーダー(Fodor 1975)は、まったく別のルートによって、デイヴィドソンの結論にかなり似た「新しいニュースはない」という結論に達している。「新しい概念を学ぶ、といったようなことは存在しえない」(p. 95)。フォーダーの議論は生得性仮説に基づいているが、それによれば、すべての人間は種に特有の同じ内的な「思考の言語」を用いており、いかなる公共的な自然言語の表現も、理解されるためにはそれに翻訳可能でなければならない。(したがって、ホモ・サピエンスの概念図式とは異なる概念図式をもつ火星人は、必ずしもありえないわけではないが、われわれにはまったく理解不可能であらざるをえない。そうした火星人は、われわれと同様、彼ら自身の生得的な概念のリストに閉じこめられているであろう。) デイヴィドソンと同様に、フォーダーも、理解は直接的な翻訳によってのみ生じうると想定している。フォーダーの結論がもつ逆説的な面は、新しい要素的概念を獲得することと新しい複合的概念を獲得することとを区別するなら、いくぶん解消する。フォーダーの議論は、たかだか前者に当てはまるだけのように思われる。(この意味論的なウルトラ生得主義を仮定するなら、ごく最近になってフォーダーが、心は「認識論的に限界がある」のかどうか、すなわち知識の点で認知的な組織による制約を受けているのかどうか、という問いを切り出したのは――たとえ、それに思い切って答えを出すまでにはなっていなくとも――不思議ではない。Fodor 1983, pp. 119–126, 邦訳一九三〜二〇三頁を見よ)。

(6) もっと古いヒュームの次の言葉と比較せよ。「……日常の会話や行為の主題であるその狭い対象の円環の中で休らぐのは、獣の心にとってと同様、人間の心にとってもほぼ不可能である」(Hume 1965, p. 271)。『純粋理性批判』(Kant 1929, p. 7) のまさに最初の文章は、すでにここでのヒュームを超えて進んでいる。

訳注

第一章

〔1〕「健全な推論」とは、その推論が妥当なこと、つまり、その推論に反例――前提すべてが真であるのに結論が偽であるような場合――が一つもないことを意味する。したがって、「健全な（推論）規則」とは、その規則にしたがって行われる推論のすべてが妥当なことを意味する。

〔2〕フランスの数学者・天文学者であるピエール・シモン・ド・ラプラス（一七四九～一八二七）は、世界に存在するすべての原子の位置と運動量を知ることができるような悪魔（「ラプラスの悪魔」と呼ばれる）を考えようと提唱した。

〔3〕プラグマティスト、パースにとって「真理」とは、真理を探究する科学的共同体が最終的にたどりつく「究極的な合意」である。

〔4〕燃焼をフロギストンという物質の放出過程であると説明する誤った仮説のこと。

〔5〕「dirty」は、アブダクションにおける後件肯定の過ちをもっぱら指しているとも解釈されるが、いずれにせよ、一般に「演繹論理に対する違反」という意味が込められている。

〔6〕"$p \to q$"は「pならば、qである」と読み、"$\neg q \to \neg p$"は「qでないならば、pでない」と読む。

〔7〕"$(\exists x)(\forall y)(Fx \to Gy)$"は、「〈任意のyに対して、Fxならば、Gyである〉ようなxが存在する」という意味である。"$(\forall x)Fx \to (\forall x)Gx$"は「任意のxに対してFxならば、任意のxに対してGxである」と読む。

〔8〕「pかつ（$p \to q$）」から「q」を導くタイプの推論のこと。

第二章

〔1〕モードゥス・ポネンスに用いられる二つの条件法の例として、(1) $p \to q$ と(2) $p \to \{(r \to s) \wedge (p \vee r)\}$ を考えてみよう。(1)の条件法は後件 q をもち、(2)は後件 $(r \to s) \wedge (p \vee r)$ をもつ。すると、こうした条件法を形成するだけでも、この二つのモードゥス・ポネンスの難しさの違いを生み出すだろう。

〔2〕言わずもがなの注だが、もし最も難しい推論が存在すると仮定すると、その推論をある推論図式に適用してさらに推論を行えば、その推論よりもさらに難しい推論が存在することになってしまう。

第三章

〔1〕構成的記憶（constructive memory）とは、「先行経験や期待の影響のもとで記憶が生成されること」（『心理学辞典』丸善、「構成的記憶」の項目）を言う。また、意味記憶（semantic memory）は「長期記憶の一種。個人的なエピソードではない、世の中の事実に関する情報の記憶。典型的な例としては、第二次世界大戦の年代や、水の化学式、本を意味するスペイン語などの知識があげられる」（同、「意味記憶」の項目）。

〔2〕作動記憶（working memory）とは、「活性化されている情報項目、すなわちその時点で意識を占有し、操作および短期記憶からの出し入れが可能な項目の一時的な貯蔵庫のこと」（同、「作動記憶」の項目）である。

第四章

〔1〕論理のある形式的体系において、任意の〈妥当な論理式〉がその体系で証明可能ならば、その形式的体系は完全（complete）である。つまり、妥当な論理式はすべて余すところなくその体系で証明されうる。他方、ある形式的体系において証明可能などの論理式も〈妥当な論理式〉であるならば、その形式的体系は健全（sound）である。つまり、その体系において証明されたにもかかわらず妥当でないような論理式は存在しない。

〔2〕周転円は周転円説で使われた概念。周転円説は「円運動の組合せによって天体の運行を説明しよう

とする宇宙構造説。〔……この説〕によると、宇宙の中心は地球であり、静止して動かない。恒星は地球を中心とする大きな球面上にある。惑星はこの球面内に月・水星・金星・太陽・火星・木星・土星の順に存在する（地球から離れる順に）」（『天文学辞典』地人書館、「周転円説」の項目）。とくに、惑星の運動のように単なる円運動では説明できない場合に、地球から少しはなれたところに中心をもつ円（誘導円）の円周上に中心を持つ小円（周転円）が仮定された。周転円の中心は誘導円の円周上を動き、惑星は周転円の円周上を動くと考えられた。

第五章

〔1〕原語は“the special reasons requirement”。本章で述べられている通り、行為者が何かを知っていると主張する場合、その主張を覆すようなあらゆる阻却可能性が行為者によってチェックされ排除されなければならないわけではなく、行為者はそうするための特別な理由がある可能性に対してのみチェックと排除の責任を負う。本文中では一種の専門用語として用いられているので、見慣れないかもしれないがこの訳語を用いた。

〔2〕訴訟によって生じる法律上の損害賠償責任に備えるための保険。

〔3〕「ブートストラップ」は、現在いろいろな分野でいろいろな意味で用いられているが、この問題は、例えばコンピュータ関係では、あるプログラミング言語で書かれたプログラムをコンパイルするためのコンパイラ自身がそのプログラミング言語で書かれていたら、そのコンパイラをどうやってコンパイルしたらいいのか、という問題である。

ちなみに、「ブートストラップ」という語は本来ブーツについた紐を意味するが、『ほら吹き男爵の冒険』という物語の中に、主人公のミュンヒハウゼン男爵が沼に落ちたときに、自分のブートストラップをつかんで自分を持ち上げたというエピソードがある。本文では、幼児が始めて経験的知識を獲得する場合、その土台となるべき背景的知識がない状態でどうやって最初の経験的知識を獲得できるのかという問題、という意味で使われている。

訳者解説

中村直行

1　著者について

本書は、*Minimal Rationality*（MIT Press, 2nd printing, 1992）の全訳である。著者のクリストファー・チャーニアク（Christopher Cherniak）を紹介するには、グラス・R・ホフスタッターとダニエル・C・デネットの編集で知られる『マインズ・アイ（下）』に収録されている哲学的フィクション「宇宙の謎とその解決」（第四部第一七章、木原英逸訳、原題は“The Riddle of the Universe and Its Solution”）の著者として紹介するのが、手っ取り早いのではなかろうか。

本書は「宇宙の謎とその解決」に続く、チャーニアクの著作の邦訳第二作目となる（ただし本双書第四巻『断片化する理性』二七六、二七八頁に原著 *Minimal Rationality* からの薄井氏による和訳がある）。チャーニアクの研究分野は、大まかに分けると、神経科学と知識論（認識論）である。チャーニアクは哲学者であるが、伝統的な哲学者が哲学を第一哲学として考えていたのとは異なり、基礎論と応用分野からなる二層のなかで、科学と同じ高さに知識論（認識論）を置いて考えていると解説者（訳者）には思われるので、その点においてクワインの「自然化された認識論」から影響を受けた探究方法を採っていると言えよう。

彼は、神経科学およびその隣接分野の知見を知識論（認識論）へと応用しており、本書もその研究スタイルによって生み出された成果である。本書では神経科学というよりも認知科学と計算量理論の知見を取り入れた上で、有限の認知資源（計算時間、記憶容量）しか持たない生き物（creature）の現実的な合理性の最小条件を探究している。本書の成立過程・章構成は「序」に書かれているとおりであるが、本書はチャーニアクの初の単行本であり、そのほとんどの章は、彼の博士論文から切り出された、一九八一年から一九八六年までに発表された一連の論文である。

チャーニアクは一九四五年生まれで、一九七三年にオックスフォード大学で文学士号（B. A.）を取得し、一九七七年にカリフォルニア大学バークレー校で博士号（Ph. D.）を取得している。卒業論文のタイトルは「プラグマティズムと実在論」（"Pragmatism and Realism"）であり、博士論文のタイトルは「信念と論理的能力」（"Beliefs and Logical Abilities"）であった。長らくメリーランド大学哲学部の教授を務めていたが、二〇〇七年度末をもって退職した。

2　本書のあらまし

分析哲学の行為論では、行為者、信念、欲求[1]、行為の間の関係を「行為者は、欲求を満たすために、信念に基づいて行為する」と説明する。これらの関係を制約づけている条件が合理性である。チャーニアクが取り上げているのは、この合理性の程度問題である。つまり行為者の合理性は、理想的で完全なものではなく、無でもなく、それらの間に位置しているとチャーニアクは考え、その最小条件を探究したのである。

チャーニアクは、この探究のために認知心理学、計算量理論などの知見を自らの哲学に取り入れている。なぜかといえば、これらの分野におけるゴール設定のタイプが、伝統的な哲学や数理論理学（数学基礎論）のそれとは異なるからだ。伝統的な哲学や数理論理学では、〈原理的に可能か否か〉を証明してしまえば、もはやその問題を顧みることはなかった。その問題の探究は完成している、つまり、もはやゴールに達しているのだから。

しかし、原理的に可能であっても現実世界では実行が著しく困難であったり、原理的に不可能であってもその制約条件を緩めれば、近似解は実用に役立つ程度で得られることもある。つまり、できるはずなのにできない、逆にできないはずなのにできることがある。

では、現実世界に生きる行為者にとって、合理的に行為するために、本当に使用できる認知資源はどれくらいなのか。行為者はかなり多くの信念を持っているが、その数がいくつを越えたら、それらの信念の間に矛盾がないことを行為者は判定できなくなってしまうのだろうか。コンピュータでさえも計算し切れなくなってしまうのなら、人間のような生き物には、なおさらお手上げだ。このように、行為者が現実にできることはどれくらいなのかという程度をチャーニアクは認知心理学、計算量理論から得ているのである。

チャーニアクはこれらの分野から、われわれのような行為者の認知資源の限界値を取り入れることで、行為者を有限な対象として扱うことに成功し、実際の行為者の有限性を考慮した理論を構築することができたのである。行為者の有限性とは、時間や記憶のような認知資源が無尽蔵ではなく有限しか与えられていないことを指しており、チャーニアクは、その状況を「有限性の苦境」(finitary predicament) と呼んでいる。

本書は「標準的な意思決定理論のアイデアを受けたものほどには理想化されていない最小行為者 (minimal agent) についての哲学理論を構築する」(第六章二一三頁) ことを目的とする一つのプログラムであり、その一部として機能する最終章は「知識の限界」に割り当てられている。

たしかにクワインの認識論の自然化は「心に依存しない実在が存在する」という言明を検証不可能な無意味なものとして退けることに成功している、とチャーニアクは認めている。しかし、現象世界の現れ (appearance) とそれを超越した実在との区別はない、と主張しようとして検証主義的な戦略を採っても、伝統的な懐疑論は再びによみがえる、とチャーニアクは言う。

なぜならば、「われわれの概念図式それ自身が、「知られている」(そして、知られうる) 世界は現実世界の全体ではない、ということを示唆しているからである」(二〇六頁)。チャーニアクは、知られうる世界のみを知っているにすぎない、という限界に気づいているのではないだろうか。チャーニアクはこの新しい懐疑論を伝統的懐疑論に対して「実証的懐疑論 (positive skepticism)」と呼べるかもしれないと言うが、これも伝統的懐疑論と同様に、現れと実在との区別の有無を懐疑のままに残してしまうのである。

しかし、チャーニアクはクワインによる認識論の自然化プログラムの撤回を求めることはしない。いやそれとは逆に、認識論の自然化プログラムや（欠点を認めつつも）検証可能性原理[2]や経験科学の理論を引っ込めるべきではない、と言っている。むしろ積極的に取り入れることを推奨しているようにさえ、解説者（訳者）には思える。彼自身の探究方法がそうであるから。しかしそのように認識論を自然化していったところで、実証的懐疑論が湧き出てしまうことに、みなの目が向けられることをチャーニアクは望んでいるに違いない。「この懐疑論〔実証的懐疑論〕がもつ意味は伝統的な知識論の内部にある」のであり、それは知識の限界を示唆しているのである。

チャーニアクが現実的な合理性を説明することに成功した秘訣は、第一に、現実世界との関連（Real-World Relevance）を常に念頭に置き、われわれが有限性の苦境にあることに注目してきたことであろう。第二に、その有限性の苦境にある行為者の行動を説明するために、独立して進歩をとげてきた二つの分野を関連づけたところにあるだろう。その二つの分野とは、記憶構造理論やヒューリスティックスの理論を含む認知心理学と計算機科学の基礎である計算量理論である。

3　なぜ最小合理性なのか

最小合理性とは何か？　この問いをチャーニアクが提起するに至る背景は、次のとおりである。それまでのクワインやデイヴィドソンらによる理想的な合理性の理論では、科学分野における行為も日常的な行為も、厳密に言えば、もはや合理的だとは言えなくなってしまう。そこで、チャーニアクは現実の人間の合理性を独自に探究したのである。

チャーニアクの発想は、合理的であるためには下限はあるにせよ、それほど理想的条件を要求されるべきではなく、また要求されたところでそれを満たすことはわれわれには不可能だ、というものだ。〈すべき〉は〈できる〉を含意するのだから。つまりチャーニアクは合理性の中庸の徳を探究し、それを得たのだ。

ここで少し背景を振り返っておこう。これまで、ラッセル、クワイン、デイヴィドソン、デネットたちは、合理性の程度として〇％（無）か一〇〇％（理想的完全性）の二値しか候補に上げてこなかった。それらは極端すぎるモデルであり、現実のわれわれはその適用領域外に存在するのであって、そのような極端すぎる理論では、われわれの日常的な行動すら満足に予測できなかったのだ。

このように合理性〇％（ラッセルによる信念の同意理論）では、信念と欲求に基づいての行動予測ができないので、唯一残った選択肢であるクワインらの理想的で完全な合理性が広く行き渡ることになったのである。チャーニアクは合理性理論を以上のように振り返っている。

もちろん、理想的で完全な合理性に基づく行動予測理論も完全に満足のいく理論でないことは、その理論を支持している者も認識していたのである。しかし、理想的で完全な合理性という前提は、大前提として揺るぎないものであった。チャーニアクと同じ見解の擁護者にはデイヴィドソンがいる（デイヴィドソンは最小合理性の擁護者でもあるが、その一方で理想的で完全な合理性の擁護者としても名高い）し、スティッチによれば、ルークスとおそらくロアも該当する（本双書第四巻『断片化する理性』七六頁を参照した）。また、そう指摘するスティッチも、デネットの完全な合理性やマーティン・ホリスの固定された橋頭堡という見解を退け、チャーニアクの見解のあるヴァージョンを一番正しそうだと支持している（同七二〜九三頁）。以上がチャーニアクを取り巻く状況である。

そしてチャーニアクは、合理性条件の二値（〇％か一〇〇％）からどちらか一方を選択するしかないという考え方を批判し、中庸を守る第三の理論を提唱するに至る。その合理性の理論が、最小合理性（minimal rationality）である。

さて、最小合理性とは何であるかを解説するに先立って、まず、〈どうしてわれわれの合理性は最小にとどまるのか〉ということから解説を始めよう。つまり、〈何か？〉に先立って、〈なぜ？〉から始めよう。というのは、チャーニアクによれば、われわれの合理性が最小にとどまることは、進化の過程上の必然だからだ。必然的に最小にとどまる過程を解明してしまえば、その結果として決定された最小合理性が、読者に明らかなものとなるだろう。

〈どうしてわれわれの合理性は最小にとどまるのか〉という問いに簡潔に答えるならば、「われわれは有限性の苦境にあるからだ」と答えることができる。チャーニアクの言う有限性の苦境とは、われわれの持ちうる認知資源が有限であるがために苦境に立たされていることである。そしてその認知資源とは、基本的にはメモリー（記憶容量）と計算時間のことを指している。

しかし、上の説明だけでは抜け落ちている条件がある。認知資源が有限であるだけでは、われわれは苦境に立たされることはないかもしれない。正確に言えば、合理的に行動しようとするにもかかわらず、与えられた資源では不足してしまう時に、苦境に立たされることになるのである。われわれは日常的に出くわす問題に対してさえ、よくメモリー・オーヴァーやタイム・オーヴァーとなることが多い。しかし実は、われわれの記憶容量からして、メモリー・オーヴァーとなることが当たり前なほど、その容量は小さい[3]。また解き始めてからその問題の難しさを実感することもあるだろうが、個々に与えられた条件ではなくそれを一般化した問題の答え、つまり一般解を求めようと思えば、理論的にはコンピュータでさえ解きえない問題もその辺にころがっているのだ（具体例は本訳者解説第5節「計算量理論」を参照のこと）。つまりわれわれは、有限な認知資源と難問との板ばさみになっているのだ。

この板ばさみの構造を一階層下ってすこし詳細に眺めてみよう。合理的な行為のための所与の資源は、有限な記憶と計算時間（当然、生存時間よりは小さい）である。そして記憶と計算とは切っても切れない関係にある。たった六個の数を足すにしても、ごく簡単な演繹的推論（例えば、「pかつ（p→q）」からqを導くモードゥス・ポネンス）を実行するにも、メモリーは要るのだ。

六個のランダムな数の一個めの数と二個めの数を足す時間を与えられずに立て続けざまに口頭で言われた場合、六個の数のすべてを記憶しなければならない。一方、一個めの数と二個めの数を足せるだけの間隔をあけて、それ以降も順次残りの数が告げられるなら、足し終わった和（そこまでの累積）と次に足す数の二個の数だけを記憶しておけばよい。メモリーと計算時間の用途は、行為者の置かれた状況によって異なる。

モードゥス・ポネンスを実行するにしても、その図式とpとqに具体的に代入された内容とを記憶上に同時に活性化したままに保たねばならない。同時に活性化したままでなければ、推論は行われないからだ。その図式は短く簡単であるが、pとqの場所はそれぞれ、聞きなれない難しい長い専門用語が占めるかもしれない。つまり、推論がなされるためには、推論対象となる情報がすべて同時に活性化されていなければならない。

ここまでメモリーと計算との関係を紹介してきたところで、メモリー、そして計算の順に解説を加えていこう。計算の話題は計算量理論を含む。

4　記憶の構造と活性化

クワインの認識論の自然化プログラムやゴールドマンによる認識学は、人間の忘れっぽさや不注意という特徴を見落としている、とチャーニアクは指摘する（第三章七九〜八〇、八八〜九二頁）。クワインの信念システムでは全体論的再調整がなされるというが、その中で信念どうしが結びつきを作り損ねることが実際には起きているので、システム全体での再調整が本当に起きるとすれば、それは理想化された記憶の上でしかありえないとチャーニアクは批判する。そして、われわれの信念集合は巨大であり、それが不整合であることはありそうだ、と主張する。

そこで、〈巨大な信念集合を所有し、その中の信念どうしの結びつきを作り損ねることもあるという〉事実を説明できる現実的なモデルを、チャーニアクは言語学習や記憶に関する伝統的心理学に求める。その心理学理論によれば、われわれの記憶は二重構造を持つ。すなわち、長期記憶と短期記憶である。長期記憶での保存は冷凍保存に喩えられ、再び解凍されて短期記憶へと浮上しない限り推論には使用されない。

長期記憶上では、信念はクラスター構造をなして分散的に保存されている。われわれは行動前には「こう行動すればよい」と思って行動するのだが、結果的には「うっかりミス」をしでかしてしまうことがある。それはチャーニアクによれば、関連づけられるべき信念が異なるカテゴリーのフォルダに保存されているために、それらの分散されている信念間の関連づけがうまくなされなかったためだ、ということになるだろう。

この説明においては、「われわれ」というのは、人間だけでなく、二重構造の記憶を持った行為者一般のことであるから、犬やチンパンジーの例を挙げよう。〈奪われたくない肉片は、自分の口でくわえておかねば落下してしまう〉という信念が活性化したときに、〈肉片を奪いに来た敵には、吠えて威嚇するべきだ〉という信念を持っていても、それが不活性のままなら、本当の敵や水面に写った自分を見て、吠えたがために肉片を落とすというようなことが起きてしまう。檻から外へと手の平を伸ばせたチンパンジーが、バナナを握った後では檻の中へバナナを持ち込めないことも同様である。

長期記憶は、冷凍保存の一種であり、行動に直接の影響を与えることはない。その保存容量・期間は、事実上無制限と考えられている。巨大な信念集合を長期保存しておけるのは、この長期記憶のお陰である。構造からみれば、長期記憶という全体集合は、いくつかの独立した部分集合に分けられている。その部分集合の一つひとつが、あるカテゴリーを形成し、そのカテゴリーの中に信念というファイルが冷凍保存されている。

短期記憶は信念が活性化している状態のことであり、現在考えている思考内容に対応している。その保存容量は、ランダムに選ばれた単語のような意味のある単位で約六個であり、保存期間は復唱されなければ、三〇秒以下だと考えられている。ただしそれは記憶から完全に削除されるのではなく、長期記憶へと冷凍保存される。信念と欲求から行為への企てに至る実践的推論は、この短期記憶においてのみ行なわれる。

長期記憶と短期記憶との関係は、長期記憶上のあるつながりを持った情報が解凍されて、短期記憶に浮上する、という関係である。長期記憶は、グラフ理論（節点とそれをつなぐ弧で構成される図形がグラフであり、その性質を扱う）でいう、節点が弧によって連結されてできるグラフとして描かれ、その節点に信念の情報が保存されている。そして、そのすべての節点が検索されることはなく、過去の経験によって形成されたつながりのある信念の情報だけが活性化される。

このモデルによる説明は、ちょうどヒュームの「ある観念が与えられたときに他のどの観念が頭に浮かぶかは、その観念と他の観念との連接という過去の経験によって形成されたつながりによって決定される」（第三章八四頁）と一致することを指摘しておく。

哲学は、理性的であるはずの人間が明白な誤りをおかすという可能性を否定するが、現実的な記憶モデルを取り入れなければ、その誤りを含めた人間行動の広くかつ重要な範囲を説明することはできない。そのような例として以下のものをチャーニアクは挙げている。行為者が$a=b$を信じ、なおかつ$b=c$を信じているが、少なくとも一方は長期記憶に冷凍保存されているせいで、$a=c$を推論しないケース。また、行為者がガソリンタンクの中を照らそうとする時、マッチの火は照明の道具だという信念は活性化していたが、点火の道具だという信念は不活性のままだったというケース。

これら二つの例は、複数の信念が同時に活性化していないとうまく推論できないことがあるという点を考慮して説明しているが、その考慮が欠けていると、「ある行為者はマッチに火をつけたとき、彼はマッチに火がついていると本当は信じてはいなかった」等々の説得力のない説明にしかならない。これらの例に限らず一般的には、人間は信念にとって不適切な行為の後で適切な行為を行なったり、その逆を行なったりする。これはなにも日常生活の不注意な行為に限らず、科学的な営みにおいてさえ起ることとである。その行為に対して最小合理性の理論を採用しなければ、行為の合理性を説明できず、心変わりしてしまったとしか言いようがなくなってしまう。

このような二重構造の記憶モデルを採用すると、記憶の基準もダブル・スタンダードとなる。まず短期記憶には長期記憶よりも厳しい基準が要求される。短期記憶にある信念はすべて活性化されているので、その限りでの信念は矛盾していないことが要求されるのである。長期記憶はそれ自体では冷凍状態で評価のしようがないので、解凍して活性化した状態、つまり短期記憶に浮上した状態で評価され、その解凍後の短期記憶が合格点を上回ることが要求される（ただし解凍後の短期記憶が合格しても、長期記憶の整合性が検証されたわけではなく、それは不問のままである。というのは、長期記憶上の信念の数と比べて短期記憶に浮上する信念の数はごく一部で、とてもサンプル調査したとは言えないからだ）。

最小合理性条件でいう「ある程度」とか「かなり」という〈程度〉は、長期記憶上の眠った信念の数に対する、短期記憶上に状況に応じて適切に目覚めた信念の数の割合のことだ、と言い換えてもよいのではないだろうか。「「正しい」信念が少なくともときどきは短期記憶に再生されるのでない限り、人は最小限合理的に、つまり自分の信念に従ってある程度適切な仕方で、行為することはできない」（第三章九七頁）のだが、この「ときどき」において、しかも状況に応じて、あるいは問題解決のために適切に再生される信念が、ある程度適切な仕方の行為に至る〈理由〉なのだ。

そしてその割合は、一〇〇％を大きく下回るが、ある下限がなくては行為者は合理的でなくなる。この大きく下回る理由は、長期記憶には信念があまりにもたくさんあり過ぎるからだ。しかし、われわれは、限られた時間内に企てる行為を選択しなくてはならない。したがって、われわれは網羅的に検索をすることはできないし、そうすることは得策でもないだろう。このように、事実として記憶の網羅的検索は不可能なのである。

この主張は、ヒュームの『人性論』における抽象観念についての議論と一致する。しかし、ヒュームは網羅的検索の不可能性を事実として認めていたが、どのように記憶を検索すればうまくいくのかを説明していない、とチャーニアクは指摘し、その説明を二つの観点から行っている。一つめは、長期記憶のどの部分集合を検索対象として選ぶべきか、という観点であり、二つめは、その部分集合の適切な大きさについての観点である。

一つめの観点については、ランダムに部分集合を選ぶ場合よりもうまくいくように、長期記憶はテーマごとに一つの部分集合に収めておかねばならないことが指摘される。二つめに関しては、一般に検索には、大局的な検索と局所的な検索があり、大局的な検索は信頼性に優れ、局所的な検索は速度に優れている。したがって、信頼性と速度とはトレード・オフの関係にある。そのバランスが適切であるためには、長期記憶の部分集合の大きさが適切になることが要求される、としている。大きすぎれば時間がかかり、小さすぎれば、その中を全部調査しても得るべき信念をヒットできないことが多くなるのである。

5　計算量理論

われわれは、短期記憶上の活性化された信念しか推論に使用できないにもかかわらず、一般的にはコンピュータでも手に負えないような計算量を持つ問題のある具体的なケースに日常生活において直面する。では、コンピュータでも手に負えないような計算とはどんな計算だろうか。問題の規模によってはコンピュータでも手に負えなくなるのだが、そのような問題が日常生活にも起りうることの紹介から始めよう。続いて、計算の量はいかにして計られているのかを紹介することとする。

食卓にn品が並んでいるときに、一番おいしく食べる箸の進め方を求める問題でさえ、設定によっては実効上、解けない問題となる。もし各品をm分割すると（例えば、茶碗蒸しなら、えびを含むひとさじと松茸を含むひとさじなど、何口かに分けるとすると）、グラフ理論的に$n \times m$の節点を用意したことになる（必ずしもm分割というふうに等分する必要はなく、多くの節を用意する便宜上このように条件設定しておく）。それらの節点の間に（都市間の距離というコストではなく）〈食べ合わせのまずさ〉という重み付けを与えるとしよう。つまり、「これを口にした後で、あれを口にすると、おいしくない」というふうに消極的ながらも、おいしさを最大にする箸の運び方を求めることとする。節点と節点との間を〈食べ合わせのまずさ〉を持たせた弧でつなげば、一つのグラフが描かれる。以上より、これらの節点に置かれた一口の品を〈食べ合わせのまずさ〉が最小になる箸の運び方を求める問題が設定される。

しかし、この問題は巡回セールスマン問題（組合せ最適化問題のひとつ。詳細は第四章の原注4を参照のこと）と同等の問題であり、チャーニアクによれば（彼はKirkpatrick, Gelatt and Vecchi 1983を参照しているが）、もしn×mが三一八個を越える場合、厳密な解法の存在が証明されていない（これも第四章の原注4を参照のこと）。

チャーニアクは計算量を評価するために、計算のステップ数のオーダを採用しているので、これについて説明しよう。ある問題を解くアルゴリズムの効率を評価するには、計算機の性能に依存しない方法が用いられる。そのために計算量を計るには、計算にかかる時間の長さで評価する方法と記憶の大きさで評価する方法とがあるが、チャーニアクが採用しているのは、時間の長さで評価する方法である（この方法が一般的である）。

その方法とは、ストップウォッチで時間を実測するのではなく、アルゴリズムのステップ数で評価する。各ステップは、一行の計算式であり、どの一行も同じ時間で処理されることを前提する方法である。問題の入力サイズnの関数として、その問題の複雑さを表現する(1)。一般に、その入力サイズnの関数が多項式のオーダならば、解ける問題であり、指数関数のオーダならば、解けることが困難とされている。しかし、チャーニアクは多項式オーダの問題であっても、必ずしも簡単には解けないものもあれば、その逆もあることを指摘する。チャーニアクは、ある種の問題群の計算量を、その最悪のケースや平均的なケースで評価するのではなく、そこに属する個々の問題が現実にどれくらい速く

解けるかに着目する。(5)

チャーチ、ゲーデル、チューリングらによる原理的な不可能性の証明は、証明されてしまえば、それで完結なのである。一方、計算量理論の分野では、例えば、NP完全問題は、指数関数時間を要する決定性アルゴリズムしか発見されていない。つまり決定性チューリング・マシン上で計算が停止するには、〈やがては終わるが、いつ終わるかわからない〉指数関数時間を待たなければならない。したがって現在のところ、その厳密解を追い求めることは実効上、断念せざるをえない。しかし、解の精度を落としてその近似解を求めることができる近似アルゴリズムを発見・考案・作成・開発することは、計算量理論の研究者によって行われている。彼らによっては、解の精度と計算速度とがトレード・オフなのだ。

チャーニアクが参考にしているのは、〈原理的にできないことが証明されてそこでおしまい〉ではなく、次善の策を講ずる発想であろう。われわれは原理的な可能性を調べた上で可能な場合にのみ挑戦するのではない。そんな時間が与えられないのがふつうであり、生存などの目的のためには、何が何でも立ち向かわねばならないのだから。

本書では解の精度と計算速度の良好な例として、ラビンによる方法を紹介している。「ラビンは、真理性は保証しないが、しかし誤りの確率が例えば一〇億分の一と決定できるような確率的な証明方法を考案し、推奨した」(第四章一四一頁)。誤りの確率としてまったくのゼロを要求するならば、その解は求まらないのだが、ラビンが引き出した教訓は、以下のとおりであった。「実行不可能なまでに長い証明という問題を避けるために、時には数学者は究極の〈スピードと信頼性のトレード・オフ〉を行うべきだ」(一四一頁)。

ここまで読んでこられた読者は、「これだけ乏しい認知資源しか使えないのに、どうしてわれわれは、かなりうまく問題を処理できているのか」と不思議に思うかもしれない。われわれは理想的ではないから、そうはうまくいかないはずだ。われわれの演繹的能力はコンピュータにはるかに及ばず、そのコンピュータでさえ手に負えない問題までもが、われわれの前に転がっているのである。そんなわれわれが合理的に行為できているのは、実は発見法、つまりヒューリステックス (heuristics) を用いているお陰なのである。

チャーニアクは、計算論上の原理的な不可能性だけではなく、実効的な計算困難を参照した上で、それを実行できてしまうような仮想的な能力を、現実的な合理性モデルに対していっさい要求しない。そして、その合理性モデルの推論力を補うものとして、心理学的研究によって解明された「素早いがいいかげんな」発見法を挙げ、計算論的に「手に負えない状況を避けるための、スピードと信頼性の究極的なトレード・オフなのかもしれない」(第四章一一六頁)と評している。われわれの記憶容量と解くべき問題の難しさを前提とすれば、われわれが発見法を採用するに至ったことは、やはり必然的だったと言えよう。発見法なしでは、有限性の苦境に立たされているわれわれは、生存するための緊急で重大な課題であってさえも遂行できないものもあるのだから。

6　最小合理性とは何か

さて、〈なぜか?・〉から〈何か?・〉へと話を移そう。必然的に最小とならざるを得なかったわれわれの合理性とは一体何なのだろうか。

最小合理性は、「最小」という名前がつくのだが、合理性条件を一直線上に対応づけて、「これがその最小値だ」というふうに最小値が存在するような類いのものではない。その両極端なケースは線分上に両端として確かに存在している。その極端の一つが合理性が無の同意理論、もう一つの極端が、理想的で完全な合理性の理論であり、ともにチャーニアクが退けたものである。最小合理性は、この両端点のどちらも含まない区間のどこかに位置している。その区間はグレー・ゾーンであり、白黒とグレーとの区別はついているが、グレー・ゾーンの区間のどこかは確率的にしか定まらない(6)。

なぜかといえば、最小合理性はあいまいな概念だからだ(7)。そう言うと、最小合理性に対して読者から不満の声が聞こえてきそうだ。というのは、チャーニアクによれば、「模範的な科学理論にはあいまいさがないと一般にみなされている」ことと比較して見劣りしてしまうからである。

しかし、そのあいまいさは必然(8)である。なぜかといえば、例えば、最小合理性条件であるための必要条件の一つである最小推論条件を明確に定めようとしても、行為者にとって一見して適切な複数の推論の組み合わせをいくつか選定できるにすぎないからだ。いま、推論1、推論2、推論3、…、推論nと、それらの推論の組み合わせA、Bがあり、Aは最小推論条件を満たしているとしよう。BにはAと比較して推論4と推論5が欠けていても、Aにはない推論8が含まれているがゆえに最小推論条件を満たすこともあるだろう。

例えば、組み合わせA＝{推論1, 推論2, 推論3, 推論4, 推論5}で、組み合わせB＝{推論1, 推論2, 推論3, 推論8}で、ともにある問題解決のために適切な推論の組み合わせだったとしよう。しかしある行為者は組み合わせAを、また別の行為者は組み合わせBを短期記憶に浮上させて解決にあたろうとする。このような違いが起こることは、読者にはもうおなじみとなったであろう長期記憶のクラスター構造（第4節で紹介）によって、ここでも説明されるのである。

ではこのようなあいまいさを持つ最小合理性をこうまとめてみよう。合理的な行為者は欲求を満たすために信念に基づいて行為する、と第2節の冒頭で述べたが、最小合理性を満足する行為者は、あらかじめ長期記憶上に分類ごとに区画化し冷凍保存してあった、信念のある部分集合を呼び出し、その内部において、現在直面する問題の解決に役立つと思われるいくつかの信念を高速検索・急速解凍し、短期記憶上に活性化させる。この活性化された信念だけに基づいてその行為者は行為するが、直面する問題の難しさによっては有限性の苦境に追い込まれ、発見法によって何とかその場を切り抜けるのだ。行為者がこれだけの行為をなすことができるだけの最小限の合理性が最小合理性なのではないだろうか。

7　チャーニアクはどんな哲学者か

チャーニアクの最小合理性を以上のように解説してきたが、では他の哲学者とどこがどう違う議論を打ち出してきたのか、その特長を見てみよう。本書の「序」にもあるように、チャーニアクは〈極端に理想化された認識行為者のモデル〉を白鯨に喩え、それを追いかけてきたのである。その理想化されたモデルの擁護者がクワインであり、もちろんチャーニアクがクワインから取り入れたことは多いが、理想化された面だけはそうではなかった。チャーニアクはクワインの主張に誤りを見つけ、それを正したのだ。

クワインの言うとおり、われわれの合理性は理想的なものなのかもしれないし、そうでないのかもしれない。しかしチャーニアクはそれが理想的であるという前提が成立しえないということを、哲学以外の分野からその知見を取り入れそれを根拠として主張した点を解説者（訳者）は「地に足が着いた説得力のある議論」と評価したい。

クワインは合理的な行為者に論理の普遍的受容を要求するのだが、いったんこれを受容してしまうと、その理想的な合理性条件を満たすと期待された行為者は、健全で完全な論理を受容しなければならなくなる。そして結局その行為者は、〈第一階述語論理の任意の論理式が前提の集合からの結論であるか否かを、有限回のステップで判定できる〉ことまでも要求されてしまうことになるのだ。しかし、チャーチの定理によりそれを満たすことは不可能であるということをチャーニアクはメタ論理学的立場から指摘している。

第4節「記憶の構造と活性化」で紹介したように、クワインは、信念システムの一部に不整合が生じると全体論的再調整がなされる、と主張しているが、それら全部の信念を同時に短期記憶上に活性化することは不可能だろう。記憶容量の観点からだけでなく、計算量の観点からしても、行為者の信念が一三八個以上あれば（チャーニアクは行為者の信念の数として一三八個では少なすぎると考えている）、それらの間の整合性を証明するには、ビッグ・バンによる宇宙の推定経過時間ではまだ足りないことが知られている、とチャーニアクは指摘する。[9] クワインに反して、チャーニアクは「現実的な合理性理論は、計算論的に手に負えない手続きを含むべきではない」と主張している。

クワインやデイヴィドソンによって理想化された行為者は、その身の丈を基準にとった目に見えるサイズのものから成り立つ領域から、多様で複雑な宇宙のマクロ的領域にもミクロ的領域にも調整された認知能力を有しそうである。しかしチャーニアクは、クワインによる認識論の自然化プログラムから、われわれの知識の限界を以下のような議論を経て引き出している。[10]

チャーニアクによれば、われわれのような行為者は自然淘汰によってある認知的偏向が組み込まれた概念図式を持っている。その図式はそうでしかありえないような唯一無二の図式であるという、クワインとノイラートの主張にチャーニアクも同意し、それを捨て去ることはできないし、そうすべきでない（第六章二〇五頁）と言っている。しかし、「現在の概念図式に対する改良はもちろん、それ以上にその代替となる図式を想像する際に生ずる同様の困難が、翻訳に関するクワインの説明には満ちている」（二〇六頁）とチャーニアクは言う。

クワインの想定している翻訳者が向かい合うのは自分と同等な人たちの図式かより幼稚な図式である。その翻訳者は〈下〉を眺めては、自らの図式を最良に違いないと考えるが、〈上〉を見上げた場合、それが自らの概念図式よりも優れたものであると気づくことができないばかりではなく、それを異なる概念図式とも理解できないであろう、とチャーニアクは考えている。結局その翻訳者は、唯一の概念図式しか許容しないし、自らの概念図式を超えることができないという限界に気づいていない。

クワインとその路線を推し進めたデイヴィドソンがともに、このような間違った論証に至る原因を、チャーニアクは慈善の原理を厳格に適用したためだろう、つまり「[対象者と解釈者の]一致を最大化する」(第六章二〇八頁)ことを徹底したためだ、と考えている。もし最小の慈善しか要求しないならば、翻訳者は〈上〉を向いて、それを理解できないと分かっても無意味だとは決めつけないで、それはひょっとするとわれわれが理解できないだけで、われわれのものよりももっと優れた概念図式かもしれない、と考える余地を残す(本書第六章より要約)のだ。この翻訳者は自らの概念図式に限界があるということを自覚している。

チャーニアクは最小合理性を唱えるからこそ、われわれのような合理的な行為者にとっての知識には限界があるという自覚を持つことができ、さらにそのうえで最近の哲学者に対して、認識論的行為者を過度に理想化したために知識の限界を見過ごしてしまっている、と警鐘を鳴らしているのである。

8　著者の主要著作

最後に、著者の主要著作へのアクセス方法について紹介しておこう。チャーニアクの著作・論文の一覧は、チャーニアクのホームページ及びメリーランド大学哲学部のホームページに記載されている。論文の中にはホームページからＰＤＦ形式で読めるものもある（〝ＰＤＦ〟とかっこ書きされたものが、そうである）。

チャーニアクのホームページのＵＲＬ

http://www.glue.umd.edu/~cherniak/

メリーランド大学哲学部のホームページのＵＲＬ

http://www.philosophy.umd.edu/deptwebsite/people/corefaculty/cherniak_christopher.html

注

（1）ただしチャーニアクは、クワインの全体論では欲求は考察されていないことを指摘している。「デイヴィドソンや他の人たちは、信念と意味だけではなく欲求も合わせて考察されるべきだということを意思決定論の枠組みの中で主張することによって、クワインの全体論よりも徹底した全体論を支持した」（第四章一五三頁）。

（2）「「命題ｐが認知的に有意味であるならば、ｐを確証または反確証（disconfirm）することは論理的に可能である」。ここで「認知的に有意味である」とは、「真または偽でありうる」ということを意味する」（第六章一九五頁）。

（3）これは短期記憶と長期記憶の別をつけるならば、短期記憶を指している。短期記憶はきわめて限られた容量しかなく、長期記憶は事実上無制限にあると考えられている。
（4）例えば、グラフに関する問題であれば、それを構成する節点（node）の数が増えるほど、解くのに時間がかかるので、その節点の数を一般のnとしておく。
（5）数学者、論理学者にとっては「解ける」とは、特殊解が求まることではなく、一般解が求まることと考えるのが一般的であるが、チャーニアクはそのような観点から見ているのではない。
（6）「合理性の「量」は、ゼロにまで減少することはできない。最小条件は、グレー・ゾーンの中間地帯では確率的に用いられるように思われる」（第一章二九頁）。
（7）ただしこのあいまいさは、〈実行可能な推論の理論〉（第二章にて展開）と〈人間の記憶構造の理論〉（第三章にて展開）が、最小合理性を満たすか否かの「合格ライン」の設定に役立つので、その設定によって減少していく。この有用性をとらえてチャーニアクは、〈実行可能な推論の理論〉と〈人間の記憶構造の理論〉とを補助理論と位置づける。合理性条件を単独で用いても認知システムの帰属に基づく行為予測に関して限定的な結果しか得られないという点を考慮すると、解説者（訳者）は補助理論も重要であると考える。
（8）「もしAが特定の信念・欲求集合を持っているならば、Aはその信念集合に基づいて、一見して適切な健全な推論の必ずしもすべてではないが、そのいくつかを行うだろう」（第一章一四〜一五頁）。
（9）「理想的なコンピュータは、真理表による方法で、どれくらいの大きさの信念集合の無矛盾性を確かめることができるだろうか？（…）このスーパー・マシンで、わずか一三八個の論理的に独立な命題しか含まない信念システムを確かめようとする場合ですら、時間不足になってしまうだろう」（第四章一四五〜一四六頁）。また第四章の原注13も参照のこと。
（10）〈われわれ〉とはだれかを少し詳しく言えば、行為者として信念を帰属される側の信念者（believer）ではなく、信念を帰属させる側の信念帰属者（believe-attributer）である。未知の現地語を既知の言語に翻訳する翻訳者も信念帰属者の一つである。

監訳者あとがき

「とりあえず何にでもまずは反対してみる」というのは、京都大学の伊勢田哲治さんによると、哲学者の性だそうだが、われわれ監訳者・訳者一同は勁草書房の土井美智子さんからこの翻訳のお話しを頂いたとき、別段、約束の期口に「とりあえず反対」したわけではなかった。最初の約束からこのように遅れてしまったのは、ひとえにわれわれの怠慢のせいであり、土井さんを初め関係者のみなさまに多大のご迷惑をおかけしてしまったことは、まことに痛恨の極みである。

言い訳のつもりで、もう少し本訳書成立の事情を述べさせてもらうと、最初に訳者の中村、村中両名が二人の共訳としてこの翻訳に取りかかったときは、両名とも金沢大学大学院・社会環境科学研究科の博士後期課程に在学しており、博士論文と格闘している真最中であった。その後この訳書が何とか世に出るようになるまでの間に、両名とも博士号を取得して無事に大学院を修了することができたが、その途中で、締め切りをかなり遅れた訳業に土井さんからは〈perish or publish〉という「優しくも身の引き締まる」提案を頂き、両名の共訳をいったん白紙に戻し、もう一人の訳者、当時、金沢大学非常勤講師であった岡庭さんを加えて陣容を強化した上で柴田が監訳することとなった。このような次第で、私としては、高みの見物で両名の共訳が出来上がってくるのを待つつもりでいたのだが、そう暢気なことを言っておられなくなったわけである。とはいえ、法人化以後の国立大学の事情をご存じの方はご理解いただけると思うが、新体制で翻訳に本腰を入れようにも、今度は大学の雑務が急激に増え、私の方が他の三人の足を引っ張るようになってしまったのはまことに慚愧の念に堪えない。

なお、翻訳は主に以下のように分担したが、最後は全員がすべての章に関わっている。

一、二章……中村直行
三、四章……村中達矢
五、六章……岡庭宏之

さて、本書のユニークな内容については、詳しくは中村さんの解説に譲るが、一言だけ私の個人的な印象を述べておきたい。それは、原著の出版が一九八六年であることを考えると、もっとずっと早く邦訳が出てしかるべきであった、ということである。何年も自分たちで翻訳を遅らせておいて何を勝手なことを言う、という批判は甘んじて受けるつもりであるが、私が「もっと早く」と言っているのは、例えば二〇年前に邦訳が出ていれば、日本におけるクワイン、デイヴィドソン、デネットらの受容と評価がだいぶ変わっていただろう、という意味である。これもまた日本の哲学界の悪弊で、ともかく欧米の思想傾向を追いかりる風潮が今もある。そして、ほんの少し前まで、クワインらの「理論／信念の全体論」や「慈善の原理」や「翻訳の不確定性」や「根源的解釈」などといった言葉を流行語のように多用して論文を生産する時期が日本にもあった。そして、誰もが「これを額面通りに主張するのは無理があろう」というわずかな引っかかりを感じながらも、時代のモードに従ったのである。わずかに、彼らのアイデアは理想的すぎるのではないか、極端すぎるのではないか、現実から離れすぎているのではないか、といった思いが頭をかすめただけで、それをもう一度、きちんとした哲学の議論として再構成するには至らなかった、というのがわれわれ大部分の反応ではなかっただろうか。その意味で、チャーニアクの「有限性の苦境」の視点はこの〈引っかかり〉の根元を摘出した点で特筆すべきであり、それは、ともかく行き過ぎた主張をやわらげるといった日本人好みの〈中庸の美徳〉などではなく、人間という認知的行為者に関する〈現実的な理論〉を認知理論や計算量理論によって構築するという、すぐれて足腰の強い哲学の試みなのである。もしこのチャーニアクの視点が九〇年代の初めにでも日本に紹介されていれば、わが国における分析哲学の理論的な地図はだいぶ変わっていたであろう。節操のない「反自然主義」や「解釈主義」の誘惑は、その魅力の大半を失ってしまったはずである。私自身、不明の極みながら、この翻訳に携わってようやくそれを理解することができるようになった。

最後に、冒頭に言及した伊勢田さんにわれわれ一同の心からの感謝を申し上げたい。われわれの翻訳がどうにか致命的な誤訳を逃れ、少しでも分かりやすい日本語になっているとしたら、それはすべて伊勢田さんの超人的とも言える最終チェックのお陰である。われわれの訳稿ができた段階で、すべてを伊勢田さんに詳しく見て頂き、細かな表現上の工夫に至るまでまことに多くの有益な示唆を頂いた。改めて、お礼を申し上げたい。とはいえ、先日（二〇〇八年九月）、名古屋大学で行われた応用哲学会の設立総会で、理事である伊勢田さん本人が学会の方針に対して出した質問の姿勢「とりあえず何にでもまずは反対してみる」という哲学者の精神をわれわれも共有し、伊勢田さんの最終チェックをもう一度、訳者一同で検討したのだった。その結果、せっかく良くなった翻訳をまた悪くするという愚かなことが起きたかもしれない。やれやれ、哲学をする者の健全にして悲しき性ではある。いずれにせよ、訳文の最終的な責任は訳者一同、とりわけ監訳者の私にあるのは言うまでもないことである。

そして最後の最後に、辛抱強くわれわれの歩みを待って下さった勁草書房の土井さんに深くお礼を申し上げたいと思う。有り難うございました。

二〇〇八年一一月

柴田正良

原著者略歴

クリストファー・チャーニアク（Christopher Cherniak）

1945年生まれ。1973年にオックスフォード大学で文学士号、1977年にカリフォルニア大学バークレー校で博士号を取得。元メリーランド大学哲学部教授。著書に *Minimal Rationality*（The MIT Press, 1986, 邦訳本書）、主論文に "The Riddle of the Universe and Its Solution" in *The Mind's I*（Basic Books, 1981）（邦訳「宇宙の謎とその解決」、『マインズ・アイ〔下〕』TBS ブリタニカ），"Neural Circuitry Optimization" in *Evolution of Nervous Systems*（Academic Press, 2006），vol. 1, "Neural Component Placement" in *Trends in Neurosciences*, 18（1995）がある。

監訳者略歴

柴田正良（しばた　まさよし）

1953年生まれ。1982年、名古屋大学大学院博士課程単位取得満期退学。金沢大学人文学類教授。主著に『ロボットの心――7つの哲学物語』（講談社現代新書）。

訳者略歴

中村直行（なかむら　なおゆき、第一章・第二章）

1964年生まれ。2006年、金沢大学大学院博士後期課程修了。博士（文学）。金沢学院大学経営情報学部准教授。主論文に「沈黙すべき〈語り得ぬもの〉とは何か？――『論考』の峰と山脈を追いかけて」（金沢大学博士論文、2006年）。

村中達矢（むらなか　たつや、第三章・第四章）

1973年生まれ。2007年、金沢大学大学院博士後期課程修了。博士（文学）。金沢大学非常勤講師。主論文に「C.S. パースが提示した「仮説の構成原理」について」（『中部哲学会年報』36号、2004年）。

岡庭宏之（おかにわ　ひろし、第五章・第六章）

1966年生まれ。1998年、金沢大学大学院博士後期課程単位取得満期退学。塾講師。主論文に「心的状態に関する内在説と外在説」（『科学哲学』29号、1996年）。

人名索引

＊（　）は注番号を示している。

ア　行

ウィッケルグレン　Wickelgren, W.　58
ウィトゲンシュタイン　Wittgenstein, L.　128, 155
ウィンストン　Winston, P.　225(6)
ウィンフィールド　Winfield, P.　232(1)
ウェイソン　Wason, P.　226(8)
ウェイル　Weill, A.　232(1)
ウェストン＝スミス　Weston-Smith, M.　233(5)
ヴェッチ　Vecchi, M.　225(4)
ウッドワース　Woodworth, R.　226(8)
エイヤー　Ayer, A.　219
オースティン　Austin, J.　157–9, 163, 172–3, 233(2)

カ　行

カークパトリック　Kirkpatrick, S.　225(4)
カーネマン　Kahneman, D.　148, 226(5)
カープ　Karp, R.　225(2), 227(11)
カルナップ　Carnap, R.　189
カント　Kant, I.　85, 102, 120, 164, 215–20, 235(6)
キャベル　Cavell, S.　233(2)
ギャレイ　Garey, M.　142, 145, 225(2)
キャンベル　Campbell, D.　199
クイリアン　Quillian, M.　224(3)
クック　Cook, S.　225(2)
クヌース　Knuth, D.　225(6), 228(13)
グライス　Grice, H.　163, 233(2)
クラツキー　Klatzky, R.　224(2)
グラックマン　Gluckman, M.　232(1)
クリーネ　Kleene, S.　136, 222(4), 225(3)
グリーン　Green, D.　201
グルーバー　Greuber, E.　232(1)
クレー　Klee, V.　227(12)
クレイク　Craik, F.　224(2)
クワイン　Quine, W.　27–8, 75, 178, 199, 234(2)
クーン　Kuhn, T.　189, 230(18)
ゲーデル　Gödel, K.　120
コーエン　Cohen, L.　221(5), 230–2(18)
コラタ　Kolata, G.　227(9)
コリンズ　Collins, A.　224(3)
ゴールドマン　Goldman, A.　40, 77, 159, 173
コーンスウィート　Cornsweet　186, 201

サ　行

タ　行

ナ　行

ハ　行

マ 行

ラ 行

ワ 行

事項索引

＊(　) は注番号を示している。
＊注に関しては、注全体がその語句の解説・説明になっている場合には、その語句自体が出てこないものも採用した。

タ　行

ナ　行

ハ　行

参考文献

Austin, J. (1979). *Philosophical Papers*, 3rd ed., J. Urmson and G. Warnock, eds. New York: Oxford University Press. [『オースティン哲学論文集』坂本百大監訳、勁草書房、1992年。]

Ayer, A. (1946). *Language, Truth, and Logic*. London: Gollancz. [『言語・眞理・論理』吉田夏彦訳、岩波書店、1997年。]

Ayer, A., ed. (1959). *Logical Positivism*. New York: Free Press.

Baker, J. (1979). *Introduction to English Legal History*, 2nd ed. London: Butterworths.

Bar-Hillel, Y. (1964). "Is Information-Retrieval Approaching a Crisis?" In *Language aud Information*. Reading, Mass.: Addison-Wesley.

Bartlett, F. (1932). *Remembering: A Study in Experimental and Social Psychology*. Cambridge: Cambridge University Press.

Belnap, N. (1967). "Tonk, Plonk, and Plink." In *Philosophical Logic*, P. Strawson, ed. Oxford: Oxford University Press.

Bennett, J. (1976). *Linguistic Behavior*. New York: Cambridge University Press.

Bergson, H. (1911). *Creative Evolution*. New York: Henry Holt. [『創造的進化』松浪信三郎・高橋允昭訳、『世界の大思想』第21巻所収、河出書房新社、1972年。]

Berwick, R., and A. Weinberg (1984). *The Grammatical Basis of Linguistic Performance*. Cambridge, Mass.: The MIT Press.

Black, M. (1970). "The Justification of Logical Axioms." In *The Margins of Precision*. Ithaca, N. Y.: Cornell University Press.

Bransford, J., and J. Franks (1971). "The Abstraction of Linguistic Ideas." *Cognitive Psychology* 2, 331–350.

Campbell, D. (1974). "Evolutionary Epistemology." In *The Philosophy*

of Karl Popper, P. Schilpp, ed. La Salle, Ill.: Open Court.
Carnap, R. (1956). "Empiricism, Semantics, and Ontology." In *Meaning and Necessity*, 2nd ed. Chicago: University of Chicago Press.
Cavell, S. (1979). *The Claim of Reason*. New York: Oxford University Press.
Chaitin, G. (1974). "Information-Theoretic Limitations of Formal Systems." *Journal of the Association for Computing Machinery* 21, 403–424.
Cherniak, C. (1984). "Prototypicality and Deductive Reasoning." *Journal of Verbal Learning and Verbal Behavior* 23, 625–642.
Church, A. (1956). *Introduction to Mathematical Logic*, vol. 1. Princeton, N. J.: Princeton University Press.
Cohen, L. (1981). "Can Human Irrationality Be Experimentally Demonstrated?" *Behavioral and Brain Sciences* 4, 317–331.
Collins, A., and M. Quillian (1969). "Retrieval Time from Semantic Memory." *Journal of Verbal Learning and Verbal Behavior* 8, 240–247.
Cook, S. (1971). "The Complexity of Theorem-Proving Procedures." *Proceedings of the 3rd Annual ACM Symposium on Theory of Computing*, 151–158.
Cook, S. (1983). "An Overview of Computational Complexity." *Communications of the Association for Computing Machinery* 26, 400–408.
Cornsweet, T. (1970). *Visual Perception*. New York: Academic Press.
Craik, F., and R. Lockhart (1972). "Levels of Processing: A Framework for Memory Research." *Journal of Verbal Learning and Verbal Behavior* 11, 671–684.
Davidson, D. (1980a). "Actions, Reasons, and Causes." In Davidson (1980d). [「行為・理由・原因」柴田正良訳、『行為と出来事』服部裕幸・柴田正良訳、勁草書房、1995年、第一章、2–28頁、所収。]
Davidson, D. (1980b). "Psychology as Philosophy." In Davidson (1980d). [「哲学としての心理学」服部裕幸訳、『行為と出来事』服部裕幸・柴田正良訳、勁草書房、1995年、第九章、299–315頁、所収。]
Davidson, D. (1980c). "Mental Events." In Davidson (1980d). [「心的

出来事」服部裕幸訳、『行為と出来事』服部裕幸・柴田正良訳、勁草書房、1995年、第八章、262–92頁、所収。]

Davidson, D. (1980d). *Essays on Actions and Events*. New York : Oxford University Press. [『行為と出来事』服部裕幸・柴田正良訳、勁草書房、1995年。]

Davidson, D. (1984a). "On the Very Idea of a Conceptual Scheme." In Davidson (1984c). [「経験主義の第三のドグマ」土屋俊訳、『現代思想』、1985年7月号、青土社、169–83頁、所収。]

Davidson, D. (1984 b). "Thought and Talk." In Davidson (1984 c). [「思いと語り」『真理と解釈』野本和幸他訳、勁草書房、1991年。]

Davidson, D. (1984 c). *Inquiries into Truth and Interpretation*. New York: Oxford University Press.

Davidson, D., and J. Hintikka, eds. (1969). *Words and Objections*. Dordrecht: D. Reidel.

Dennett, D. (1978a). "Intentional Systems." In Dennett (1978c).

Dennett, D. (1978b). "Conditions of Personhood." In Dennett (1978c).

Dennett, D. (1978c). *Brainstorms*. Cambridge, Mass.: The MIT Press. A Bradford book.

Descartes, R. (1955a). *Rules for the Direction of the Mind*. In Descartes (1955d). [『精神指導の規則』野田又夫訳、岩波書店、1974年。]

Descartes, R. (1955b). *Meditations*. In Descartes (1955d). [『省察』三木清訳、岩波書店、1949年。]

Descartes, R. (1955 c). *The Principles of Philosophy*. In Descartes (1955d). [『哲学の原理』佐藤信衛訳、創元社、1947年。]

Descartes, R. (1955d). *Philosophical Works*, vol. 1, E. Haldane and G. Ross, tr. Cambridge: Cambridge University Press. [『デカルト著作集』三宅徳嘉他訳、白水社、1973年 (4分冊)。]

de Sousa, R. (1971). "How to Give a Piece of Your Mind ; or the Logic of Belief and Assent." *Review of Metaphysics* 25, 52–79.

de Sousa, R. (1976). "Rational Homunculi." In *The Identity of Persons*, A. Rorty, ed. Berkeley, Calif.: University of California Press.

Dretske, F. (1981). *Knowledge and the Flow of Information*. Cambridge, Mass.: The MIT Press. A Bradford book.

Du Bois-Reymond, E. (1872). *Über die Grenzen des Naturerkennens*. Lei-

pzig: Veit.

Dummett, M. (1978). *Truth and Other Enigmas*. Cambridge, Mass.: Harvard University Press. [『真理という謎』藤田晋吾訳、勁草書房、1986 年。]

Duncan, R., and M. Weston-Smith, eds. (1977). *Encyclopedia of Ignorance*. New York: Simon and Schuster. [『未知の百科事典』日本ブリタニカ、1980 年（『生命と地球科学の最前線』（日高敏隆監訳）と『物理的科学の最前線』（江沢洋、村上陽一郎監訳）の二分冊となっている）。]

Duncker, K. (1968). "On Problem-Solving." In Wason and Johnson-Laird, eds. (1968).

Fischer, M., and M. Rabin (1974). "Super-Exponential Complexity of Presburger Arithmetic." Complexity of Computation. *SIAM-AMS Proceedings* 7, 27–41.

Fodor, J. (1975). *The Language of Thought*. New York: Crowell.

Fodor, J. (1983). *The Modularity of Mind*. Cambridge, Mass.: The MIT Press. A Bradford book. [『精神のモジュール形式――人工知能と心の哲学』伊藤笏康・信原幸弘訳、産業図書、1985 年。]

Garey, M., and D. Johnson (1979). *Computers and Intractability*. San Francisco: W. H. Freeman.

Gluckman, M. (1967). *The Judicial Process among the Barotse of Northern Rhodesia*, 2nd ed. New York: Humanities Press.

Goldman, A. (1976). "Discrimination and Perceptual Knowledge." *Journal of Philosophy* 73, 771–791.

Goldman, A. (1978). "Epistemics: The Regulative Theory of Cognition." *Journal of Philosophy* 75, 509–523.

Green, D. (1976). *An Introduction to Hearing*. Hillsdale, N. J.: Lawrence Erlbaum.

Greuber, E. (1886). *The Roman Law of Damage to Property*. Oxford: Clarendon Press.

Grice, H. (1975). "Logic and Conversation." In *The Logic of Grammar*, D. Davidson and G. Harman, eds. Encino, Calif.: Dickenson.

Harman, G. (1973). *Thought*. Princeton, N. J.: Princeton University Press.

Hart, H., and H. Honoré (1959). *Causation in the Law*. Oxford : Oxford University Press.

Heidegger, M. (1962). *Being and Time*. New York : Harper and Row.［『存在と時間』松尾啓吉訳、勁草書房、1960–1966 年（上下 2 冊）。］

Hempel, C. (1965). "Aspects of Scientific Explanation." In *Aspects of Scientific Explanation*. New York : Free Press.

Hilbert, D. (1935). "Mathematische Probleme." In *Gesammelte Abhandlungen*, vol. 3. Berlin : Springer.

Hilding, A. (1975). Letter. *Science* 187, 703.

Hintikka, J. (1962). *Knowledge and Belief*. Ithaca, N. Y.: Cornell University Press.［『認識と信念――認識と信念の論理序説』永井成男・内田種臣共訳、紀伊国屋書店、1975 年。］

Hintikka, J. (1970). "Information, Deduction, and the A Priori." *Nous* 4, 135–152.

Holmes, O. (1963). *The Common Law*. Cambridge, Mass.: Harvard University Press.

Howe, M. (1970). *Introduction to Human Memory*. New York : Harper and Row.

Hume, D. (1965). *Treatise of Human Nature*, H. Selby-Bigge, ed. Oxford : Oxford University Press.［「人性論」大槻春彦訳、岩波書店（『知性に就いて』（1948–1949 年）、『情緒に就いて』（1951 年）、『道徳に就いて』（1952 年）、所収）。『人間本性論』木曾好能訳、法政大学出版局、1995 年。『ヒューム人性論』太田善男訳、阿蘭陀書房、1918 年。］

Jones, J. (1978). "Three Universal Representations of Recursively Enumerable Sets." *Journal of Symbolic Logic* 43, 335–351.

Jones, J. (1982). "Universal Diophantine Equation." *Journal of Symbolic Logic* 47, 549–571.

Joshi, A. (1982). "Mutual Beliefs in Question-Answer Systems." In *Mutual Knowledge*, N. Smith, ed. New York : Academic Press.

Kant, I. (1929). *Critique of Pure Reason*, N. Kemp Smith, tr. London : Macmillan.［カント全集 4–6『純粋理性批判』有福孝岳訳、岩波書店、2001–2006 年（全集 4（上）2001 年、全集 5（中）2003 年、全集 6（下）2006 年）。『純粋理性批判』篠田英雄訳、岩波文庫、1961–2 年（6397–

6400（上）1961 年、6401-6404（中）1961 年、6405-6408（下）1962 年）。]

Kant, I. (1950). *Prolegomena to Any Future Metaphysics*, L. Beck, tr. New York: Bobbs-Merrill.［カント全集 6『プロレゴーメナ』原佑、湯本和男共訳、理想社、1982 年。］

Kant, I. (1959). *Foundations of the Metaphysics of Morals*, L. Beck, tr. New York: Bobbs-Merrill.［カント全集 7『人倫の形而上学の基礎づけ』坂部恵・平田俊博・伊古田理訳、岩波書店、2000 年。カント全集 7『人倫の形而上学の基礎づけ』深作守文訳、理想社、1965 年。］

Karp, R. (1972). "Reducibility among Combinatorial Problems." In *Complexity of Computer Computations*, R. Miller and J. Thatcher, eds. New York: Plenum Press.

Karp, R. (1976). "Probabilistic Analysis of Some Combinatorial Search Algorithms." In Traub, ed. (1976).

Karp, R., J. Lenstra, C. McDiarmid, and A. Rinnooy Kan (1985). "Probabilistic Analysis." In *Combinatorial Optimization: Annotated Bibliographies*, M. O'hEigeartaigh, J. Lenstra, and A. Rinnooy Kan, eds. New York: John Wiley.

Kirkpatrick, S., C. Gelatt, and M. Vecchi (1983). "Optimization by Simulated Annealing." *Science* 220, 671–680.

Klatzky, R. (1975). *Human Memory: Structures aud Processes*. San Francisco: W. H. Freeman.［『記憶のしくみ——認知心理学的アプローチ』箱田裕司・中溝幸夫共訳、サイエンス社、1982 年（心理学叢書 2 分冊）。］

Klee, V., and G. Minty (1972). "How Good Is the Simplex Algorithm?" In *Inequalities-III*, O. Shisha, ed. New York: Academic Press.

Kleene, S. (1967). *Mathematical Logic*. New York: John Wiley.［『数学的論理学』上巻：小沢健一訳、下巻：竹内誠吉・小沢健一訳、明治図書出版、1971-1973 年。］

Knuth, D. (1973). *The Art of Computer Programming*, vol. 3. Reading, Mass.: Addison-Wesley.

Knuth, D. (1976). "Mathematics and Computer Science: Coping with Finiteness." *Science* 194, 1235–1242.

Kolata, G. (1976). "Mathematical Proofs: The Genesis of Reasonable

Doubt." *Science* 192, 989–990.

Kuhn, T. (1970). *The Structure of Scientific Revolutions*, 2nd ed. Chicago: University of Chicago Press. [『科学革命の構造』中山茂訳、みすず書房、1971 年。]

Lehrer, K. (1974). *Knowledge*. Oxford: Oxford University Press.

Lewis, D. (1984). "Putnam's Paradox." *Australasian Journal of Philosophy* 62, 221–236.

Lewis, H. (1978). "Complexity of Solvable Cases of the Decision Problem for the Predicate Calculus." *Proceedings of the 19th IEEE Symposium on Foundations of Computer Science*, 35–47.

Lewis, H., and C. Papadimitriou (1978). "The Efficiency of Algorithms." *Scientific American* 238, 96–109.

Lindsay, P., and D. Norman (1977). *Human Information Processing*. New York: Academic Press. [『情報処理心理学入門』中溝幸夫・箱田裕司・近藤倫明共訳、サイエンス社、1983–85 年。]

Lovacs, L. (1980). "A New Linear Programming Algorithm—Better or Worse than the Simplex Method?" *Mathematical Intelligencer* 2, 141–146.

McCall, E. (1982). "Performance Results of the Simplex Algorithm for a Set of Real-World Linear Programming Models." *Communications of the Association for Computing Machinery* 25, 207–212.

McGuire, W. (1960). "A Syllogistic Analysis of Cognitive Relationships." In *Attitude Organization and Change*, C. Hovland and M. Rosenberg, eds. New Haven, Conn.: Yale University Press.

McGuire, W. (1969). "The Nature of Attitudes and Attitude Change." In *Handbook of Social Psychology*, 2nd ed., G. Lindzey and E. Aronson, eds. Reading, Mass.: Addison-Wesley.

Mates, B. (1972). *Elementary Logic*. New York : Oxford University Press.

Meyer, A. (1975). "Weak Monadic Second-Order Theory of Successor Is Not Elementary-Recursive." In *Lecture Notes in Mathematics*, no. 453, A. Dold and B. Eckmann, eds. New York : Springer-Verlag.

Miller, G. (1956). "The Magical Number Seven Plus or Minus Two :

Some Limits of Our Capacity for Processing Information." *Psychological Review* 63, 81–97.

Minsky, M. (1975). "A Framework for Representing Knowledge." In *The Psychology of Computer Vision*, P. Winston, ed. New York : McGraw-Hill.

Morrison, P., and P. Morrison (1981). *Powers of Ten*. San Francisco : W. H. Freeman. [『Powers of ten——宇宙・人間・素粒子をめぐる大きさの旅』村上陽一郎・村上公子訳、日経サイエンス、1983 年。]

Neisser, U. (1967). *Cognitive Psychology*. Englewood Cliffs, N. J.: Prentice-Hall. [『認知心理学』大羽蓁訳、誠信書房、1981 年。]

Neurath, O. (1959). "Protocol Sentences." In Ayer, ed. (1959).

Newell, A., and H. Simon (1976). "Computer Science as Empirical Inquiry." *Communications of the Association for Computing Machinery* 19, 113–126.

Nisbett, R., and L. Ross (1980). *Human Inference*. Englewood Cliffs, N. J.: Prentice-Hall.

Paris, J., and L. Harrington (1977). "A Mathematical Incompleteness in Peano Arithmetic." In *Handbook of Mathematical Logic*, J. Barwise, ed. New York : North Holland.

Peirce, C. (1932). *Collected Papers*. Cambridge, Mass.: Harvard University Press. [『中公バックス 世界の名著 59 パース・ジェイムズ・デューイ』上山春平責任編集、中央公論社、1980 年、所収。『パース著作集』1-3、遠藤弘・内田種臣・米盛裕二編訳、勁草書房、1986 年。]

Plato (1937). *Meno*. In *The Dialogues of Plato*, 3rd ed., B. Jowett, tr. Oxford : Clarendon Press. [『メノン』藤沢令夫訳、岩波文庫、1994 年。]

Pospisil, L. (1971). *Anthropology of Law : A Comparative Theory*. New York : Harper and Row.

Price, D. (1961). *Science Since Babylon*. New Haven, Conn.: Yale University Press.

Prior, A. (1967). "The Runabout Inference Ticket." In *Philosophical Logic*, P. Strawson, ed. Oxford : Oxford University Press.

Prosser, W. (1971). *Handbook of the Law of Torts*, 4th ed. St. Paul, Minn.: West Publishing Co.

Putnam, H. (1975a). "What Is Mathematical Truth?" In *Philosophical*

Papers, vol. 1. New York : Cambridge University Press.

Putnam, H. (1975b). "The Meaning of 'Meaning'." In *Philosophical Papers*, vol. 2. New York : Cambridge University Press.

Putnam, H. (1975/6). "What is 'Realism'?" *Proceedings of the Aristotelian Society* 76, 177–194.

Putnam, H. (1978). "Realism and Reason." In *Meaning and the Moral Sciences*. London : Routledge and Kegan Paul.

Putnam, H. (1981). *Reason, Truth, and History*. Cambridge : Cambridge University Press. [『理性・真理・歴史』野本和幸他訳、法政大学出版局、1994 年。]

Quine, W. (1960). *Word and Object*. Cambridge, Mass.: The MIT Press. [『ことばと対象』大出晁・宮館恵訳、勁草書房、1984 年。]

Quine, W. (1961a). "Two Dogmas of Empiricism." In Quine (1961c). [「経験主義のふたつのドグマ」『論理的観点から』飯田隆訳、勁草書房、1992 年、31–70 頁、所収。]

Quine, W. (1961 b). "Identity, Ostension, and Hypostasis." In Quine (1961c). [「同一性・直示・物化」『論理的観点から』飯田隆訳、勁草書房、1992 年、97–118 頁、所収。]

Quine, W. (1961 c). *From a Logical Point of View*. Cambridge, Mass.: Harvard University Press. [『論理的観点から』飯田隆訳、勁草書房、1992 年。]

Quine, W. (1969a). "Epistemology Naturalized." In Quine (1969d).

Quine, W. (1969b). "Natural Kinds." In Quine (1969d).

Quine, W. (1969c). "Speaking of Objects." In Quine (1969d).

Quine, W. (1969d). *Ontological Relativity*. New York : Columbia University Press.

Quine, W. (1969e). "Reply to Stroud." In Davidson and Hintikka, eds. (1969).

Quine, W. (1970). *Philosophy of Logic*. Englewood Cliffs, N. J.: Prentice-Hall. [『論理学の哲学』山下正男訳、培風館、1972 年。]

Quine, W. (1981). *Theories and Things*. Cambridge, Mass.: Harvard University Press.

Rabin, M. (1974). "Theoretical Impediments to Artificial Intelligence." In *Information Processing* 74, J. Rosenfeld, ed. Amsterdam : North

Holland.
Rabin, M. (1976). "Probabilistic Algorithms." In Traub, ed. (1976).
Rorty, R. (1979). *Philosophy and the Mirror of Nature*. Princeton, N.J.: Princeton University Press. [『哲学と自然の鏡』野家啓一監訳、伊藤春樹・須藤訓任・野家伸也・柴田正良訳、産業図書、1993年。]
Rosch, E. (1977). "Human Categorization." In *Studies in Cross-Cultural Psychology*, vol. 1, N. Warren, ed. New York: Academic Press.
Russell, B. (1971). *Logic and Knowledge*, R. Marsh, ed. New York: Putnam.
Ryle, G. (1949). *The Concept of Mind*. New York: Barnes and Noble. [『心の概念』坂本百大・宮下治子・服部裕幸訳、みすず書房、1987年。]
Schlick, M. (1959a). "Positivism and Realism." In Ayer, ed. (1959).
Schlick, M. (1959b). "Meaning and Verificatlon." In Ayer, ed. (1959).
Simon, H. (1947). *Administrative Behavior*. New York: Macmillan. [『経営行動』松田武彦・高柳暁・二村敏子訳、ダイヤモンド社、1989年。]
Simon, H. (1957). *Models of Man*. New York: John Wiley. [『人間行動のモデル』宮沢光一監訳、同文舘出版、1970年。]
Smale, S. (1983). "On the Average Number of Steps of the Simplex Method of Linear Programming." *Mathematical Programming* 27, 241–262.
Stockmeyer, L., and A. Chandra (1979). "Intrinsically Difficult Problems." *Scientific American* 240, 140–159.
Stroud, B. (1969). "Conventionalism and the Indeterminacy of Translation." In Davidson and Hintikka, eds. (1969).
Stroud, B. (1979). "Inference, Belief, and Understanding." *Mind* 88, 179–196.
Stroud, B. (1984). *The Significance of Philosophical Skepticism*. Oxford: Oxford University Press. [『君はいま夢を見ていないとどうして言えるのか』永井均監訳、岩沢宏和・壁谷彰慶・清水将吾・土屋陽介訳、春秋社、2006年。]
Tarski, A. (1969). "Truth and Proof." *Scientific American* 220, 63–77.

Traub, J., ed. (1976). *Algorithms and Complexity*. New York : Academic Press.

Tversky, A. (1969). "Intransitivity of Preferences." *Psychological Review* 76, 31–48.

Tversky, A., and D. Kahneman (1974). "Judgment under Uncertainty: Heuristics and Biases." *Science* 185, 1124–1131.

Vermazen, B. (1968). "Consistency and Underdetermination." *Philosophy and Phenomenological Research* 28, 403–409.

Von Neumann, J., and O. Morgenstern (1944). *Theory of Games and Economic Behavior*. Princeton, N. J.: Princeton University Press. [『ゲームの理論と経済行動』銀林浩・橋本和美・宮本敏雄監訳、東京図書、1972年。]

Wason, P., and P. Johnson-Laird, eds. (1968). *Thinking and Reasoning*. London: Penguin.

Wason, P., and P. Johnson-Laird (1972). *Psychology of Reasoning*. Cambridge, Mass.: Harvard University Press.

Weill, A. (1971). *Droit Civil: Les Obligations*. Paris: Dalloz.

Wickelgren, W. (1968). "Sparing of Short-Term Memory in an Amnesiac Patient." *Neuropsychologia* 6, 235–244.

Winfield, P. (1926). "The History of Negligence in the Law of Torts." *Law Quarterly Review* 42, 184–199.

Winston, P. (1977). *Artificial Intelligence*. Reading, Mass.: Addison-Wesley. [『人工知能』長尾真・白井良明訳、培風館、1980年。]

Wittgenstein, L. (1976). *Wittgenstein's Lectures on the Foundations of Mathematics: Cambridge, 1939*, C. Diamond, ed. Ithaca, N. Y.: Cornell University Press.

Woodworth, R., and S. Sells (1935). "An Atmosphere Effect in Formal Syllogistic Reasoning." *Journal of Experimental Psychology* 18, 451–460.

最小合理性　　双書 現代哲学 7

2009年2月20日　第1版第1刷発行

著　者　クリストファー・チャーニアク

監訳者　柴　田　正　良

発行者　井　村　寿　人

発行所　株式会社　勁《けい》　草《そう》　書　房

112-0005　東京都文京区水道2-1-1　振替　00150-2-175253
（編集）電話 03-3815-5277／FAX 03-3814-6968
（営業）電話 03-3814-6861／FAX 03-3814-6854
理想社・鈴木製本

ISBN978-4-326-19953-2　　Printed in Japan

http://www.keisoshobo.co.jp